《中华现代学术名著丛书》已出书目

【第一辑　四十种】

马氏文通	马建忠
国故论衡	章太炎
王国维文学论著三种	王国维
吴梅词曲论著四种	吴　梅
中国中古文学史 汉魏六朝专家文研究	刘师培
中国文学批评史（上、下）	郭绍虞
甲骨文字释林	于省吾
中国俗文学史	郑振铎
汉语语音史	王　力
红楼梦辨	俞平伯
中国韵文史	龙榆生
汉魏六朝诗论丛	余冠英
台湾通史（上、下）	连　横
秦汉史	吕思勉
中国史学史	金毓黻
史学要论	李守常
中国通史简编（上、下）	范文澜
国史大纲（上、下）	钱　穆
中国史纲（一、二卷）	翦伯赞
春秋史	童书业
魏晋南北朝史论丛	唐长孺
明清社会经济史论文集	傅衣凌
西夏史稿	吴天墀
中国伦理学史（外一种）	蔡元培
新唯识论	熊十力
东西文化及其哲学	梁漱溟
科学与玄学	罗志希
中国艺术精神	徐复观
论逻辑经验主义	洪　谦
九朝律考	程树德
比较宪法	王世杰　钱端升
中国法律与中国社会	瞿同祖
中国民治论	鲍明钤
中国官僚政治研究	王亚南
通货新论	马寅初
中国经济思想史	唐庆增
中国厘金史	罗玉东
北平生活费之分析	陶孟和
论社会学中国化	吴文藻
第四种国家的出路	吴景超

【第二辑　三十种】

目录学发微 古书通例	余嘉锡

积微居小学金石论丛	杨树达
现代中国文学史 （外一种：明代文学）	钱基博
等韵源流	赵荫棠
诗言志辨　经典常谈	朱自清
话本小说概论（上、下）	胡士莹
司马迁之人格与风格 道教徒的诗人李白及其痛苦	李长之
明清史讲义（上、下）	孟　森
国史要义	柳诒徵
中国南洋交通史	冯承钧
通史新义	何炳松
魏晋清谈思想初论	贺昌群
中国救荒史	邓云特
认识论	张东荪
科学方法论　科学概论	王星拱
中国哲学史大纲	胡　适
知识论（上、下）	金岳霖
法相唯识学	太　虚
陈康：论希腊哲学	陈　康
康德的知识学	齐良骥
中国文化的展望	殷海光
中国道教史	傅勤家
监狱学	孙　雄
中国法制史概要	陈顾远
新政治学大纲	邓初民
财政学	何　廉　李　锐
中国之棉纺织业	方显廷
中国田制史	万国鼎
南洋华侨与闽粤社会	陈　达
文化人类学	林惠祥

【第三辑　三十五种】

中国小说史略 （外一种：汉文学史纲要）	鲁　迅
现代吴语的研究	赵元任
古典新义	闻一多
谈艺录	钱锺书
唐诗综论	林　庚
中古文学史论	王　瑶
中国近三百年学术史（新校本）	梁启超
通鉴胡注表微	陈　垣
隋唐制度渊源略论稿 唐代政治史述论稿	陈寅恪
中国古代社会研究	郭沫若
古史辨自序（上、下）	顾颉刚
安阳	李　济
绿营兵志	罗尔纲
东汉的豪族	杨联陞
佛道散论	蒙文通
中国哲学史（上、下）	冯友兰
艺境	宗白华
西方美学史（上、下）	朱光潜
近代唯心论简释	贺　麟
康德学述	郑　昕
历代刑法考（上、下）	沈家本
中国商事法	刘朗泉
中国近百年政治史	李剑农
中国政治思想史（上、下）	萧公权
中国国民所得（一九三三年） （外一种：国民所得概论）	巫宝三

浙江师范大学儿童文化研究院
红楼书系（第四辑）
儿童发展研究丛书
方卫平 主编

亲子关系与儿童网瘾防治策略

章苏静 金科 著

山东教育出版社

总　序 / 方卫平

这一套由四种著作构成的儿童文化研究书系，系浙江师范大学儿童文化研究院红楼书系第四辑，也是我院“当代儿童发展研究重大课题”招标项目部分课题的最终研究成果。

这一招标项目的设计与实施，是浙江师范大学儿童文化研究院学术发展规划中的一项重要工作，其宗旨是借助研究院的专业平台，在科学设计和论证研究课题指南的基础上，面向学术界征集、资助一批关注当代儿童生存和发展重大理论、政策及现实问题的研究成果。2008年6月，在浙江师范大学校方的大力支持下，“当代儿童发展研究重大课题”招标通告刊发于《光明日报》，正式对外接收申报。在项目招标的通告与课题指南中，除自选课题外，共提供了19个经过反复研讨和论证的研究方向与课题。

在这一课题招标工作中，我们怀有三个基本的期望。

一是围绕着当代儿童发展的核心题旨，将长久以来分散在各个不同学科领域的儿童研究力量集中起来，以加强国内儿童研究界从一个富于统摄性的视野支点来考察、应对当代儿童发展问题的意识与能力。从当前儿童研究事业的发展现状来看，它所亟需推进的工作之一，正是这样一种综合性视野的建构。实际上，从2007年浙江师范大学儿童文化研究院启动《中国儿童文化研究年度报告》系列的编撰工作开始，我们就已将这一研究统合作为研究院工作的重要内容，此次课题的招标设计，也在很大程度上得益于年度报告工作的准备与支持。

二是借助上述研究力量的统合及其呈现，探索和凸显我们一直在思考与关注的儿童学学科建设的问题。鉴于这一考虑，我们在招标课题的指南设计中有意融入了以下问题的思考：作为一个学科的“儿童学”如何可能，它应当包含哪些内容，它与当前中国儿童发展现实的关联又在哪里，或者说，这一学科建设本身将以何种方式促进我们对儿童现实问题的关切和思考？招标课题的指南凸显了这一注重理论与实践相结合的儿童学学科建设方向。

三是突出对于儿童研究的中国化与中国问题的思考。在招标课题的指南中，这一思考又体现在两个方面。一是在全球化背景下，目前中国儿童发展面临的许多问题也是包括东西方发达国家在内的许多地区共同面临的问题。因此，通过吸收和借鉴国外儿童研究前沿性的理论和实践成果，可以为我们应对相近的本土儿童问题提供重要的参考。二是由于中国社会特殊的政治、经济、文化环境，我们的儿童研究又面临着各种特殊的本土问题，比如独生子女问题、流动与留守儿童问题等。这些问题与儿童保护、新媒介环境等普遍的儿童发展问题相互交缠，使得关于后者的思考到了中国的语境，也变得格外复杂起来。在此次重大课题的招标工作中，有关本土儿童研究的思考构成了一个重要且基本的维度，它也落实在了课题指南的整体设计中。

招标公告发出后，我们陆续收到了若干来自高校和其他机构的项目申报书。经过严格的专家评审，最初共有八项申请获得立项。此次出版的四部著作，是其中四项已经完成并通过结题的成果。这四部著作所探讨的研究问题涉及流动儿童教育、儿童网瘾防治、学前教育政策和儿童幸福感研究，均系与当前儿童发展现实密切相关的话题，其作者也大多为相应领域的研究先行者。

周国华的《流动儿童的教育管理与社会支持》一书，以近年来颇受关注的流动儿童群体为研究对象，从学理性的角度探讨这一群体的教育问题及出路。该研究融入了作者与他带领的研究团队亲身搜集的许多有价值的第一手调查访谈资料，这为整个研究工作提供了十分重要的现实依托，也使其理论探讨得以展开在更为坚实的现实基石之上。而我尤其看重的是，作者不仅是以一名高校研究者的专业态度和精神，更是怀着对于流动儿童群体的真诚同情和由衷关切，投入到这项研究工作的研究之中。我以为，这样的精神和情怀，正是今天的儿童研究事业格外需要的。

周小虎的《为了儿童的利益：美英学前教育政策比较研究》一书，其主要的研究内容为美国和英国的学前教育政策，但其重点的研究旨归，则在于通过“他山之石”的经验，来启迪和促发中国本土的学前教育改革与发展。近年来，学前教育在整个儿童教育链条上的重要性及其存在的诸多问题与不足，越来越引起国人的关注。而在发现和改进这些问题、提升本土学前教育质量的过程中，政策的维度不容忽视，甚至可以说，在现阶段，它比许多具体的教育实践更决定着学前教育事业的长远未来。就此而言，《为了儿童的利益：美英学前教育政策比较研究》为国内学前教育政策的规划和思考，提供了一个开阔、前沿的视野和一种及时、有益的借鉴。

章苏静与金科合著的《亲子关系与儿童网瘾防治策略》一书，探究从亲子关系层面来展开儿童网瘾防治的基础与可能、对策与实践等，书中探讨的"儿童网瘾防治"问题，是当前越来越多的家庭共同面临的教育困惑，也与当前网络媒介环境下儿童的生存现实息息相关。与其他层面的方案研究相比，从亲子关系的角度展开的儿童网瘾防治，不是以"堵"和"罚"的方式，而是通过"疏"和"导"的途径来进行。而且，由于这样的疏导在最亲密的亲子关系中展开，其效果也得到了来自亲子情感的支持——毫无疑问，在儿童应对日常生活的各种问题时，这也是一种最有力的情感支持。因此，对于儿童网瘾的防治而言，它应该是一个富于成效并且值得大力普及的取径。

叶映华的《儿童的幸福感：基于社会与自我比较视角的研究》是一部探讨儿童幸福感的研究著作。这显然是一个极具当代性的课题。随着当代家庭物质生活条件的日益提升，儿童的幸福感在儿童的生存发展中愈益受到人们的重视。在实地儿童访谈和实证调查工作的基础上，这部著作提供了考察儿童幸福感的一个重要视角，其研究发现对于我们理解儿童幸福感的形成，以及帮助提升儿童幸福感的指数，具有特殊的理论和实践参考意义。

以上四部著作作为本次重大课题招标的首批成果，从一个侧面展示了当代儿童研究作为一个学术领域的开放性、丰富性及其独特的人文和学术价值。我要感谢这五位研究者。为了我们关切的儿童和儿童研究事业，我们付出着共同的热情和努力，愿这努力的火种有助于将本土儿童研究的思考与想象，带到一个更远的地方。

我也要感谢山东教育出版社，感谢你们为这样一个纯粹的文化学术事业所作的奉献。我相信，在本土儿童研究的发展进程中，这将是一个会被历史记住的姿态。

2014年7月30日

于浙江师范大学红楼

目　录

第一章

儿童网络使用心理

第一节　互联网对儿童[1]的影响

2000年以后，计算机技术与网络通信技术迅猛发展，互联网作为现代技术发展的产物以其势不可挡之态在我国迅速普及。中国互联网信息中心（CNNIC）发布的第26次中国互联网络发展状况统计报告显示，截至2010年6月，中国网民规模达到4.2亿，互联网普及率进一步提高，已超过世界平均水平。

事物总是具有两面性的，网络也不例外。不少家长指责网络使得儿童沉迷于游戏、聊天、交友，耽误了学习，损害了身心健康。也有不少成人认为网络的利大于弊，有助于儿童增长知识，开阔眼界。总体来说，关于网络影响的研究主要有以下几种声音：

[1] 联合国1989年11月20日通过的《儿童权利公约》中规定儿童年龄为0-18岁，本书中的儿童均属于该年龄段。

一、网络的负面影响

目前，网络传播媒介中一些对现实的歪曲以及简化、模式化的描述容易误导分辨力不强的儿童对社会、对人生的认识和判断，从而导致价值观的迷失或混乱，甚至引起行为上的巨大偏差。特别是在家庭教育中，网络对儿童的左右能力是非常强大的，其直接与间接后果不容忽视。网络对儿童的负面影响主要表现在以下几个方面：

（一）网络影响儿童学业

在互联网广泛普及的今天，网络成瘾成为很多教师和家长最头疼的问题。中国青少年网络协会发布的《中国青少年网瘾调查报告(2009)》[1] 显示：18—23岁的青少年网民中网瘾比例（15.6%）最高，其次为24—29岁的网瘾比例（14.6%）以及13—17岁的网瘾比例（14.3%）。大量的事实也证明，网络成瘾已导致一些学生荒废了学业。中国青少年研究中心的孙云晓说，各地高校退学的大学生中，确有相当大一部分是沉溺于虚拟时空的网迷，在找他咨询的青少年中有一名大学生就是因沉迷于网络游戏导致学业荒废而被学校除名的。

网上泛滥的色情、暴力等不健康信息成为人们的另一大忧虑。“网络将不经过滤的信息完全暴露在孩子面前，而他们的判断力和自制力相对要差，”中少在线负责人沈利力说，“网络的确是一个不安全诱因。”

《知心姐姐》杂志社与中少在线合作对中少在线7.4万余名青少年注册用户的一项调查显示，平均5个孩子中有一个沉迷于网络，4个中学生中有一个与网友见面前不让父母知道，3位家长中有2位对孩子上

[1] 中国青少年网络协会：《中国青少年网瘾调查报告(2009)》，北京：中国青少年网络协会，中国传媒大学调查统计研究所，2010。

网表示不信任、不支持。

这些现象不能不引起我们的注意。虽然我们无法确切说明真正的原因在哪里，更不能指责就是网络带坏了孩子，但是这些现象在表象上都与网络有密切的关系。

（二）网络影响儿童心理健康

不少专家指出：处于青春发育前的儿童若长时间玩电脑，对其思维和情感生活将会产生不良的影响。

人的思维是一种内在的交谈，人的经验、词汇、语言等共同形成了人的逻辑思维方式。青春发育前的儿童长时间地与电脑打交道，他所形成的基本思维将与电脑的符号式思维相同，即以零碎的符号式机械思维代替人的逻辑思维。

电脑正在成为人的记忆的替代物。电脑强大的储存功能曾让我们为人脑记忆的解放而欢欣不已。但是，若儿童一味地使用电脑来替代人脑的记忆功能，人脑将有可能降为智能机器。

儿童若过早地长时间与电脑相处，会在情感上对电脑的信息世界产生一种眷恋和过分的依赖。过分依赖电脑与过分依赖父母一样，都不利于儿童独立生活能力的形成。

人的道德观念和处世准则是通过人与人的相处和交流形成的，电脑不能告诉儿童什么可以做，什么不可以做。不善于与人交流而只会与电脑相处的儿童，不仅在人际关系上有缺陷，而且也不利于其良好道德观念的形成。

（三）网络中的暴力场面误导儿童以暴力行为作为解决问题的方法

网络作品中的血腥、刺激，使暴力虚拟化，让人产生了再暴力的行为都与人类感受无关的错觉。譬如电子游戏中可以尽情使用暴力，这些都很容易使人格尚未健全的孩子们错把“现实”当“虚拟”，会直接导致他们以错误的观念来判断是非，最终对少年儿童人格、心理产生潜移默化的不良影响，要么粗暴、强横，要么对暴力行为恐惧、害怕，严重的会发展成为少年儿童抑郁症，这种反向的人格特征对个人和社会的发展都极其有害。

少年儿童在接受网络游戏中的暴力场面后，有可能学习整个暴力行为的发生过程，并在大脑留下痕迹，而且这种影响会长期存在，对人起着潜移默化的作用，在一定条件的催化下，这种潜伏的暴力思想会转化为暴力行为。

（四）网络中太多的性信息有碍于儿童的健康成长

我们知道，少年儿童的心灵犹如一张白纸，他们对于事物的是非区别并无多少独立的辨别分析能力，他们主要是通过“观察—模仿”的认知手段来实现社会化的。无疑，少年儿童模仿成人有关的行为，必然不利于儿童成长。更重要的是，在儿童心理发展未达到一定程度的成熟、社会知识相对贫乏的时候，儿童对来自成人社会的信息的理解是表面化的或片面的，甚至是歪曲的。因此，儿童会依此建立错误的有关性的信息系统，并作为日后判断有关信息的依据，它有可能影响儿童的一生幸福。据美国的一项调查表明，互联网上一年有45万个色情图片和文件。少年儿童如果没有健康的思想情操和自觉抵制黄色诱惑的坚强毅力，一旦堕入“黄潮”之中，其后果可想而知。

（五）网络中的时尚文化影响儿童正确的价值取向

从普遍意义上来看，网络对少年儿童的影响越来越大。但有一点还是需要我们清醒地认识，因为少年儿童的年龄小，理解能力差，易于把虚幻缥缈的想象当作现实，所以不能无限度地夸大网络的教育性。如果少年儿童不能解读网络经过精心包装的内容的话，那么通过网络制造出来的第二手信息，真的就会超越现实而成为日常生活中的“真理”了。某些网络节目，经常向大家散布一些不正确的价值观念，使得少年儿童信以为真，把少年儿童引入误区，逐渐失去了对真善美的理解与追求，特别是其中的好逸恶劳等不良行为将直接影响少年儿童的健康成长。[1] 有的少年儿童常常不切实际地要求父母满足他们的各种愿望，甚至不达目的不罢休。所以，从深层次而言，优化社会育人环境，不仅是教师，同时也是全社会义不容辞的责任和义务。

（六）网络中的外来文化消蚀了儿童对民族文化的继承与发展

“网络无国界”，这是网络的优越性所在，对各国之间的文化交流有良好的促进作用。但是反过来看，“网络无国界”代表着精华和糟粕的并存，如果我们不加选择地接受，将毒害我们的少年儿童，这已经超出了正常的文化交流的范围。

虽然说在文化交流方面，交流和学习才能带来进步，封闭和狭隘只能导致倒退，但我们要知道，文化是维持社会稳定的重要基础，文化传递有一个选择、继承和创新的过程，少年儿童对传统文化及其精粹知之甚少，民族文化远未在其思想上扎根，因而对国外的一些网络项目，尤其对外来网络信息流难以产生免疫力和识别力，思想活跃、人生观、价值观、道德观尚未完全成熟而可塑性又极强的少年儿童将面临严峻的文化考验。

---

[1] 高爽：《信息技术对学前教育的影响》，华东师范大学2006届硕士学位论文。

当然，我们也不能完全抹杀网络的正面影响，网络的实时、便捷、资源共享等是其他任何通信技术都无法比拟的。若少年儿童能正确地使用网络，把网络作为学习的辅助工具，利用网络正常交流、适当娱乐，那么儿童就能成为网络的主人，让网络服务于儿童。

二、网络利大于弊

尽管网络的负面影响使人担忧，然而有更多的研究者认为网络利大于弊。由中国社科院媒介传播与青少年发展研究中心卜卫研究员主持的团队在2003年完成的《中国七城市青少年互联网使用状况及影响调查报告》（七城市为：北京、上海、广州、成都、长沙、西宁和呼和浩特）认为："并不是像人们以为的那样，只要一上网或者上网时间长就会影响学习。"调查数据显示，学习成绩分别属于中下等、中等、中上等和上等的青少年中，网民所占比例相差不大；成绩上等的青少年中三分之二上网，比例最高，成绩处于中下等的上网比例最低，为58.5%。上网也并没有挤占青少年做作业的时间，青少年网民一周平均每天做作业时间为150分钟，而非网民为144分钟。同样，青少年网民上特长班或请家教的时间也比非网民要长。

调查还显示，对大部分上网青少年来说，上网并没有减少他们与家人交流的时间，上网的青少年中与父母讨论社会问题、异性朋友关系、互联网的使用等话题的比例显著高于不上网的青少年。此外，调查还发现，互联网使用时间越长，青少年的社会参与愿望越强烈，他们表示"对社会了解更多了"，"更愿意发表自己对社会或对学校的看法了"，"更愿意与不同观点的人交流了"，也"更愿意参加社会活动了"。

中国青少年研究中心的孙云晓说："网络对人的影响是因人而异的。

那些学习上不成功、受老师训斥比较多或缺少朋友的孩子很容易沉迷于虚拟的网络世界；而对生活中成功的孩子则不会有太大影响。”那些痴迷于网络的大学生，往往是因为上大学前在重压下努力学习取得了好成绩，但上大学以后开始厌学；或从小习惯于受管制，远离父母后突然失去约束而使学习成绩急剧滑坡。[1]“让孩子在生活中获得成功，是抵制不良信息的关键”，孙云晓说。

卜卫团队在调查中发现，能正常交友、生活，拥有健康生活环境的儿童一般不会上网成瘾，反倒是本来就不正常的儿童容易迷恋上网络，他们借助互联网玩游戏来逃避现实，“对这部分孩子来说，没有互联网，他们也会沉迷于电子游戏或电视，或别的什么”。

儿童使用互联网有可能会受到网络的影响，但是这种影响不是孤立的。我们不能把儿童出问题的原因全部归结于网络，而忽视社会、家庭等影响因素。儿童会不会受到网络的影响与儿童的身心发展、自我认识以及对环境的感受有非常密切的关系。如果儿童的生活出了问题，内心的冲突、困扰、挫折以及不良情绪会驱使儿童去寻找一个发泄渠道，这个渠道即便不是网络，也会是其他的形式，例如运动。网络这一虚拟世界被儿童选中成为他们释放现实生活障碍所引起的内心焦虑的场所，儿童在这里满足了现实生活里没有得到满足的欲求，才会沉浸其中欲罢不能。父母应该善于发现儿童在生活中、学习中、交往中遇到的障碍，帮助儿童在现实生活中获得成功和快乐，建立平等的家庭文化，这将在很大程度上避免互联网的负面影响。“家长不要只关心孩子上不上网，而应该全面地关心孩子的成长发展过程。这才是

[1] 张向阳等：《职业中专学生上网调查研究报告》，载《中国教育技术装备》，2010（20）。

根子上的问题。”（卜卫，2003）

不少人指责网络造成儿童冷漠孤僻、幽闭自卑的性格。《中国七城市青少年互联网使用状况及影响调查报告》认为，互联网使用年限与青少年的孤寂“呈负显著相关”，这意味着青少年网龄越长，越不感到孤独。随着互联网使用时间的增加，青少年用户与各种人群的交往比例都“比以前增加”多于“比以前减少”的比例。可见，使用互联网并不会直接造成青少年的孤独状态。

三、互联网带来的新情况

除了有关网络的利弊争论之外，人们还注意到，网络的普遍应用给儿童的生活状态带来了一些新的情况，对儿童的心理发展产生了新的影响。

（一）互联网对传统教育的挑战

在计算机和互联网普及以前，电视等大众媒介对儿童教育具有重要的影响。尽管这种影响主要是在家庭教育和社会教育的范围内，还未深入到学校教育，但它对学校传统教育模式形成了一种冲击，儿童不仅向成人，也向大众媒介学习新的知识和观念。大众媒介所带来的知识、信息、娱乐比学校课本更新更频繁，速度更快。面对多样化的、不断更新的知识和观念，儿童有了选择的可能，他们有可能不接受学校教育所提供的观念。在互联网出现以后，儿童更是可以根据自己的兴趣和需要从网络中选择成人没有“过滤”过的信息，也可以通过网络了解成人尚未掌握的信息，甚至是成人视为“洪水猛兽”反对他们接触的信息。由于能够自由地接触信息，儿童有了比较、分析成人信息和成人提供的信息之间的区别的可能。有选择是一种社会进步，因为只有赋予儿童更多的选择权利，儿童才可能形成更独立的思考能力。

以电视为代表的大众传媒对学校教育的影响，一是学校不再封闭，二是打破了教师的信息垄断地位，三是增加了儿童的选择性。这些影响在互联网时代显得更为突出，传统的师生关系开始发生变化。与以往获得知识的途径不同，儿童用户大都通过向同伴、父母、亲戚学习或依靠书籍自学来获得互联网知识,而很少依靠学校课程和老师。因此，在未来社会，传统的以教师为中心、以课堂为中心的教育方式将发生根本的变化。

（二）网络的平等性

对儿童来说，大众传播最大的特点就是平等化。这种平等是指在接近网络和利用网络方面的地位平等，上至七八十岁的老人，下到几岁的小孩，只要有一台电脑，一个调制解调器，就可以在任何地方，通过电话线或宽带上网。一旦上网，只需轻点鼠标，就可以到任何想去的地方。在网上，他们在现实中的地位和身份不起任何作用，所有的人都处于平等的地位。

过去，由于知识储备及其他多方面的原因，儿童所接触到的信息是限定在社会所划分的范围之内的，与成人相比，他们在接触信息的地位和权利上处于劣势。而今天，随着网络的兴起、互动式信息交流与超文本传输技术的日臻成熟，那些对于儿童来说十分高深的信息转化为形象生动的图片、通俗易懂的文本，为儿童的解读创造了条件。

不仅如此，网络与其他媒介相比，还具有不易控制性，它不像其他媒介那样可以方便地进行信息内容控制与传播对象控制。因此，对于儿童来说，只要成人能进去的站点，他们也能畅通无阻，也拥有与成人同等的权利。网络的这种平等性使海量信息的获取成为可能，而且为儿童提供了现实生活中不可能拥有的实践空间。

对儿童网络用户来说，互联网更是平等的伙伴而非“老师”或其他什么权威。《中国七城市青少年互联网使用状况及影响调查报告》显示，把互联网视为朋友、助手或玩伴的青少年均逾三成，仅有5.8%的青少年认为互联网是“老师”。

（三）儿童的信息过载

托夫勒在《未来的震荡》一文中说：“有时选择不但不能使人摆脱束缚，反而使人感到事情更棘手，更昂贵，以至于走向反面，成为无法选择的选择。一句话，有朝一日，选择将是超选择的选择，自由将成为太自由的不自由。”由于网络的运用，今天的少年儿童不再像以往那样因缺乏信息而显得见识短浅，相反，他们已处于一种信息过载状态下的慌乱与失措中。

网络通过缩短时空距离或是对人体的整体延伸，将丰富的外部世界以浓缩的方式展现在人们的面前。只要打开网站，就可以看到形式各异的信息，政治的、经济的、文化的、体育的、娱乐的、时尚的、购物的、聊天的、游戏的、求职的，应有尽有。虽然这些信息经过编者的编辑，已经分门别类地安排在不同的栏目之下，但以儿童所具有的心理发展水平，很难有效地对其进行处理，从中获取所需要的、有用有益的信息。更何况这些信息绝大多数是以成人为主要服务对象，真正为儿童提供的信息并不多。儿童试图寻找有益的信息，但是这种寻找是在无相关知识和经验的条件下进行的，最终的依据往往是儿童感兴趣与否。这种感兴趣与否通常与信息的呈现方式有密切关系，而与信息内容的联系却不那么紧密。

对于部分成人来说，他们有能力对海量的信息进行过滤，从中获取有用的信息；而对于儿童来说，却远非如此。他们往往在网上长时间地冲浪，却还是无法区分信息重要与否、有害与否。于是在信息过载的状态下，出现了一种信息处理上的无奈与慌乱，让他们感到似乎所有的信息都处于一种无序化状态。在这种情况下，要求儿童进行比较自觉而又有益的阅读，从中获取成长所需要的有用信息，进而保持人格的完整性几乎是不可能的。正如卡尔·曼海姆所说："人越是个性化，就越难有个性。"

对于世界观尚未确立的儿童来说，网络中光怪陆离的信息与新奇的图片，犹如茫茫大海中的岛屿一样凸显出来，使他们觉得眼前的世界似乎杂乱无序，这就在无形中分割了他们对于世界整体性的认知。

第二节　儿童上网的心理动机

儿童上网的心理动机主要表现在内驱力和外驱力两个层面。在内驱力层面，随着社会竞争的日益激烈和家长的高标准严要求，儿童心理承受着巨大的压力，学习紧张，活动时间少，严重的还可能产生不同程度的心理障碍。网络为儿童适时地转移、倾诉和宣泄自己的不良情绪提供了机会和场所，获得一定的心理治疗效果，让他们从日常的精神紧张中解脱出来，因此，上网成了他们释放心理压力、松弛身心的一种方式。他们或通过QQ、MSN等聊天工具向网友倾诉自己的不快，或通过刺激的网络游戏宣泄压力。这如同人们喜欢K歌、听摇滚乐、看球赛一样，可以通过尽情的呼喊、喧闹发泄心中的郁闷。

在外驱力层面，儿童在日常生活中，每天过着同样的生活，难免感觉单调乏味，缺少新鲜感，缺少能够使他变得主动的蓬勃生机。网络给他们提供了过一种与现实不同的生活的机会，寻求一种不断扩展的、不断更新的、能够给人以新鲜感的生活，使他们的好奇心得以满足。通过网络，他们可以到各处去看一看，可以了解世界各地的文化风情；另一方面，在虚拟社区里，创造一个从来没有过的生活环境，可以过一过他们从来没有经历过的生活。

此外，儿童容易沉溺于网络还有以下层面的因素：

其一，交往的需要。

当今社会儿童中独生子女占大部分，由于大人的溺爱，往往产生“人人为我”的心理要求，在日常生活中人际交往易遭受挫折，因而网络的交往成为现实交往的重要补充，满足儿童的交往需求。但是儿童生理、心理不成熟，自控能力比较差，很容易沉溺在网上，而且无法自拔，导致学业荒废，浪费了大好时光。

其二，高峰体验的需要。

在现实的学习生活中相对缺乏竞争力的儿童往往会选择上网以求得暂时的解脱，体验游戏成功的乐趣，在网络对抗游戏中，每升一级或者是打过一关，都会产生一种愉悦感和“高峰体验”。这是一种转瞬即逝的极度强烈的幸福感，甚至是欣喜若狂、如痴如醉、欢乐至极的感受。他们在虚拟的网络世界获取的快乐和自我成就感比现实世界要多得多，而这种感觉又会强化他们参与网络游戏，使他们沉溺于此而不能自拔。

其三，自我效能感的需要。

在学校，大部分学生没有优异成绩作为骄傲的资本，失去自信心，产生失落感和自卑感，进而到网络上寻找满足感，找回原来的“辉煌”自我。一旦他们在现实生活中遇到不如意，就逃避现实，网络成了避风的港湾。长此以往，他们对网络产生了强烈的依赖性。因此，我们要鼓励他们利用自己所学所能，特别是利用信息技术，通过网络，为社区服务，为社会服务，使他们在社会实践中体会成功、充实人生、丰富生活、学会爱人、学会协作，培养出强烈的社会责任感和公德心。

其四，情感表达的需要。

情感表达是儿童的一个重要的需要。他们在这里可以寻找理想化的白马王子或白雪公主，这种纯真的、柏拉图式的爱情童话能够满足他们内心深处对浪漫爱情和友情的渴求，可以慰藉内心深处孤寂的心灵，可以让儿童尝试新的角色，起到"角色扮演"的作用。这是一种潜藏在儿童内心深处的极为深刻的上网动机，也正是一些学生沉湎于网络的内部动机，网络婚姻、网络家庭使他们痴迷、疯狂，整日沉浸在"美满家庭"中，网络成了他们生活的全部，致使现实中的他们成绩一落千丈。

第三节　网络主体的社会心理分析

当人类从不同角度对自身的精神和行为进行透视和理解时，各种心理流派也就自然而然地形成了。根据精神分析理论、行为主义理论、人本主义理论、认知理论、存在主义理论五大流派基本原理，我们对网络成瘾产生的心理机制进行如下剖析：[1]

一、精神分析理论——本我实现说

（一）弗洛伊德的人格结构

西格蒙德·弗洛伊德是奥地利精神病学家，精神分析学派的创始

[1] 陶然，应力，岳晓东等：《网络成瘾探析与干预》，上海：上海人民出版社，2007。

人。他提出了潜意识理论、性欲论、人格理论及防御机制理论。他认为一个人的人格由本我、自我、超我三个部分组成。其中本我即原我，是指原始的自己，指个人最原始、最本能的冲动，如食欲、性欲、求生欲、攻击欲、享受欲、自我保护欲等。由此，本我是一切心理能量之源，它按快乐原则行事，它不理会社会道德，不在乎外在的行为规范。它的唯一要求就是获得快乐，避免痛苦。所以，本我的目标是求得个体的生存，它是无意识的，不被个体所觉察。

超我，是个体通过社会化过程而形成的道德内化，监督、管束本我的冲动行为。超我的特点是追求完美，它所遵循的是"道德原则"，它要求个体按照社会可接受的方式去行事。由此，"超我"是道德化的自我，是人格的最高层次，也是良知与负疚感形成的基础。

自我，是个人自己可意识到的思考、感觉、判断或记忆的部分。它是个人在与环境接触中由"本我"衍生而来的。它依照"现实原则"行事，并强调"本我"的冲动，采取社会所允许的方式行事。由此，自我一方面帮助"本我"得到冲动满足，另一方面又要顺从超我的要求，在两者之间进行协调工作。

总之，本我、自我、超我构成了人格的基础。它们之间经常会产生矛盾冲突，这时候，个体就会产生种种的焦虑、烦恼。为加以化解，自我会采取各种各样的方法来调整个人的认知方法，以获得内心的平静。这就是自我的心理防御机制，它主要包括压抑、否认、投射、退化、隔离、抵消转化、合理化、补偿、升华、幽默、反向形成等各种形式。这些心理防卫活动多是无意识的，它们对人体的心灵健康可起积极作用，也可起消极作用。

（二）弗洛伊德的防御机制

弗洛伊德把逃避心理机制作为防御的主要手段，正如新精神分析派代表埃里希·弗洛姆所说：逃避的心理机制是由个人的不安全感所产生，摆脱这一软弱无力和孤独的状态有两条途径。一是向积极的自由方向发展，通过工作和爱实现自己、自然、他人三者之间的融合；二是向后倒退，即逃避自由，放弃自己，但这注定是要失败的。

1．压抑作用：通常是指把不能被意识所接受的念头、情感和行动在不知不觉中抑制到潜意识里去，是精神防御机制最基本的方式。例如，一个人的亲人突然死于车祸，当时他非常痛苦，但经过一段时间后，他把这不堪忍受的记忆存放到潜意识中去。表面上，它是被“遗忘”了，但每当死者的忌日接近，他都会感到抑郁。

2．否定作用：是把引起精神痛苦的事实予以否定，以减少心灵上的痛苦。例如，小孩闯了祸，往往会用手把眼睛蒙起来；妻子不相信丈夫背叛自己等。

3．退化作用：就是当人们面对问题时，选择困难较少、阻力较小的儿童应对方式，无意中恢复儿童期对他人或他物的依赖，以逃避责任。

4．幻想作用：在一个人面对困难时，会采取幻想的方法来加以化解，以达到内心的平衡。如，一位备受欺凌的少女，幻想有一天会遇到“英俊王子”来拯救她脱离困境。

5．移置作用：当一个人无法面对某一位比自己更有权势的人时，会将其烦恼转移到另一位较安全或较为弱势的人身上。例如，当一位售货员因家中的烦恼既无法解决又不能发泄时，会迁怒于顾客，服务态度极差。

6．合理化作用：是指当一个人遭受挫折或无法实现追求目标时，用貌似合理但实际上不正确的理由为自己的行为辩护，以避免精神上的苦恼。例如，吃不到葡萄就说葡萄酸。

7．投射作用：当个体把自己不受欢迎的某些特点或想法归于别人以达到保护自己时投射就发生了。例如，“以小人之心度君子之腹”就是这种现象。

8．反向作用：就是指一个人为压制自己的一些不能被人接受的欲望及冲动时，会采取与之相反的做法。例如，有强烈的偷窃欲望的人，会对周围的人不断讲，注意有小偷。

9．补偿作用：就是指当一个人因具有某种生理、心理、人格缺陷而感到不适时，会竭力用种种方法来弥补这些缺陷，以减轻不适感。例如，一个长相有缺陷的孩子，会竭力通过学习来获取内心的平衡。

10．认同作用：是指一个人把自己所钦佩或崇拜的人的特点当做自己的特点，用来掩护自己的短处。如，一个性格粗暴的孩子会喜欢和一个性格温和的孩子做朋友，并竭力夸奖他的优点来遮掩自己的性格缺陷。

11．升华作用：是将受挫的情绪以一种积极的、可被社会接受的方式呈现出来。比如当一个人情感受挫时，通过努力提高自己的学习成绩，使自己消极的情绪得以缓解。

12．幽默作用：是以幽默的语言或行为来应付紧张的情境或表达潜意识的欲望。如当一个人面临尴尬场面时，通过自我解嘲的言语来化解。

13．理智化：是指个体竭力通过思想与情感之间的分离达到避免忍受痛苦的过程，例如，一个人的配偶刚刚提出了离婚，他却思考与生活无关的问题而不是处理伤害和痛苦。

网络使用者为了协调由于本我和超我引起的矛盾和冲突，会以各种各样的精神防御机制来化解生活中的问题及上网引起的焦虑和负疚感，由此强化了不良的预防机制，形成了网络成瘾。

精神分析的理论告诉我们，人总是在追逐着本我实现。反映在网络成瘾的行为上，便表现为会不顾一切地满足个人的本能欲望，完全不顾对自我的道德约束。成瘾者会经常浏览色情网络或沉溺于攻击性游戏。比如《魔兽世界》游戏里的玩家PK设置，可以毫无顾忌，没有理由地使得玩家互相杀戮和反复攻击。传统的打斗已经失去了其原有的意味，所有的血腥都被控制在屏幕内。有关机构调查数据显示：在参与调查的3000名大学生和中学生中，曾光顾色情网站的约为46%，高达76%的学生沉迷于性聊天室。成瘾者进行攻击性的游戏，也是通过网络变相地主动参与暴力行为，从而满足攻击本能的欲求。[1]

（三）弗洛伊德的"早年经历"观点

弗洛伊德的精神分析理论认为，一个人早年的经历往往对以后的人格及发展起决定性作用。可以推论当个体在童年时期经历过创伤事件，且没有得到很好的处理，成人后在面临应激事件时，就可能会形成某种成瘾行为，如酒精、海洛因、赌博、性、购物或网络成瘾等。

有研究者认为，网络成瘾的起因可追溯到婴儿口唇期。婴儿通过母亲的哺乳获得生理上的满足，并将此作为代表母爱的温暖、关怀、安全等美好感觉和回忆保留在潜意识中。[2] 在现实生活中，当个体遇

[1] 韩大伟：《精神分析理论视域下的网络成瘾症分析》，载《山西大同大学学报（社会科学版）》，2008（6）。

[2] 韩大伟：《精神分析理论视域下的网络成瘾症分析》，载《山西大同大学学报（社会科学版）》，2008（6）。

到矛盾冲突或不愉快的事情，如考试失利、失恋时，保存于潜意识里的口唇期的满足感会被重新唤醒。网络成瘾者在茫茫网海中的冲浪行为，就好像口唇期的婴儿在摇篮里舒适、安静、幸福地入睡。

由此，网络成瘾的“本我实现”说，主要有以下三个要点：(1) 网络成瘾行为是本能的呼唤，是人“及时行乐”的表现；(2) 网络成瘾行为是不成熟的精神防御机制的积累；(3) 网络成瘾行为是童年期不幸经历形成能量的淤积。

二、人本主义理论——巅峰体验说

人本主义的两大先驱人物亚伯拉罕 · 马斯洛和卡尔 · 罗杰斯强调人的潜能和从人的角度而不是从研究者的角度来看待世界。

（一）马斯洛需要层次理论

马斯洛认为人有两种植根于生物学的需要：缺失（或者基本）需要和成长（或者高级）需要。他提出的观点是我们的需要构成我们的动机，并将它由下而上分为五个层级，如果满足了生理需要，我们就开始关心起个人的安全；如果获得了安全感，我们就开始寻求爱和被爱；当我们爱的需要得到了满足，就开始寻求自尊，获得自尊之后，我们最终会寻求自我实现。自我实现的需要，是人的最高人性动机和欲望，是人的天赋、潜能等人性力量的充分实现或人之为人的完成，也就是“一个人越来越成为独特的那个人，成为他所能够成为的一切”。总之，无论什么样的角色，能使人的潜能得到发挥，就属于自我实现需要的满足。

（二）罗杰斯与个体发展理论

罗杰斯认为，人天生具有自我向善与自我实现的潜能。如果不是受到环境的阻碍，我们每个人都像一颗橡子那样，渴望成长和有所成就。

他认为，真诚与接纳是促进个体成长的基本条件。所谓真诚，就是表达内心的感受，抛却伪装的面具，变得透明，能自我袒露；所谓接纳，就是无条件、积极地关注他人，是一种仁爱的态度，一种即使知道不足但仍然珍爱的态度。罗杰斯还进一步提出，真诚、接纳和同感是使人们像橡树那样蓬勃生长所需的水、阳光和养分。而“当人们被接纳和获得奖赏时，他们就会以一种更关爱的态度对待自己”。当人们被抱以同感倾听时，“他们就更有可能倾听他们内心的感受”。

（三）人本主义理论与网络成瘾

人本主义心理学理论的核心概念是自我概念，也就是针对“我是谁”、“我会怎样”这一问题的回答。罗杰斯将自我划分为理想自我和现实自我，两者之间存在一定的距离。当现实自我与理想自我接近时，人格便处于和谐状态，人就有可能获得自我实现的巅峰体验；而当现实自我与理想自我的差距拉大时，人格便处于冲突状态，人就有可能产生怨恨、苦闷等问题。由于人不仅仅生活在现实世界中，而且还生活在象征的现实世界中，即自我构建的想象世界，因而同样可以通过多种途径获得象征的自我达成。

那网络是怎样满足了人的各种心理需求呢？

1．网络满足了性的身心需求

青少年正处于性生理成熟之后的性满足的延滞期，这个时期的他们对信息更好奇，探究心理更强烈。比如《劲舞团》游戏中强调华丽的服装和优美的舞步，而且该款游戏推出的结婚设置更是以“爱情”吸引了大批的网民。另外，一些网络色情成瘾者通常沉迷于网络色情网站或网上虚拟性爱等。现在已经有越来越多意志薄弱的网络成瘾者无法自控地进入色情网站借以满足自己的性需要。可以说，网络上的色情内容对青少年来说是21世纪的“性炸弹”。

2．网络满足了人的归属和爱的需要

在现实生活中，人际交往的功利性、个体自身的性格缺陷、外貌缺乏吸引力都在一定程度上成为人际交往的障碍，增加了一些人被他人了解的困难，他们进而会体验不同程度的孤独感，认为自己难以被别人理解。而网络中人与人之间的交流是广泛、间接、隐匿、安全的，可以在众多人中选择自己的交流对象；无需面对面，也不用随时回应对方；不必担心因泄露自己的真实身份而失去面子或危及自己的利益，外貌和性格的缺陷也得到了掩饰和美化。在真实社会生活中需要几年培养的朋友关系，在虚拟社会中短短几分钟就可以建立，网络提供的情感安慰容易使人深陷入情感依恋之中难以自拔。此外，有特殊价值选择的群体，在现实生活中难以找到可以认同的群体，只好在网络中寻找价值归属和群体认同。

3．网络满足了人的尊重需要

人都有尊重与被尊重的需求，一方面是自我尊重，另一方面是他人的肯定。网络游戏和电脑技术的高手，受到“业内人士”的尊敬和景仰，拥有很高的自尊。那些低自尊、害怕被拒绝、需要社会支持的个体容易产生一种虚幻的期待，往往被网络所俘获。同时，网络可以随意设定自己的地位和身份，给人们一种虚拟身份感和自尊感。

4．网络满足了人的自我实现需求

在人本心理学中，巅峰体验是一种强烈的沉醉于成就的喜悦状态。处于这种情绪之中，人会体验到强烈的自信和力量。现实生活中要获得一项成就，满足自我实现的愿望不仅需要自身智力、能力，而且还需要各种机遇及长时间不懈的努力。

而网络中只要花费足够的时间，通过敲击键盘简单的操作就可以设定一切，挑战一切。青春期认知和价值体系尚未建立，依然保留着儿童期的自恋和全能感，不成熟的自我难以适应复杂的环境，通常会以网络游戏、网络交往为手段，学习角色扮演和角色认同。

尤其是在网络游戏中，玩家每升一级或是打过一关，抑或是使对手甘拜下风，都会产生一种愉悦感和“高峰体验”。这是一种转瞬即逝的如痴如醉、欢乐至极的感受。他们在虚拟的网络世界获取的快乐和自我成就感比现实世界要多得多。而这种感觉又会强化他们参与网络游戏的行为，使他们继续沉浸于此，追求更多的体验。[1]

网络游戏就是在以一种虚拟而快速的方式满足自己的最高需要——目标心理的“超自我实现”。而当网络成瘾者在网络中尽情地获得各种心理体验时，他与周围的人（或朋友、爱人、家长）越来越疏远，真诚的交流和沟通越来越缺乏。当他人无法理解并接纳这一行为时，反而会引发激烈的矛盾冲突，从而导致其更加沉迷于网络。

三、行为主义理论——习惯养成说

（一）斯金纳操作行为理论

行为主义理论起源于俄罗斯生理学家巴甫洛夫（Ivan Pavlov）的经典条件反射实验，继后，美国心理学家华生发表的《行为主义心目中的心理学》一文，宣告了行为主义这一理论的登场。斯金纳作为行为主义的集大成者发展了这一理论，提出了操作性反射原理。

[1] 商宇：《关于中学生网络游戏成瘾问题的分析及对策研究》，河北师范大学2006届硕士学位论文。

斯金纳理论的核心在于人类行为的强化、行为的塑造。他认为，凡促进行为的手段都称为强化，凡阻止行为的手段便是惩罚。某一行为如果带来行为者想要的东西，行为者就会倾向于重复该行为，称为正强化；某一行为如果会消除使行为者感到不快和厌恶的东西，行为者也会倾向于重复该行为，称为负强化。

（二）班杜拉的社会学习理论

社会学习理论提出者艾伯特 · 班杜拉认为，人类的许多行为都是依靠观察习得的，都是依靠替代强化形成的。说得通俗一点，就是很多行为都是由模仿而得的，它受注意、保持、动作再现、动机等心理过程的支配影响。和许多心理学研究者一样，班杜拉也试图解答究竟是什么触发了人类的独特行为，因此他的社会学习理论提出了交互作用论，认为行为、个体、环境是一个相互影响的系统，三者共同作用决定了个体的行为表现。

（三）行为主义理论与网络成瘾

用行为主义的理论解释网络成瘾这一现象，首先要谈到的是强化机制。正强化在网络成瘾行为的初期阶段起主要作用，而负强化在网络成瘾行为的发展和维持中起了重要作用，这种正负强化的双重作用，促使网络成瘾者出现躯体依赖、心理依赖以及人格的改变。

具体地说，正强化是指行为的后果导致积极刺激增加，从而使该行为的发生频率增加。如在网络游戏《征途》中，操作游戏中的角色可获得好的级别和得分，得到某种形式的奖励（如武器、装备等），玩网络游戏的后果以直接的物质利益（金钱、贩卖账号）的形式得到体现。同时可以产生正性情绪体验，增强自信和自我肯定的认知体验，精神上的胜利感，战胜对手的满足感等等。这些物质的、精神的强化作用会使玩游戏行为进一步加强，不断去追求这些物质奖励和积极的个人体验，从而使玩游戏的频率、时间、花费不断增加。[1]

另一方面，负强化指行为的后果导致消极刺激减少，从而使该行为的发生频率增加。在真实生活中，由于生活的未知变量太多，如学习工作的失落、社交的挫折等，会使那些对社会赞许需求较高、社交焦虑较重的人更易于在现实生活的交往中遇到较多的困难。而当他们感到沮丧、困惑、孤独、失望，失去社会交往兴趣，他们就可能转向网络，寻求安慰和减压，使某些被压抑的或潜意识的个体得以释放。

此外，网络成瘾后适应功能也会明显受损，亲朋好友的责备会使网络成瘾者更加自卑，认为自己已丧失对生活的控制能力，对现实生活更感苦恼、无助。由此，上网便成为应付挫折、精神痛苦和负性情绪的唯一手段，并形成恶性循环。

总之，网络成瘾是条件反射的积累，是个体学习的产物。当你第一次玩一个游戏，起初的体验可能有些别扭：这个世界是陌生、突兀的，充满挑战和神秘。玩过多次之后，游戏世界会变得熟悉起来。这个学习过程的高峰状态，是在虚拟世界里，因在理解、情感、动作之间突然出现了牢固的神经链条而产生类似催眠状态的沉迷，这种沉迷被有的研究者以沉浸理论概括。[2] 这种学习过程的最终结果是俄罗斯形式主义学家所说的自动反应，或可被称作“习惯养成”。综上所述，网络成瘾的“习惯养成说”主要有以下三个要点：（1）网络成瘾是条

[1] 杨丛：《高职大学生网络成瘾及态度干预研究》，内蒙古师范大学2009届硕士学位论文。

[2] 曹小燕：《网络游戏成瘾及防沉迷系统与心理干预对策研究》，华东师范大学2007届硕士学位论文。

件反射的积累；（2）网络成瘾是超强度的学习；（3）网络成瘾是自闭的堡垒。

四、认知调整理论——傲慢偏见说

（一）贝克的认知理论模式

认知理论主张，人是思维的动物，把信念系统和思维看做行为的基础。认知理论是由美国著名心理学家贝克创立的，他认为个体没有觉察的自动思维是个体的信念和认知图式的一个方面，影响着人们如何做决定和生活，在人格发展中起着很大的作用。

认知治疗家认为个体的信念在儿童期开始形成，在一生中发展。早期儿童经验引起了对自己和世界的基本信念。一般情况下，儿童经验得到父母的支持，带来如“我很可爱”“我有价值”的信念，这使他们到成年后对自己有更积极的观念。那些有心理功能障碍的人，积累了过多的消极信念，如“我很无能”等等，这些被批评的经验和创伤性经验一起影响了个体的消极信念图式。

自动思维是贝克认知理论中的关键概念，这些自动思维往往构成了认知的核心信念和图式。个体是如何看他们的世界的，他们对人、事件和环境有什么重要的信念和假设，这些组成了他们基本的认知图式：积极的（适应的）和消极的（不适应的）。认知图式从童年期开始，认知歪曲显现在认知过程的错误和无效上。心理学家戴维·弗里曼讨论了在不同的心理障碍中存在的一系列共同的认知歪曲。

（二）艾利斯的合理情绪理论

心理学家艾利斯（Albert Ellis）创立的合理情绪理论也是认知理

论的一部分。他的理论基础是A–B–C模型，即个体对激发事件A的反应后引起情绪和行为的后果C，这个行为后果不是由A激发事件直接造成的，而是由个体的信念系统B引起的。如果激发事件A是愉悦的，结果C一般是无害的；如果激发事件A是不愉快的，不合理的信念系统B就会出现。这个不合理的信念B引起情绪困扰和行为后果C。[1]这个模型被用来理解人格和促成人格改变。

（三）认知理论与网络成瘾

非适应的认知是如何导致网络成瘾呢？

其一，网络成瘾者把网络世界视为“家”，比如他们觉得在网络上最舒服、最安全，网络中的情感才是真实的情感，没有现实世界中的那份虚伪，因此在网络中才会说在真实生活中不敢说的话，做不敢做的事，所以这种两极化思维使他们觉得网络世界是他们唯一的情感港湾。

其二，网络中强烈的信息刺激、交往中成功的经验、游戏中酣畅淋漓的快感等使初次上网的青少年能体会到真实生活所不能体验到的感觉，使得他们形成一种错误的观念或不合理的信念。他们以选择性抽取的思维认定网络是其生活中最重要的部分，甚至高过于自身的生命，从而导致网络成瘾者不能上网时，会像吸毒者疯狂寻找毒品一样出现狂乱的行为。[2]

其三，长时间网络行为的强化会导致个体产生不正确的自动思维。即使在真实的世界里，他们也会无意识地将眼前的各种声、光、味等感觉与网络世界对应起来，不自觉地联想到网络，从而进一步强化了

[1] 王芳：《人际适应障碍心理咨询案例报告》，载《科技信息》，2010（28）。
[2] 李宁等：《青少年网络成瘾的认知基础初探》，载《赣南师范学院学报》，2006（2）。

网络使用这一行为，最终形成网络成瘾。

其四，当个体在现实生活中遇到情绪低落、学习成绩下降、工作遭到领导批评等挫折事件时，个体会对应激事件产生歪曲的认知，如“我彻底地完了”，于是“只有上网才快乐”构成的消极信念系统便启动了，随之沉溺于网络不能自拔。这便是艾利斯A–B–C理论对网络成瘾形成过程的透视。

由此，网络成瘾的“傲慢偏见说”，主要有以下三个要点：网络成瘾是认知图式的变异；网络成瘾是自动观念的呈现；网络成瘾是理性与情绪的不一致。

五、存在主义理论——活在当下说

（一）存在主义基本理论

存在主义（Existentialism）这个术语在学术界很流行，并被哲学家、心理学家、神学家、小说家和演员们以不同的方式使用着。存在主义最早出现在19世纪丹麦哲学家克尔凯郭尔（Kierkepaard, 1813–1855）的著作里，他试图理解人类的心理机能。比较流行的说法是，存在主义等同于忧郁和绝望，甚至于自杀和死亡。或者说，存在主义认为世界是荒谬的、无意义的。

虽然存在主义并不是一个系统和统一的哲学体系和心理学流派，但它的拥护者们普遍接受以下的观点：

1．把人类当作研究存在的出发点，对个人存在提出了最基本的追问：我是谁？生命的意义是什么？生命是否有意义？生活的价值是什么？如何认识自身的潜能？我如何能够与众不同？

2．自由意志是认识人类机能和发展的中心概念，每个人都希望自身得到提高，人们确定目标，做出决定，实现自由意志。通过自身做出决定并从中体会到尊严和价值，从而成长为一个成熟的个体。

3. 罗洛 · 梅整合了弗洛伊德和存在主义的理论而提出存在分析理论，特别强调当下此刻的经验即为存在的方式，认为世界有三种形式：首先，是客观世界或环境，或者称为生物学上的环境，其中还包括生理上的需要、驱力和本能等内在环境。第二个形式，是同时代的人即人际世界或共境。这是一个交往的世界。在与他人交往中，人们给予并分享了一些事物的意义。最后一个形式是自己的世界，即自我内在世界或我境，这是我们自己的世界。表现为人与自我的关系，包括自我觉知和自我归属。罗洛·梅认为，每个人都同时生活在这三个世界中。

（二）存在主义理论与网络成瘾

存在主义理论把人的心理及其行为问题聚集在当下，他们的理论对网络成瘾现象是一个很好的诠释，表现在以下三点：

其一，存在主义认为，由于价值观无法整合造成的混乱，使我们感到内心空虚和孤独。这种感觉来自我们所面对的巨大且复杂的问题。空虚感来自人们不能对外部事件加以控制而产生的无助感。而这种无助感又给人们带来强烈的失望，进而放弃自己的要求和情感，变得麻木不仁，回避责任便成为一种选择。网络成瘾患者通常都有强烈的孤独感、空虚感和无助感，导致存在意识的弱化，不愿承担责任，以至于网络成了他们另外一种生存空间。

其二，存在主义认为，现代社会产生了另一种不健康的个人主义，人与人的关系日渐疏远，各种心理问题大量出现，人们普遍采纳了开放式的竞争方式，这使“每一个人都成为其邻居的潜在敌人……从而造成了许多人际间的敌意和仇恨，并增加了人们的焦虑和相互的疏远”。网络成瘾者往往其内心充满了不信任感和焦虑情绪，比如在《魔兽世界》里兽族和人族的对立，兽族玩家与人族玩家的交流显示在屏幕上只是一堆无法识别的乱码，而且两大种族之间还会产生大规模的群体PK，它契合了现实生活中网络成瘾者的普遍不信任感和仇恨感。

其三，存在主义认为，不健康的个人主义使人们过分强调自立，忽视合作，这使个体获得帮助的可能性大大减少，所以网络使用者尤其是青少年会在网上成立组织，在游戏中成立公会组织，以寻求支持。另外，当代许多人丧失了身份感，这使得他们往往习惯从网络上获得虚拟的身份，以支持其生存的理由。

由此，网络成瘾的“活在当下说”，主要有以下三个要点：网络成瘾是应付无意义的手段；网络成瘾是责任的回避；网络成瘾是信任的危机。[1]

[1] 陶然，应力，岳晓东等：《网络成瘾探析与干预》，上海：上海人民出版社，2007。

第二章

网瘾的出现

第一节　网瘾的界定及研究现状

一、网瘾的界定

网络成瘾症（Internet Addiction Disorder, IAD）最早是由美国纽约市的精神病学家伊凡·戈登伯格(Ivan Goldberg)于1994年提出的。提出至今，先后有金伯利·杨(Kimberly Young)、戴维斯(R.A.Davis)、周荣等国际国内学者对这一概念作了新的界定或调整。虽然美国心理学会（APA）于1997年承认了网络成瘾研究的学术价值，但到目前为止，临床医学及社会科学尚未形成一致的严谨定义及诊断标准。国际国内主流的界定有这几种：

（一）网络成瘾症（Internet Addiction Disorder, IAD）

伊凡·戈登伯格（Ivan Goldberg）借用DSM-IV中关于药物依赖的判断标准，指出网瘾是一种应对机制的行为成瘾。其症状为：过度使用网络，造成学业、工作、社会、家庭等身心功能的减弱。这个定义从过度使用网络、一系列日常行为和人际关系的身心功能减弱两个方面来界定网络成瘾的概念。[1]

世界卫生组织（WHO）将网络成瘾症（IAD）定义为：由于过度使用网络而导致的一种慢性或周期性的着迷状态，并产生难以抗拒的再度使用的欲望。同时会产生想要增加使用时间、耐受性提高、出现戒断反应等现象，对于上网所带来的快感会一直存在心理与生理上的依赖。

（二）病理性网络使用（Pathological Internet Use, PIU）

1997年，戈登伯格修正了对网络成瘾的论点，将网络成瘾一词改为病理性网络使用（Pathological Internet Use, PIU），并将其定义为：因为网络过度使用而造成沮丧，或是身体、心理、人际、婚姻、经济或社会功能的损害。虽然术语进行了改变，但内涵基本没变，仍是从过度使用网络和使用的后果两个方面来界定的。

戴维斯（R.A.Davis）也主张采用“病理性网络使用”（PIU）这一术语，但其内涵有所不同，他认为，应该把互联网的媒介作用和媒介内容区分开，把网络上的时间是处理一般事务还是病理性使用区别开。于是，他主张将病理性网络使用分为两类：特殊性SPIU（有特定内容的）和一般性GPIU（无特定内容的）。

（三）病态网络使用（Pathological Internet Use, PIU）

美国匹兹堡大学心理学家金伯利·杨（Kimberly Young）博士于1996年美国心理学会年会发表《网络成瘾：一种新的临床疾病》一文，

[1] 陶然，应力，岳晓东等：《网络成瘾探析与干预》，上海：上海人民出版社，2007。

公布了自己对网络成瘾的实证研究。她在对比了DSM-IV上所有的成瘾诊断后认为，网络成瘾与病理性赌博的状态最为相似，是一种冲动控制障碍（Impulse Control Disorder）。因此，将其定义为病态网络使用（Pathological Internet Use, PIU），一种没有涉及中毒的冲动控制障碍。

在我国，术语普遍采用“网络成瘾”一词，定义的界定主要有以下几种：

1997年，台湾学者周荣与周倩在世界卫生组织对物质成瘾的定义的基础上，作了一定调整，提出“网络成瘾”的定义：由重复地对网络使用所导致的一种慢性或周期性的着迷状态，并带来难以抗拒的再度使用之欲望。同时并会产生想要增加使用时间的张力与忍耐、克制、戒断等现象，对于上网所带来的快感会有一种心理与生理上的依赖。

1998年，萧铭钧在周荣与周倩的定义基础上，将“快感”一词改为“满足感”。

2005年，陶然首次从医学角度对网络成瘾现象进行诠释：网络成瘾（Internet Addiction, IA）是指由于反复使用网络不断刺激中枢神经系统，引起神经内分泌紊乱，以精神症状、躯体症状、心理障碍为主要临床表现，从而导致社会功能活动受损的一组症候群，并产生耐受性和戒断反应。

基于以上三种相对专业且使用较为普遍的术语，笔者采用Google搜索引擎中的高级搜索，选择“搜索结果包含完整字句”进行了搜索，结果如下（截至2010年11月20日）：

表2-1　　　　术语检索比较

术语	搜索到的条目
网络成瘾	2, 530, 000
病理性网络使用	45, 700
病态网络使用	50, 100

显然，“网络成瘾”的使用者最多，与“病理性网络使用”和“病态网络使用”相比，“网络成瘾”更通俗易懂，更大众化。

目前按照世界卫生组织定义，所谓网络成瘾症（IAD），是指由于过度地使用网络而导致的一种慢性的或周期性的着迷状态，并产生难以抗拒的再度使用的欲望。同时会产生想要增加使用时间，赖受性提高、出现戒断反应等现象，对于上网所带来的快感会一直存在心理与生理上的依赖。

二、网瘾的国内现状

面对日益严重的成瘾问题，中国青少年网络协会于2009年发布了第三次《中国青少年网瘾数据报告》。调查报告显示：

其一，我国城市青少年网民中网瘾青少年约占14.1%，人数约为2404.2万，这一比例与2005年基本持平（见图2-1）。在城市非网瘾青少年中，约有12.7%的青少年有网瘾倾向，人数约为1858.5万。

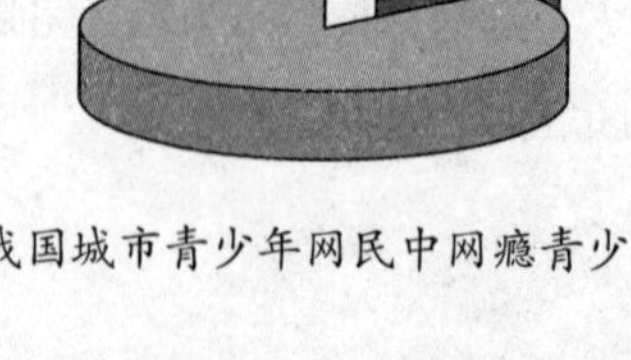

图2-1　我国城市青少年网民中网瘾青少年的比例

本次调查中，网络调查样本的网瘾比例（19.9%）要高于实地调查的网瘾比例（见表2–2）。但是本次网络调查的对象为20–29岁的网民，与实地调查的样本（6–29岁）有差异，20–29岁的网民多为大学生和参加工作的年轻人，与20岁以下的初高中生相比，网瘾比例相对较高也是合理的。

表2–2　实地和网上调查中我国城市网瘾青少年规模和比例

调查方式	调查范围	网瘾青少年比例%	规模（万人）
实地调查	6-29岁网民	14.1	2404.2
网络调查	20-29岁网民	19.9	1577.9

其二，在网瘾用户中，男性青少年网民中上网成瘾的比例比女性青少年网民中上网成瘾比例高出近5.6个百分点；本次调查的范围为6–29岁青少年，学生在这一群体中占据多数，因此我们将非在校学生归为一类，在校学生归为一类，并对在校学生分学历进行比较。调查发现，“大专生”网民中网瘾青少年比例最高，达19.0%，其次为“职高／中专／职专／技校学生”（18.6%）。我们认为,对于“人专”和“职高／中专／职专／技校”的在校学生，大多数是住校或一个人住，缺少父母监管，学习压力不如普通初、高中生大，因此可能容易沉迷网络，造成网瘾（见图2–2，图2–3，图2–4）。

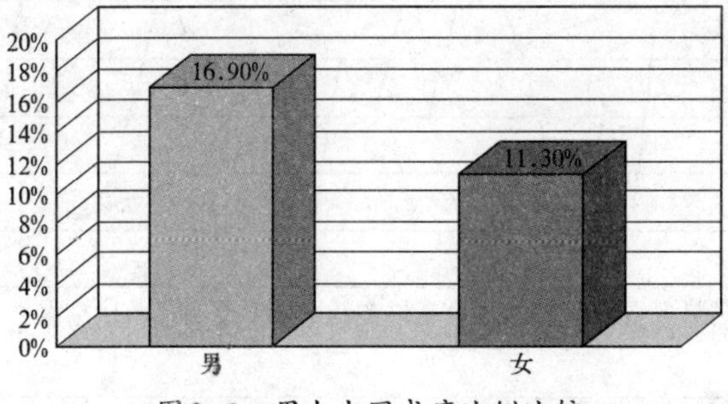

图2–2　男女上网成瘾比例比较

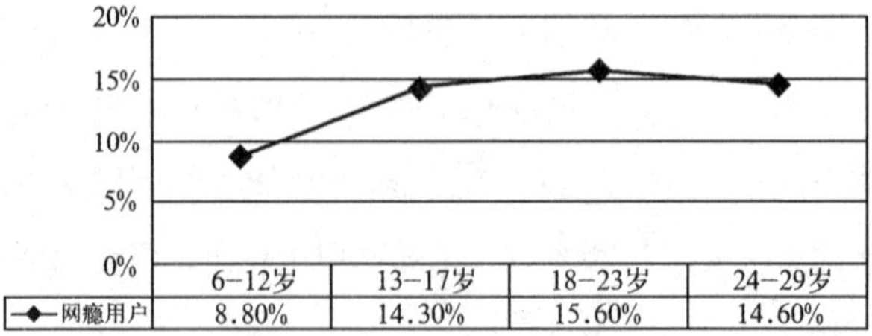

图2–3 网瘾在不同年龄上的分布

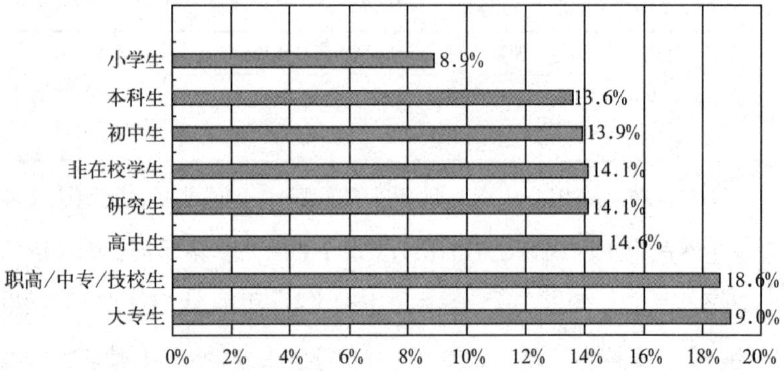

图2–4 不同身份青少年的网瘾分布

其三，在地域分布上，青少年网瘾现象虽然各地区差异较大，但整体分布与地理位置和经济因素无关（见图2–5）。

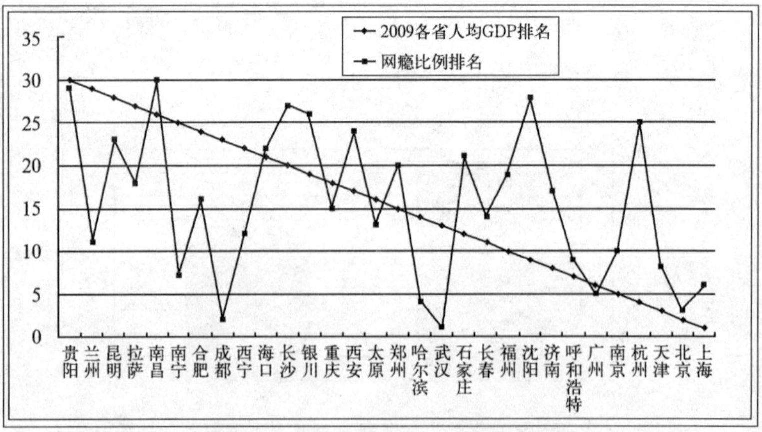

图2–5 各省网瘾比例与GDP的比较

2010年7月15日，中国互联网络信息中心（CNNIC）发布的《第26次中国互联网络发展状况统计报告》显示：截至2010年6月，我国网民人数达到了4.2亿。据以上研究结果可以推测，目前网络成瘾用户及网络成瘾倾向用户已接近5000多万。

第二节　儿童网瘾现象剖析

国外网络成瘾的人群集中在20–30岁，中国却集中在15–20岁；国外网络成瘾的内容比较分散，而中国80%–90%集中在网络游戏；国外网络成瘾罕见极端事件，而中国人网瘾的极端程度也超过国外。中科院心理所心理咨询与治疗中心主任高文斌博士于中国心理学会和世界图书出版公司举办的“用心灵感受世界”公益讲座上报告了这三个事实。为什么这么多中国孩子会迷恋网络？为什么网瘾会找上中国孩子？

高文斌博士等人经过研究发现[1]，当代中国青少年成长中在不同程度上存在三个缺失：

第一是“父亲功能”的缺失。父亲对于青春期的男孩来说是很重要的，父亲往往代表着规则和秩序，孩子自控能力的形成与父亲的作用有很大关系。但是现在很多家庭中，父亲的功能是缺失的，比如一些孩子父母离异了，孩子跟着妈妈生活；有的家庭虽然表面完整，但父亲很少在家，他们总是在外面忙自己的事；还有的父亲为了生存与发展，不得不离开家庭，想尽责也尽不了。在传统的大家庭时代，父亲不在，还有爷爷和叔叔伯伯来代替父亲发挥功能，而现代核心家庭却找不到替代者，造成父亲功能的缺失。这从某种角度上解释了为什

[1] 陆小娅：《网瘾为什么偏偏找上中国孩子》，载《中国青年报》2006-10-11。

么网络成瘾的大多是男孩。

对中国孩子尤其是城市孩子来说，第二个重大的缺失是游戏缺失。很多人以为，在中学阶段孩子已经不需要游戏了。高文斌说，实际上青春期的孩子仍然需要游戏，只不过他们需要社会角色更丰富的游戏，需要有象征意义的游戏帮助他们长大。现在中学体育活动不仅少，而且男生的活动在时间上和内容上都和女生差不多，其实男生是需要在游戏中有一定的肢体接触，甚至肢体冲突的。当现实生活无法满足时，他就去找替代品。网络游戏很多都是战斗游戏，所以很容易被男生迷恋上。这也是为什么我国青少年网络成瘾以游戏为主的重要原因。

第三个缺失是同伴的缺失。对于青春期孩子来说，同伴特别重要，没有伙伴就不能从家庭走向社会。但是中国城市中大都是独生子女，家庭内同伴为零。同时，现在很多孩子上学远，又因为安全问题家长不得不接送，本来上学路上可以和同伴玩耍，现在不可能了。而短短的课间，很难发展出高质量的同伴关系。新的城市社区、居民的异质性也不利于青少年发展同伴关系。当现实生活中同伴缺失时，网络却给青少年提供了机会。

在网络中，有游戏，有同伴交往，又能获得成就感，正好弥补了三个方面的缺失，故更容易吸引孩子。

一、网络成瘾的一般类型

网络的功能非常强大，而人们在生活和工作中仅仅利用其中的一个或几个功能，而且很多人只对其中某个具体功能感兴趣甚至成瘾。到目前为止，人们发现的网络成瘾的类型有如下几个：

（一）信息的过度摄取（Information Overload）

这类成瘾者对网络信息有极大兴趣，只要出现在计算机面前，几乎唯一的目的就是搜寻信息，而且这个冲动无法控制。对于不同的人而言，其表现有很大的不同，总体而言有如下几个类型：

1．泛化信息搜寻

这样的成瘾者对所有信息都有兴趣，上网的时候没有明确的信息搜索目的，对所有信息极度兴奋，他们浏览的速度很快；有的成瘾者还有储存的习惯，但是对储存的信息不会重复阅读，他们热衷的是新信息。

2．特异信息搜寻

这类成瘾者只对某一类的信息感兴趣，如对明星人物的信息、社会现象的信息甚至某些灵异现象的消息等。他们通过搜索网站浏览几乎所有的相关信息，达到忘我的地步。

3．自我信息搜寻

这样的成瘾者热衷于自己的信息寻求，甚至自我创造个人信息，然后自我欣赏。这样的人对人们的反应非常敏感，经常无法控制自己对微博、微信的浏览，有的每几分钟就要浏览一次，晚上睡前、醒后也要上网查询自己的微博、微信等方面的信息。

（二）网络关系成瘾（Cyber–Rrelationship Addiction）

成瘾者沉溺于建立网络关系，其基本特点如下：

1．很快形成和终止在线关系

其上网的目的就是发展在线关系，有的在几个小时内就可以形成似乎比较紧密的关系，但是随着新的关系的出现，老的关系就很快终止。研究者发现，成瘾者和非成瘾者的主要区别在于成瘾者通过网络发展新的关系，而非成瘾者则通过网络维系老的关系。[1]

---

［1］ChouC., HsiaoM. C. Internet addiction, usage, gratification, and pleasure experience: The Taiwan collage student's case. *Computers and Education*, 2000, 35(1): pp.65-80.

2．发现现实关系

这样的成瘾者一般不满足于发展在线关系，一旦有机会，他们就会通过现实的方式（如电话或直接见面）形成不同的关系，特别是和异性之间的关系，甚至形成性关系。因此，这种虚拟的联系和现实的联系的形成会破坏其生活和工作中已有的真实关系，甚至破坏婚姻关系。

（三）网络性成瘾（Cybersexual Addiction）

成瘾者沉迷于网络上的性信息而不能自拔，具体而言，这样的成瘾者有如下特点：

1．文本信息强迫性阅读

成瘾者主要对网络上的色情小说或性行为的描述有强迫性的阅读欲望，在线时间都是用来搜寻有关的文字描述，甚至收集整理，反复阅读。

2．性信息的暴露

这主要有两个方面的表现：一是发布文字色情描述。主要是成瘾者自己创作，同时也发布收集到的文字信息，这样的人有比较强烈的性描述的创造欲望，而且发现成瘾的青少年在这方面表现得比较明显。二是发布色情图片和影片。成瘾者发布的这些资料一般是收集到的，然后将其继续发布和传播，特别是一些新闻人物的有关资料，更是成瘾者发布的对象。

3．网络性行为

通过文字、语音甚至视频完成网络性行为。但是，大部分的网络性行为并非属于成瘾行为，少部分对网络性行为成瘾，上网的目的就是搜寻交往目标，甚至通过收费的非法网站达到自己的目的。据统计，大约有70000个性关联网站，而且每天平均新增加200多个成人网站。

现在这样的网站已经增加到40万个，五分之一的网络使用者会进入这样的网站。

（四）计算机成瘾（网络游戏成瘾）(Online Gaming Addiction)

成瘾者强迫性地操作网络游戏，或者是一个人的游戏，或者是和其他人的网络游戏。由于存在巨大利润，开发商总能够通过改进游戏的进度和强化其特点，促使游戏玩家无法摆脱甚至上瘾。网络游戏能满足人们生活中无法实现的愿望，如暴力、冒险等。角色扮演等网络游戏，一旦成瘾，玩家便沉溺于其虚拟的世界，受虚拟世界的影响，其现实中的价值观也会发生变化。如生命观，通过网络游戏，成瘾者发现人的生命不是唯一的，是可以控制和改变的，因此很多青少年成瘾者在现实生活中变得很暴力甚至去杀人，这都与其生命观的改变有关，这种“生命是可以控制的”的生命观甚至会导致青少年成瘾者的自杀行为。计算机成瘾是所有类型中发生比例比较高而且是最难以治疗的成瘾行为。

（五）网络强迫 (Net Compulsion)

这主要是过度地通过网络完成其他目的性活动。具体而言，有以下几个方面的表现：

1．网络购物

他们强迫性地使用网络近乎疯狂地搜寻新异或自己感兴趣的商品，并通过网络购买。

2．网络交易

一般是通过网络的信息和物品交易，甚至设想使用一根大头针通过网络置换汽车或房子。

3．网络赌博

通过网络进行某一种或各种赌博行为。

网络强迫一般导致突出的经济问题、家庭问题和职业问题。

（六）交叉成瘾（Cross Addiction）

成瘾者存在上述一种以上的成瘾行为，如网络关系成瘾和网络性成瘾。

二、网络成瘾高发群体分析

“不同身份青少年网瘾分布图”提示我们：职高学生群体以及大专学生群体都是网络成瘾的高发人群。对他们的群体特性分析有助于我们更深入了解目前网瘾群体的基本状况，便于制定针对性的预防及干预措施。

（一）职高学生群体

职高学生的学习成绩大多不够理想，学习上很难找到自信，缺乏学习动力，人生目标模糊。由此，他们当中不少人都具有以下两个特点：

1．缺乏个人成就感

不少职高学生由于学习成绩不理想，再加上家长、老师及个人的期望值都较低，所以这些学生大多在现实中难以找到成就体验。

2．缺乏自我管理

不少职高学生对学校、专业、集体活动缺少热情，对自我的约束较低。由此，网络空间往往能给他们带来学业上不能获得的满足感和成就感。

（二）大专学生群体

目前教育体制往往采用单一评价的体系。学生在中学阶段都有比较明确的高考目标和规范的学习生活，许多兴趣爱好因考试而搁置。进入大学后，由于没有了高考的压力，支配的时间又比较充裕，原来形成的被动学习习惯已无法用于新的环境，从而可能产生焦虑、抑郁等不良情绪。此外，高考后释放种种情绪的动力格外强烈，而学生往往缺乏生涯规划，同样容易接触网络并深陷其中。

（三）高发群体的共同特点

研究发现，对学习成绩自我评价不同的在校学生网民中，网瘾比例呈现出有序差异。自认为学习成绩越不好的在校学生中，网瘾青少年的比例越高（如图2-6）。自我评价“成绩较差”和“成绩不好”的学生中，网瘾青少年比例分别达到28.8%和28.7%，自我评价“成绩一般”的学生中，网瘾青少年的比例为14.5%，而自我评价“成绩很好”的学生中，网瘾青少年的比例仅为11.4%。青少年最主要的任务是学习，当其学习遇到挫折的时候，容易产生逃避心理，到网络中寻求安慰和满足。而“大专”和“职高/中专/职专/技校”的在校学生普遍对自己的成绩缺少自信。

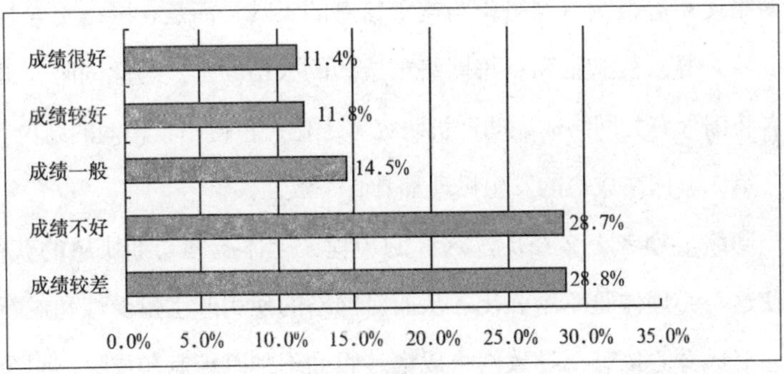

图2-6　对自己成绩不同评价的学生中网瘾青少年的比例比较

三、网络成瘾的共性

人类天性的普遍性来源于神秘的人类遗传特征，包括生理遗传和心理遗传。我们不仅具有相同的生理基础，还具有相似的思维和行为倾向。心理学的人格理论在很大程度上讨论了人的基本属性，都对人的本性做出了根本性描述。如：生存需要、善与恶、性与爱、好奇心、趋利避害、攻击与破坏、自我实现等等，其中追求预约和避免痛苦则是人类行为的根本目的。而网络时空特征及游戏的设定契合了人性的多种需求，有些人在网络世界获得更多的知识、休闲与发展；而有些人却沉溺于单一的网络游戏、网络聊天活动中，陷入无法自拔的困境。

世界各地的网络成瘾者是否具有内在的共性？根据国内外学者关于网络成瘾的研究，我们认为可能具有以下六个共同点：

第一，网络成瘾的行为动机都具有相似性。

网络成瘾者身上均体现了释放心理压力、追求自我实现、性的满足等动机。金伯利·杨在美国心理学会105届的年会上发表的报告《病态网络使用的原因》中，分析了396名世界范围的网络成瘾者，发现病态网络使用者很少将网络作为搜索信息的工具，而是在网络上寻找社会支持，寻求性满足和利用网络创造新的人格面具。与此同时，国内学者将国外有关网络成瘾的动机研究本土化，也得出了相同的结论。

第二，网络成瘾的发生机理都具有一致性。

网络成瘾者大多经历过这样的历程：个体上网初期快感的获得，促使这一心理体验不断强化，从而对网络的使用产生耐受性和戒断反应，形成身心依赖，导致网络成瘾。假如不加以控制和戒除，它会对人的身心健康和社会功能造成重大的伤害。

第三，成瘾个体的人格都具有共同特性。

国外（主要集中在美国）关于网络成瘾的人格特征研究较多。美国兰特学院心理学教授珍妮·英拉翰·马丁总结了多位心理学家的研究，发现有网瘾倾向的个体往往孤僻和抑郁。匹兹堡大学的研究结果表明，网络成瘾者具有下列人格特点：喜欢独处、敏感、倾向于抽象思维、警觉、不服从社会规范等。国内学者的研究得出，高度的厌倦倾向、孤独、社交焦虑、自我封闭及低自尊可以预测网络成瘾的发生。

第四，网络成瘾对于青少年的危害惊人相同。

网瘾危害是指对个体身心健康，社交、工作、学习、家庭生活等社会功能方面造成的严重影响，青少年是网瘾问题的重灾区。在1998年美国心理学年会上，有科研报告指出，互联网“上瘾”，危害最多的群体当属学生，大约四分之三的学生承认出现了与成瘾有关的神经衰弱、失眠、头痛等症状。爱荷华大学精神病学教授唐纳布莱克认为，无论是对个人的影响还是对社会生产力的影响，互联网成瘾问题比我们愿意承认的要严重得多。

第五，网络成瘾的性别比例具有相同性。

国内外的研究及实证表明，网瘾群体性别均以男性居多，特别是在游戏成瘾的表现上。

第六，网络成瘾的治疗模式基本类似。

国内外学者分别从网络成瘾的现状出发，结合神经科学、教育学及心理学等相关领域的基本原理及最新成果，相继提出了网络成瘾的身心治疗模式，使得网络成瘾的预防与治疗手段具有一种共通性。

四、网络成瘾问题的差异

与其他生物相比，大自然为人类修筑了一条更长更宽的道路，而文化与环境则驱使着人们在这条路上前行。大自然赋予人的最伟大的礼物是学习和使用的能力。人的大脑好似硬盘存储器，随时可以接受容量很大的文化软件。

由于种种文化差异和心理健康教育程度的不同，网络成瘾这一问题在我国也表现出一些自身特点：

1．网络成瘾发生的比例不同

1999年8月，德克萨斯科技大学心理学博士格林菲尔德在美国心理学会年会上公布了自己的调查研究成果，据他估计，大约6%的网民患有某种形式的网络成瘾症。而我国网民中约有10%–15%的用户是网瘾用户。

2．网络成瘾主体人群不尽一致

国外网络成瘾的人群多集中在20–30岁之间；而我国网络成瘾的人群年龄相对偏低，主要集中在15–20岁之间。

3．网络成瘾的内容比较分散，包括信息下载、网络通信、网络游戏、网上聊天、网络购物、网络赌博、网上色情信息等多个领域。而我国80%–90%的网瘾患者集中在网络游戏成瘾上。

4．网络成瘾导致的极端事件存在差异

国外网络成瘾引起的极端事件虽有但不多，而国内由网瘾引起的极端恶性事件则时有发生，包括长时间上网导致的猝死、自杀、盗窃、抢劫、诈骗、故意伤人甚至杀人。据有关权威人士透露，与网络相关的青少年刑事案件高达80%以上。

5．网络成瘾干预的社会支持系统不同

国外的教育体制允许自由选择完成学业的时间；而国内的教育则有较大的限制，导致青少年因网瘾退学或休学后，再次受教育的机会大大降低。另外，国内网络成瘾者家庭的矛盾冲突较大，支持力量不足；而国外的家庭对网络成瘾的子女更持包容态度，家庭教育更具弹性。

6．对网络的管理制度及方式的区别

面对日益严重的网络成瘾问题，各国均采取了相应的应对方式：

(1) 美国成立了游戏分级组织“娱乐软件定级委员会”(ESRB)，它的任务是在娱乐软件业的支持下，为互动娱乐软件产品制定一套标准的定级系统。

(2) 韩国负责电影与游戏内容分级管制的韩国媒体评等委员会(KMRB)，根据游戏内容进行了分级。

(3) 欧洲互动软件联盟(ISFE)制定了最新的泛欧洲游戏信息系统，在欧洲的西班牙、比利时、丹麦、芬兰、法国、德国、爱尔兰、意大利、英国、挪威、波兰等16个国家全面启动。

(4) 日本的电脑娱乐分级组织（CERO）进行游戏分级类别，采取四种使用年龄建议：全年龄、12岁以上、15岁以上以及18岁以上。新的制度将针对潜在的暴力内容，增设九种新的电玩游戏内容分级类别，作为父母和玩家购买游戏前的参考。

(5) 我国于2006年启动了“防沉迷系统”，2007年把预防与戒除网瘾问题列入了未成年人保护法，这些举措是进一步管理网络游戏开发和运营的良好开端。

第三章

儿童网瘾诊断分析

第一节　儿童网瘾的早期特征

根据中国互联网络信息中心第24次调查报告统计，我国10岁以下网民总数在300万人左右。中国青少年网络协会2009年8月18日发布《小学生互联网使用行为调研报告》显示：我国小学生网络成瘾现象初现，比例达到7.1%；大城市中八成小学生9岁前开始接触网络，“玩网络游戏”等娱乐追求是小学生上网的主要目的。小学生网络成瘾现象值得我们予以高度重视。那么，了解儿童网络成瘾的早期特征可以帮助家长在孩子沉溺网络之前提前感知，防止进一步恶化。

一、网络成瘾人群的一般表现

第一种：学习成绩差的孩子。由于家长、老师对孩子的期望过于单一，学习成绩的好坏成为孩子成就感的唯一来源，此时，一旦学习不好，孩子们会产生很强的挫败感。但是在网上，他们很容易体验成功：闯过任何一关，都可以得到“回报”，这种成就感是他们在现实生活中难以得到的。

第二种：学习特别好的学生。不少本来学习好的学生在升入更好的学校后，无法再保持原有的名次和位置，这时，他们对“努力学习”的目的产生了怀疑。按照老师和父母的逻辑，学习是为了“上大学—找到好工作—挣钱”，当他们失去了为“名次”、“位置”等学习的内在动力后，无法认同老师和父母的逻辑，因为，即使不用学习也可以从父母那里得到钱。于是，一些人开始迷恋网络。其实，造成这些孩子依赖网络的根本原因是没有形成正确的学习观。

第三种：同伴关系不好的孩子。许多学生虽然成绩不错，可是性格内向、猜忌心强，而且小心眼，碰到问题时没能得到及时解决就沉迷于网络，学习和生活受到严重影响。

第四种：家庭亲子关系不良的孩子。随着离婚率、犯罪率升高等社会问题的增多，社会上的“问题家庭”也在增多，这些孩子通常在家里得不到温暖。但是在网络上，他们提出的任何一点儿小小的请求都会得到不少人的帮助。现实生活和虚拟社会在人文关怀方面的反差，很容易让“问题家庭”的孩子“躲”进网络。

第五种：自制力弱、自觉性差的孩子。不少上网成瘾者都有这个问题，他自己也知道这样不好，也不想这样下去，但是一接触电脑就情不自禁。这是典型的自我控制力不强。生活中要面对很多选择，选择什么是对，什么是错，选择什么该做，什么不该做。如果将人生的元素尽量简单化，那么人生最重要的事情就是选择，选择的正确率越高，成功率也越大。[1]

---

[1] 惠明：《戒除学生网瘾的策略》，载《考试周刊》，2009（42）。

二、典型案例

案例1：家长王女士一到暑假就坐立不安，因为放假时，上初二的儿子明明每天总是喜欢玩会电脑，为怕儿子染上“网瘾”，李先生从孩子坐在电脑前就开始紧张不已，一直在房间内走来走去，对孩子啰啰嗦嗦不断，接下来干脆在电脑上设置了密码，甚至拔掉了网线，明明非常气愤，经常偷偷跑到外面的网吧去上网。

【分析】其实孩子每天上网不超过2小时，就不能算是“网瘾”，家长大可不必过于紧张。对此不应该制止，反倒应该鼓励，因为网络上一些先进的资讯，恰恰是对孩子十分有帮助的。

【建议】首先，家长应该对“网瘾”有正确和科学的了解，不要对孩子正常的上网活动横加阻挠；其次，还要把握与孩子沟通的技巧，因为粗暴的教育方式不仅不能正确引导孩子，还会影响孩子的心理健康成长，特别是处于青春期的青少年，自我意识正在增强，无端的指责会造成孩子的逆反情绪。

案例2：今年高二的小丽（化名）喜欢上网和网友聊天，倾诉心事，但是每个星期只上两次，时间都不超过2个小时。但是小丽妈妈特别担心她在网上“遇到坏人”，小丽一上网打开QQ开始聊天，妈妈的唠叨也随之而来，小丽经常是忍无可忍。久而久之，小丽和妈妈之间的话越来越少，孩子在家里也变得很冷淡。

【分析】现在，网络已经成为现代社会不可或缺的交流工具，孩子上网聊天，只要是在正常的范围内，不影响学习和生活，都可以视作是一种正常的需要，没有必要进行干涉。而且孩子在网络上正常交友，对于收集信息、宣泄情绪都是有帮助的。

【建议】家长应该理解孩子，不要无端地指责，更不要与孩子之间形成情绪上的对立，应该正常地引导孩子健康地使用网络，利用网络聊天中有利的因素来充实自己的生活。家长也可以适当地与孩子共同学习使用网络，这样既可以亲身体验网络，又可以找到与孩子的共同语言，拉近彼此间的距离。[1]

【小贴士】“网瘾”的初期征兆表现为：因担心电子邮件是否送达而睡不着觉；一到电脑前就废寝忘食；常上网发泄痛苦、焦虑等。更有甚者表现为上网时身体会颤抖，手指头经常出现不由自主敲打键盘的动作，再发展下去则会导致舌头与两颊僵硬，甚至失去自制力，出现幻觉。网瘾可怕，但可防患于未然。防止网瘾最重要的一条就是严格控制上网时间，每天以不超过两小时为宜。儿童青少年处于发育时期，更应严格节制。

1．在上网时间上要自我约束，特别在夜间上网时间不宜过长。

2．注意操作姿势。荧光屏应在与双眼水平或稍下位置，与眼睛的距离应在60厘米左右。敲击键盘的前臂呈90度。光线柔和不可太暗。手指敲击键盘的频率不宜过快。

3．平时要丰富业余生活，比如外出旅游、和朋友聊天、散步、参加一些体育锻炼等。

4．在饮食上要注意多吃一些胡萝卜、荠菜、芥菜、苦瓜、动物肝脏、豆芽、瘦肉等含丰富维生素和蛋白质的食物。

5．出现早期症状，应及时停止操作并休息。

6．一旦出现网瘾症状，不要紧张，要尽早诊治，必要时可安排心

---

[1] 惠明：《戒除学生网瘾的策略》，载《考试周刊》，2009（42）。

理治疗。[1]

第二节 儿童网瘾评价量表

网络成瘾诊断方面，国内外很多研究都编制了相应的量表来测量网络成瘾症，比较有代表性的有以下五种：

一、金伯利·扬的网瘾诊断标准

美国匹兹堡大学的金伯利·扬于1998年在总结网络成瘾在线调查与临床治疗的基础上，参照DSM–IV中赌博成瘾的十个鉴别标准编制出“网络成瘾测验”。具体内容如下：

1. 我会全神贯注于网络或在线服务活动，并且在下网后总念念不忘网事；

2. 我觉得需要花更多的时间在线上才能得到满足；

3. 我曾努力过多次想控制或停止使用网络，但并没有成功；

4. 当我企图减少或停止使用，我会觉得沮丧、心情低落或是脾气容易暴躁；

5. 我花费在网络上的时间比原先意图的还要长；

6. 我会为了上网而甘愿冒重要的人际关系、工作、教育或工作机会损失的危险；

7. 我曾向家人、朋友或他人说谎以隐瞒我涉入网络的状态；

8. 我上网是为刻意逃避问题或试着释放一些感觉诸如无助、罪恶感、焦虑或沮丧。

---

[1] 任庆兰：《暴力戒网瘾：拯救还是摧残》，载《人人健康》，2009（17）。

金伯利·扬采用“八分之五”模式，在这八项中只要符合其中的五项就可判定为成瘾。该套量表的优点在于简便实用，但存在方法学上的缺陷，表现为：测量工具的名称和题项内容都能让被试者清楚知道这些量表所要测的是什么；题项只是定性的描述，对病态症状的简单罗列；该问卷有八个题项，其中的五个题项被给予肯定的回答，就被诊断为网络成瘾。这一分界点的划分缺乏充分的根据；网络成瘾的测量工具未按严格的心理测量学程序来编制，缺乏信度、效度和常模的统计指标。

二、伊凡·戈登伯格的网瘾诊断标准

美国精神科医生伊凡·戈登伯格于1996年提出的网络成瘾诊断标准中列出了网瘾的主要七种症状：

1．耐受性增强；

2．戒断症状；

3．上网时间与频率常会超过自己原本所预期的；

4．企图缩短上网时间的努力总是以失败告终；

5．花很多时间在和网络有关的活动上；

6．因为使用网络而放弃或减少日常生活中重要的社交、工作或休闲娱乐；

7．虽然能够意识到上网带来的严重问题，但仍然继续花费大量时间上网。

如果网络使用者在12个月中的任何时期有多于所列的三种症状出现，即被诊断为网络成瘾。

三、美国心理学会的网瘾诊断标准

在1996年和1997年美国心理学年会上，形成了一个比较一致的网络成瘾者（IAD）诊断标准，即病人必须在一年内，表现出下列七种情况的三种以上症状即可确诊为IAD：

1．耐受性。指符合下面任意一条：（1）需要明显增加上网时间才能获得满足；（2）上网时间不变，满足感明显下降。

2．停止上网后，表现出以下任何一种症状：（1）显著的脱瘾综合症：A．停止或减少长时间的上网行为。B．在A之后的几天到一月内出现下述两项或更多的症状：a．精神运动性烦躁；b．焦虑；c．强迫性思考网上发生的事情；d．幻想或梦想有关互联网的事情；e．随意或不随意地做手指敲击键盘的动作。C．由于标准B的症状导致了忧郁或社交、工作以及其他重要领域功能的损害。（2）急于使用网络或相似的网上服务来减轻或避免脱瘾症状。

3．上网的次数比计划的多，时间比计划的长。

4．一直希望能努力减少或控制网络的使用，但却没有成功。

5．把大量的时间用在与使用网络有关的事情上，如：购买网络书籍、尝试新的浏览器、整理下载的资料。

6．因为使用互联网而放弃或减少重要的社交、工作或娱乐活动。

7．尽管知道上网可能已经导致了持续或复发性的身体、社交、工作或心理问题，但仍不管这些情况而继续使用互联网。

四、台湾学者陈淑惠编制和修订的中文网络成瘾量表

我国台湾学者陈淑惠于1999年以1336名大学生为研究对象，综合DSM–IV对于各种成瘾症状的判断标准，以及临床个案的观察结果，

编制了《中文网络成瘾量表》(CIAS)。该量表包含以下五个因素：

1. 强迫性上网行为，为一种难以自拔的上网渴望与冲动。

2. 戒断行为与退瘾反应。指如果突然被迫离开电脑，容易出现挫败的情绪反应。

3. 网络成瘾耐受症。指随着网络使用的经验程度的增加，原先上网所得到的乐趣与满足感，必须通过更多的网络内容或更长久的上网时间才能得到与原先相当程度的满足。

4. 人际及健康问题，因为滞留网上时间太长，而忽略原有的家居和社交生活，和家人、朋友疏远，耽误工作或学业；为掩饰自己的上网行为而说谎，身体出现不适反应。

5. 时间管理问题。

该五个因素可以概括为三个方面：过度使用网络（上网时间），冲动控制障碍（上网耐受性，不能抑制上网欲望）和上网带来的负面影响（身心、人际关系和戒断症状）。该量表共有26个题项，是一种四级自评量表，总分代表个人网络成瘾的程度。陈淑惠认为总得分越高表示网络成瘾的可能性越高。尽管该量表综合了DSM-IV对各种成瘾症的诊断标准和对临床个案的研究，按照严格的心理测量学程序编制而成，初步研究表明该量表具有良好的信度和效度，但它目前在中国大陆还没有常模。

五、青少年病理性互联网使用量表（APIUS）

该量表由中国人民大学心理研究所雷雳和海南师范大学教育系杨洋共同编制，于2007年公开发表在心理学报权威期刊上。该量表为5点记分Likert自评式，共38个项目，包括6个因素：突显性（3个项目）；

耐受性（5个项目）、强迫性上网/戒断症状（11个项目）、心境改变（5个项目）、社交抚慰（6个项目）、消极后果（8个项目）。通过对样本的测量，量表显示出良好的信度和效度指标，可以作为我国青少年病理性互联网使用的测量工具。

青少年病理性互联网使用量表

(Adolescent Pathological Internet Use Scale，APIUS)

1. 一旦上网，我就不会再去想其他的事情了。
2. 上网对我的身体健康造成了负面影响。
3. 上网时，我几乎是全身心地投入其中。
4. 不能上网时，我十分想知道网上正在发生什么事情。
5. 为了上网，我有时候会逃课。
6. 为了能够持续上网，我宁可强忍住大小便。
7. 因为上网，我的学习遇到了麻烦。
8. 从上学期以来，平均而言我每周上网的时间比以前增加了许多。
9. 因为上网的关系，我和朋友的交流减少了。
10. 比起以前，我必须花更多的时间上网才能感到满足。
11. 因为上网的关系，我和家人的交流减少了。
12. 在网上与他人交流，我更有安全感。
13. 如果一段时间不能上网，我满脑子都是有关网络的内容。
14. 在网上与他人交流时，我感觉更自信。
15. 如果不能上网，我会很想念上网的时刻。
16. 在网上与他人交流时，我感觉更舒适。
17. 当我遇到烦心事时，上网可以使我的心情愉快一些。
18. 在网上我能得到更多的尊重。

19．如果不能上网，我会感到很失落。

20．当我情绪低落时，上网可以让我感觉好一点。

21．如果不能上网，我的心情会十分不好。

22．当我上网时，我几乎忘记了其他所有的事情。

23．当我不开心时，上网可以让我开心起来。

24．当我感到孤独时，上网可以减轻甚至消除我的孤独感。

25．网上的朋友对我更好一些。

26．网络可以让我从不愉快的情绪中摆脱出来。

27．网络断线或连接不上时，我觉得自己坐立不安。

28．我不能控制自己上网的冲动。

29．我发现自己上网的时间越来越长。

30．我只要有一段时间没有上网，就会觉得心里不舒服。

31．我曾因为上网而没有按时进食。

32．我只要有一段时间没有上网，就会觉得自己好像错过了什么。

33．我只要有一段时间没有上网就会情绪低落。

34．我曾不只一次因为上网的关系而睡不到四小时。

35．我曾向别人隐瞒过自己的上网时间。

36．我曾因为熬夜上网而导致白天精神不济。

37．我感觉在网上与他人交流要更安全一些。

38．没有网络，我的生活就毫无乐趣可言。

维度项目：

突显性：1、3、22

耐受性：6、8、10、29、35

强迫性上网／戒断症状：4、13、15、19、21、27、28、30、32、

33、38

心境改变：17、20、23、24、26

社交抚慰：12、14、16、18、25、37

消极后果：2、5、7、9、11、31、34、36

比较分析上述五种量表，除APIUS之外，其余四种量表的被试样本均为成年人（主要是大学生），并不适合判断能力还在发展中的青少年。因此本文推荐青少年病理性互联网使用量表用于大龄儿童和青少年的网络行为情况测试。

第三节　儿童网瘾的成因分析

儿童网络成瘾的成因主要体现在个人因素、家庭因素、学校社会因素三个方面。

一、个人因素

个人因素也就是内在因素。儿童具有极强的求知欲，有广泛的兴趣爱好，获得和占有信息的需要较强烈，作为信息储备最丰富的互联网，能够为他们提供大量的信息。传统的知识传递由于受到伦理道德的制约，不良或有害的信息在传递的过程中会被纠正或停止。而网络知识传递与传统的知识传递不同，儿童可以自主选择想了解的知识和内容，并对自己感兴趣的内容进行强化。而网络的“无时空”特点，又可以让他们随心所欲地安排相关知识的学习时间和地点，这大大帮助了“好”学的儿童安排作息时间。

二、家庭因素

儿童网络成瘾与家庭关系密切。随着经济的发展，在家上网已不是什么难事，家庭的上网环境和上网习惯直接影响到儿童的网络使用，家长的素质、观念、教育方法、知识能力、态度等，都是导致网瘾的重要原因。具体表现为：

家长缺乏计算机素养，不能有效监督和控制上网行为。有调查显示，41.3%的电脑摆放在学生的卧室，这表明这些家长把购买电脑和上网作为一种针对子女的投资行为；同时25.5%的家庭对上网没有时间限制，这说明家长对网络的危害认识不够。家长缺乏必要的计算机和互联网知识，不能认识孩子的网络行为，更不能察觉孩子使用网络的危害，所以不能对孩子的互联网使用进行有效的监督、控制和引导，容易被孩子的上网行为所欺骗。

独生子女现象促使网络成瘾的形成。中国是实施计划生育国策的国家，独生子女成为中国20世纪80年代后最普遍的现象。独生子女承载了父辈或爷爷辈的众人所期，已成为家庭的重要人物，导致家长对孩子过分溺爱、事事包办、严厉管教、重点培养，这就刺激孩子自我意识的觉醒，要求自己做主，但又往往得不到满足，使得网络游戏成为体验的优越环境；另外，独生子女缺少玩伴，加之有些家长忙于工作，对孩子缺乏必要的关心、引导、教育，造成孩子情感缺失，容易迷恋网络提供的互动交流功能，通过网络游戏和聊天软件，获得与现实游戏一样的乐趣和交流；父母对独生子女期望过高，无形中对子女造成过大的压力，有些家长由于担忧孩子未来的前途，所以尽力培养多种特长，这些都增加了孩子的负担，使得青少年产生逃避行为或消极待学，容易被网络虚拟环境所吸引。

家庭不合、离异、单亲带来的消极影响。由于家庭关系不和睦、父母离异或丧偶造成的家庭不完整，孩子很难享有充分的父爱和母爱，而正是这种基本心理需要的缺失，常常会成为妨碍孩子健康发展的最重要的原因之一。根据对中小学生的调查发现，部分学生之所以会出现网络成瘾行为，是由于在家里得不到父母亲的关爱转而沉溺于网络难以自拔。北京“蓝极速”网吧纵火案的两个中学生就是属于这种情况。

三、学校社会因素

学校教育是儿童接受教育的主要途径。面对儿童网络成瘾的现状，学校教育摆脱不了干系。虽然20世纪80年代我国提出了“素质教育”的概念，但三十年后的今天，学校还是以“应试教育”为主，这一点通过学校安排的课时不难看出。中国的孩子们在应试教育的指挥下积累了巨大的压力，许多学生就此丧失了求知的欲望，机械地死读书，进而产生厌学情绪，逃课、上网吧、沉迷网络。由于升学的压力，唯分数论仍然是当前中小学评价学生的重要标准，为了追求高分，中小学教育重视教书而忽视育人，甚至服务少数的精英，而放弃了大多数孩子的健康成长。部分学生在校纪律观念淡薄，时常受老师批评和同学的指责，加上基础较差，学习成绩也不理想，就“破罐破摔”，干脆脱离现实生活而投身于网络的虚幻。目前学校教育还存在着班额大、师资缺乏的现象，教师在面对众多学生时，不能面面俱到，忽略了个别孩子的身心变化，又由于学校条件的诸多限制，学生往往缺乏有针对性的心理辅导，心理素质差成为目前中国孩子的普遍表现，容易产生如冲动、自卑、妒忌、挫折、孤独等心理问题。当学生网络成瘾时，也没有足够的意志力自主摆脱网络的诱惑。

在社会层面，随着中国城市化的发展，城市人口的增加，儿童的活动场地、活动内容都受到了限制，廉价或免费的活动场地分布不均或人满为患，城市里缺少给孩子们玩的场所；高楼大厦的居住环境让城市里的家庭相对独立，防盗门也隔断了邻里之间的人际交往；我国的生育政策使得现在的孩子大多是独生子女，容易孤单；高竞争的社会环境对每个人提出了更高的要求，在校学生面临学习和升学的双重压力，产生强烈的压力感和危机意识。这些现象虽有积极的因素，但也给网络成瘾提供了温床，足不出户便能通过网络进行娱乐、休闲，这解决了他们玩的需要；通过聊天进行交流，这解决了交往的需要；可以在游戏中拜某个厉害的角色为大哥，还能在游戏中为自己出头，解决了独生子女的孤单；通过网络的隐匿性，可以在虚拟的世界宣泄自己的不满，达到减压目的。这些都会让儿童对网络的信任度增加，对其着迷，最后形成网络成瘾。[1]

[1] 石之昌：《青少年网瘾成因分析及对策研究》，西北师范大学2007届硕士学位论文。

第四章

亲子关系理论研究的起源与发展

20世纪40年代起，各国掀起了对亲子关系的研究热潮。如今，西方社会的研究日益深入，精神分析理论、社会学习理论、生态学、人本主义等都对该领域作了探讨。在我国，随着社会的转型，传统的亲子关系亦发生了系列变革。20世纪80年代以来，教育学、心理学、社会学等领域的学者纷纷对亲子关系进行探讨，取得了许多富有意义的研究成果。

第一节　亲子关系的研究与发展

亲子关系原为遗传学中的用语，指亲代与子代之间的生物血缘关系，在心理学中指的是父母与子女之间的相互关系。亲子关系属于心理学中的一个基本概念，它指家庭中父母与其子女所形成的一种关系，并根据子女的年龄、生理、社会发展等阶段呈现出各种不同的关系特征，如婴幼儿亲子关系、儿童亲子关系、青少年亲子关系等。[1] 作为家庭中最基本、最重要的一种关系，亲子关系具有极强的情感亲密性，它

[1] 罗东山：《高中生亲子关系及其调试》，载《科技信息》，2006（05）。

直接影响儿童青少年的身心发展，并将影响他们以后形成的各层次的人际关系。而青少年时期是人生中最关键而有特色的时期，是个体由不成熟的童年向成熟人生过渡的时期，过渡性往往和不稳定性联系在一起，因此，青少年亲子关系成为众多青少年研究者关注的对象。长期以来，国内外学者从不同侧面对亲子关系对青少年心理发展的影响进行了探讨，得出了许多富有意义的研究成果。

一、亲子关系研究早期主要理论观点

国外亲子关系研究大致可划分为三个阶段，从研究起源至20世纪60年代末的早期理论阶段、20世纪七八十年代的蓬勃发展阶段和20世纪90年代至今的拓展深化阶段。

一般认为西方较系统的青少年心理学研究始于20世纪初美国的“儿童研究运动”，其先驱为G.S.霍尔。他在研究儿童心理发展时，同时注意到了青少年心理发展的特征。虽然霍尔并未对青少年期亲子关系进行专门而系统的阐述，但其有关个体心理发展的极具特色的“复演论”中已折射出青少年与父母关系特点的思想。他认为青少年期是一个充满“暴风骤雨”的时期，其间青少年的躁动、变幻无常、反抗等是人类种系进化史上“激情与进取”的充满内外冲突的浪漫主义时代的复演。亲子间的冲突与不和谐是个体发展历程中的不可避免的副产品，且会随个体发展进入下一阶段而自然消失。几乎与霍尔同时代的奥地利心理学家、古典精神分析学派主要代表人物弗洛伊德也从生理角度对青少年期亲子关系发展变化作出了独特的解释。他认为青春期青少年与父母逐渐“疏离”的过程是由青少年在青春期的生理变化及性冲动引起的，力必多使青少年情绪易激动、多变，并导致青少年与父母时常发生冲突。冲突的发生是重构亲子关系并降低青少年的焦虑的正常途径，而和谐的亲子关系则被视为青少年发展存在障碍及心理发展不成熟的表现。当青少年寻找到新的爱的对象时，冲突就会逐渐下降。虽然有关的一些实证研究确实发现青少年期比童年期发生更多的亲子冲突（Montemayor，1983）[1]，但后期的研究更多地表明，大多数家庭都平稳渡过了青少年期（Steinberg，1990）[2]，个体的健康发展是在亲密而不是疏远的家庭关系中得以形成的（Cooper，1986）[3]。因此，以霍尔与弗洛伊德为代表的关于亲子关系的早期生物学观点未得到较有力的实验支持。

二、20世纪七八十年代蓬勃发展期

20世纪七八十年代，青少年期的亲子关系研究进入蓬勃发展期。该时期研究的质与量均较前期有较大发展。研究的主要内容有相关因素对青少年与父母关系的影响、青少年期亲子冲突产生原因、亲子冲突对青少年发展的影响等。

（一）影响因素

1. 家庭结构类型与父母婚姻状况

这方面的诸多研究表明，紧张的亲子关系更多地出现于单亲家庭和再婚家庭，而非完整家庭；与年幼儿童相比，青少年比较容易接受父母的离婚，但对父母的再婚较难适应，女孩尤为明显

[1] Montemayor, R. Parents and adolescents in conflict: All families some of the time and some families most of the time. *Journal of Early Adolescence*, 1983, 3.

[2] Steinberg, L. Autonomy, conflict, and harmony in the family relationship. In S. Feldman&G. Elliott(Eds), *At the threshold: The developing adolescent*. Cambridge, MA: Harvard University Press.1990.

[3] Cooper, C. Commentary: The role of conflictinadolescent-parent relationships, In M. Gunnar, ed., *21st Minnesota symposium on child psychology*. Hillsdale, N. J., Erlbaum, 1988.

(Hetherington&Camara，1984) [1]；再婚家庭中，女孩与继父的关系比男孩与继父的关系更为紧张（Santrock，etal.，1982）[2]。

2．儿童与父母性别的影响

许多研究对男女青少年与父母关系进行了比较分析，结果发现，父亲、母亲与男女青少年之间的关系存在较大差异，而且在青少年期间可能发生不同类型的转变（Youniss&Smollar,1985）[3]。母亲与女儿经常一起从事一些共同活动，她们之间既有较高水平的亲密性又有较高水平的不和谐性。母亲与儿子的关系虽然也同时具备高冲突性与高和谐性的特征，但他们很少一起共同从事活动。与母亲相比，父亲与男女青少年的关系似乎更趋于平等，但较少与女儿共同从事或参与活动。

3．年龄因素

在这一问题上以往研究结论存在分歧。有的研究者(Montemayor，1983；Steinberg，1981）发现青少年期的亲子冲突发展趋势呈倒U形：青少年早期亲子冲突开始上升，直至青少年中期，其后（青少年晚期）则开始下降。而另一些研究则表明较高的亲子冲突在青少年晚期时也仍然存在（Offer，Ostrov&Howard，1981）[4]。

---

[1] Hetherington. E. M., &Camara, K. Families intransition: The processes of dissolution and reconst itution. In R. Parke, ed., *Review of child development research*. Chicago: University of Chicago Press, 1984.

[2] Santrock, J. ;Warshak, R. ;Lindbergh, C. ;&Meadows, L. Children's and parents' observed social behavior in stepfather families. *Child Development*, 1982.

[3] Youniss, J., &Smollar, J. *Adolescent relations with mothers, fathers, and friends*. Chicago: University of Chicago Press, 1985.

[4] Offer, D., Ostrov, E., &Howard, K. *The adolescent: Apsychological self-portrait*. New York: Basic Books, 1981.

（二）青少年期亲子冲突产生的原因

该时期研究者关于亲子冲突产生原因的观点主要包括以斯腾伯格（Steinberg）为代表的社会生物学观点和以塞尔曼（Selman）及史密塔纳（Smetana）等人为代表的认知发展观点两种。

1．社会生物学观点

斯腾伯格（Steinberg）（1989）[1]从社会生物学角度提出，青春期间个体与父母冲突的增加是为了确保青少年能与同伴一起度过更多的时间，并与家庭内部成员以外的个体进行交配。由于这些变化增强了个体的生存能力，所以他们被融合进了人类进化的历史。其他大多数灵长类动物在青春期间也表现出较为紧张的父母与后代的冲突。由于亲子之间的争吵是以亲密的情感联系为前提的，因而它虽促使青少年向家庭之外寻求亲密的伙伴关系，但并未因此而割断亲子间的情感联结。与家庭的分离一旦成功，冲突就会下降。尽管社会生物学观点声称他们与早期的生物学观点是不同的，但他们同样也强调冲突行为的非连续性，强调生物成熟在青少年行为变化中的决定性作用。因此，事实上，他们与早期以霍尔和弗洛伊德为代表的生物学观点本质上是一致的。

2．认知发展观点

在这种观点看来，心理能力的阶段性变化是引起青少年行为发生迅速改变的原因，个体在从青少年中期到晚期时的认知重组导致了亲子冲突的增加。但在这种理论中，有两种相似的观点必须加以区分开，它们所强调的认知重组的程度并不相同。塞尔曼（Selman）（1980）[2]

---

[1] Steinberg, L. Pubertal maturation and parent-adolescent distance: An evolutionary perspective. In G. Adams, R. Montemayor, &T. Gullotta, eds. *Advances in adolescence, Child Development*, 1989.

[2] Selman, R. L. *The growth of interpersonal understanding*. New York: Academic Press, 1980.

和尤尼斯（Youniss）等（Youniss&Smollar,1985）[1] 从整体上描述了个体认知能力的发展。在他们看来，认知发展表明了青少年对其与父母角色的认知的重构。他们逐渐以看待朋友的标准来衡量父母，如果父母不接受这种平等式的关系，冲突就会产生。史密塔纳（Smetana）[2] 则详细阐述了个体特定领域的认知能力的发展。在他看来，认知成熟意味着在某些事情上，青少年以往将其看作父母权威范围内的事情，现在则认为这些事情应该由自己决定，如果父母仍试图维持他们的权力，冲突就会加剧。与早期及社会生物学理论观点相比，认知发展观点具有较为明显的合理性，而且随着研究者对冲突后的社会认知过程的关注，该理论观点愈来愈引起研究者的重视。

（三）关于亲子冲突影响的研究

尽管研究者们一致认为亲子关系是影响儿童个性、社会性发展的重要因素，但对亲子冲突作用的认识褒贬不一。如霍姆贝克（Holmbeck）和希尔（Hill）（1988）[3] 在精神分析与社会学习理论基础上提出了一种关于亲子冲突的适应性意义的解释。他们认为冲突通过个体心理内部活动过程及个体间的互动过程促进了个体对发展变化的适应。在个体心理内部水平上，冲突可以增强个体自主性。那种允许青少年对父母作出更为成熟、现实的评价，并最终与父母建立更为成熟的关系的心灵解放常常伴随着亲子间的较多的冲突与争吵。频繁的争吵及坚实的情感依恋基础促使青少年与父母通过协商的方式来解决问题，其间，

[1] Youniss, J., &Smollar, J. *Adolescent relations with mothers, fathers, and friends*. Chicago: University of Chicago Press, 1985.

[2] Smetana, J. G. Adolescents' and parents' conceptions of parental authority, *Child Development*, 1988.

[3] Holmbeck, G., &Hill, J. The role of familial conflict in adaptation to menarche: Sequential analysis of family interaction. Department of Psychology, Temple University, 1988.

青少年逐渐放弃了对父母的依赖，个体自主性日益发展起来。从个体间的水平上来看，青少年期亲子间的冲突有着重要的信号功能，它提示父母青少年的自我概念与期望开始发生变化。当然也有研究者对亲子冲突持否定态度，认为亲子冲突会对青少年的发展产生消极影响。如有研究发现，冲突频率与青少年行为不良及行为障碍存在一定联系（Patterson&Bank，1989）[1]。临床家庭中的青少年比非临床家庭中的青少年报告了更为频繁和紧张的冲突，那些离家出走和企图自杀的青少年与父母间常具有较高的冲突水平（Adams，Gullotta，&Clancy，1985）[2]。

三、20世纪90年代至今——拓展与深化期

90年代以来的研究内容基本上传承于七八十年代，但研究的深度与广度均有所提高。如史密塔纳（Smetana）[3] 在其先前研究基础上又进一步深化了对亲子冲突的研究，在道德、习俗、个人问题基础上增加了对友谊、谨慎与复合性问题的探讨。广度的提高主要表现为愈来愈多的研究者从跨文化角度探讨青少年期的亲子关系。如弗里格尼（Fuligni）的跨文化研究发现，在个体水平上，青少年对父母权威、行为自主的信念与亲子关系相关，对父母权威越认同，期望获得行为自主性的年龄越晚，与父母的亲合度就越高，冲突越少。但他们同时发现，个体对行为自主、父母权威信念的文化间的差异并没有导致亲子关系

[1] Patterson, G. R., &Bank, L., Some amplifying mechanisms for pathologic process in families, InM. R. Gunnar&E. Thelen(Eds.), *Minnesota symposia on child psychology*, Hillsdale, NJ: Erlbaum.1989.

[2] Adams, G. R., Gullotta, T., &Clancy, M. N. Homeless adolescents: Adescriptive study of similarities and differences between runaways and throwaways. *Adolescence*, 1985.

[3] Smetana, J. G. Parenting styles and conceptions of parental authority during adolescence. *Child Development*, 1995.

的群体差异。弗里格尼（Fuligni）据此认为，除青少年的认知外，个体所生活的社会文化背景也是影响亲子关系的重要因素。当个体生活于不支持自己原有传统信念的文化背景中时，尽管这种信念依然存在，但它对行为的影响可能是微弱的。此外，该时期也出现了一些有关的综述性内容，如劳尔森（Laursen）[1] 对亲子冲突发生频率与强度的发展特点、性别差异及影响因素等进行了元分析。

四、亲子关系相关研究

长期以来，国内外学者从不同方面探讨了亲子关系对儿童心理发展的影响，得出了许多富有意义的研究成果。

（一）亲子关系对儿童社会化和人格发展影响的研究

最早的研究者是美国心理学家西蒙斯（Symonds，P.M.），他提出亲子关系中的两个基本维度，即一是“接受—拒绝”，二是“支配—服从”，以此说明亲子关系对儿童的影响。[2] 从事该领域研究的代表人物还有布姆林德（Bumrind，D.）以及爱斯沃兹（Aınswırth，M.）。近年来，我国心理学家围绕亲子关系与儿童社会化和心理发展也进行了一系列研究，如桑标（1991）和日本横滨国立大学合作进行的“亲子关系和幼儿性格发展的中日跨文化比较研究”[3]，淘沙等人（1994）进行的“3–6 岁儿童母亲教养方式及影响因素的研究”[4]，刘金花（1997）

[1] Laursen, B., Coy, K.C., &CollinsW. A. Reconsidering changes in parent-child conflict across adolescence: ameta-analysis, *Child Development*, 1998.

[2] Symonds, Percival M: Origins of personality. reading sin psychology of human growth and development, NewYork, 1962

[3] 桑标，缪小春：《中日母亲对幼儿行为的期望及母性意识的比较》，载《学前教育研究》，1993(2)。

[4] 淘沙，林磊：《3-6岁儿童母亲的教育方式及影响因素的研究》，载《心理发展与教育》，1994(3)。

进行的“青少年人格与父母养育方式的相关研究”[1]以及金沙的“亲子交往与儿童人格发展”等。这一系列研究印证并丰富了西方心理学家的有关结论，即亲子关系和早期家庭教育是儿童社会化及人格发展的核心和主要动因，对儿童的成长有着决定性的影响。另外我国学者孟育群（1992）通过测量和分析，认为父母教育的不一致型、父亲干涉型与母亲的消极拒绝型对青少年人格因素的影响极大。[2]亲子关系中父母管教态度不一致型对少年14种人格因素中的6种因素有影响；干涉型父母管教下的子女，一般身心发展迟缓，情绪不稳定，忍耐力差，爱推卸责任，而且依赖性强，缺乏远大目标和理想；而父亲溺爱型则易使少年人格发展受阻，影响情绪发展，这些少年往往易动感情，缺乏独立性和创造性。

（二）亲子关系对儿童同伴关系、师生关系影响的研究

儿童是在与周围人的相互作用和交往中不断发展的。儿童的交往对象主要有家庭和家庭外两大系统，其中亲子关系、同伴关系和师生关系是儿童主要的社会关系，对其发展起着至关重要的作用。国内学者叶子等人（1999）认为，目前国内外关于亲子关系、同伴关系、师生关系的相互关系的研究主要存在三种观点，即主从式观点、独立式观点及整合式观点。[3]从横向看，三种关系对儿童的发展具有重要意义；从纵向上说，三种关系的重要性随儿童发展的阶段不同而有所侧重。陈欣银、李伯黍等（1995）追踪考察了亲子关系、儿童社会行为及同伴接受性之间的关系，结果表明，在儿童社会性发展过程中，儿童社

[1] 刘金花：《儿童发展心理学》，310-323页，上海：华东师范大学出版社，1997。

[2] 孟育群：《关于亲子关系对少年问题行为及人格特征的影响的研究》，载《教育研究》，1992(9)。

[3] 叶子，庞丽娟：《论儿童亲子关系、同伴关系和师生关系的相互关系》，载《心理发展与教育》，1999(4)。

会行为和同伴接受性相互影响，亲子关系与儿童攻击性之间也存在相互作用。[1] 此外，儿童的社会行为具有高度的稳定性，而同伴接受性的稳定性取决于社会行为的维持效用。他们在测量基础上得出亲子关系、亲社会行为和同伴接受性之间的相关，并采用多重回归分析方法计算了岩石路径的标准系数。

（三）亲子关系对儿童学业成绩影响的研究

国内外的研究一致认为，学业成绩与亲子关系和家庭因素有着密切的关系。除智力低下和受教育机会缺乏外，儿童由于家庭环境和亲子状况不良均可导致学习困难。此类家庭通常父母文化程度和职业文化层次较低，家庭心理环境存在矛盾冲突多、亲和程度低、个人成就定向低的特点。但是近期研究发现，亲子关系并不能直接影响儿童的学业成就，而是通过影响儿童的情绪和行为对学习成就产生间接影响。儿童学习困难的发生，不仅有个体认知能力和智力结构因素的影响，还常常与儿童的某些行为问题及类型有关，继而与家庭环境和亲子关系中的某些心理行为特征有关。因此，对儿童学习困难的干预，不仅要改善个体认知能力，还要注意矫治其行为和情绪问题；而解决其行为问题，又要重视对家庭心理环境的改造和亲子关系的改善。

我国学者俞国良等人（1998）认为对学习不良的儿童而言，家庭资源（包括家庭环境、父母关系和父母学业指导策略等）对其学习动机和认知水平有因果性的影响作用，并在调查研究的基础上得出“学习不良儿童家庭资源、学习动机和认知水平因果关系的模型”。[2]

---

[1] 陈欣银，李伯黍，李正云：《中国儿童的亲子关系、社会行为及同伴接受性的研究》，载《心理学报》，1995(3)。

[2] 俞国良，张登印，林崇德：《学习不良儿童的家庭资源对其认知发展、学习动机的影响》，载《心理学报》，1998(2)。

五、亲子关系对儿童社会性发展的影响

（一）亲子关系与儿童性别角色的发展

无论哪个社会，对男性和女性都期待着不同的性别角色。也就是说，对男性期待着男子汉的思维方法、态度和行为方式，对女性则期待着女性的思维方法、态度和行为方式。这种由社会所期待的因性别而异的角色叫性别角色。性别角色，也是在“父—母—子”的相互交往中形成的。

其一，性别角色是根据父母所强行要求的性别类型而形成的。在几乎所有的文化中，对男子都要求自尊、自信和成就，对女子则要求爱抚、责任和顺从。父母按照性别分配给孩子的特性和行为，是想把孩子纳入这一角色框架之中，这就是赋予性别类型。

孩子出生后不久，父母会给男孩子起个具有男子气的名字，给女孩起个具有女子味的名字。衣服和日常用品的颜色及质地，男孩女孩也有区别，往往给予男孩表现男子气的玩具让其自在地玩，对女孩则给雅致的游戏玩具，让其温顺地去玩。干活也一样，让男孩干力气活，让女孩整理卫生和做饭，有时容许甚至奖励男孩的攻击性。对女孩则不容许，而是奖励她们顺从、依赖。

其二，孩子的性别角色，是通过对同性父母的认同和模仿而获得的。男孩，或认同父亲，或模仿父亲，从而学习父亲的男子气；而女孩则认同母亲，或模仿母亲，学习母亲的女性味。

在这种情况下，往往同性的父母成为儿童认同和模仿的对象，但在认同或模仿过程中，异性的父母也必定以某种形式参加。比如，儿

子要通过认同或模仿获得父亲的男子汉气概，父亲必须是温和、养护性的，必须对儿子显示出自己的男子汉气概。这两点是基本的条件，能否成为这样的父亲，关键在于母亲。夫妻恩爱，爱情至笃，父亲才能充满爱意，养护性地接近儿子。当母亲在孩子面前把父亲作为全家的擎天柱树立威信时，父亲才能成为孩子们的依赖对象。父亲即使公务繁忙经常不在家，如果母亲常在孩子面前赞赏父亲的社会作用，也可以使父亲的男子气概给孩子留下强烈的印象。

从这种意义上讲，通过认同或模仿的性别角色的获得，也是在“父—母—子”的相互交往中进行的。

（二）亲子关系与儿童品德的发展

精神分析理论认为，品德是通过对同性父母亲的认同而获得的。然而，如果认为这种对同性父母的认同，是由对异性父母的爱的程度和基于它的恋母、恋父情节所决定的，那么从这种意义上说，品德也是在“父—母—子”的相互交往中获得的。

帕森斯认为，社会价值和规范，是以作为其代表的父亲为媒介，在孩子心里得以内化的。在这里，促进孩子获得品德的是父亲。

然而，父亲能否成为社会价值和规范的代表，这是在“父—母—子”的相互交往中决定的。如果母亲是支配性的性格，父亲服从于母亲，那么父亲就难以成为家庭内的社会代表。夫妻不和，母亲在孩子面前发泄对丈夫的不满，使父亲的权威削弱的情形也是一样。只有母亲把父亲造就成家庭内的社会代表，提高父亲在孩子心目中的形象，父亲的品德才能传递给孩子。从这种意义上讲，在帕森斯的理论中，品德也是在“父—母—子”的相互交往中形成的。

学习理论主张通过父母对孩子的正确行为予以表扬，对孩子的不良行为进行批评，以这类强化来形成儿童的品德。为了取得成功，父母之间的强化必须具有一贯性，即必须有所谓的教育的一贯性。只有得到一贯化的教育，孩子才可能顺利地吸收父母的教育。而父亲和母亲的教育方针是否一致，是在两者的相互交往中决定的。

另一种学习理论，即模仿说认为，无论是异性的父母、兄姐、教师、朋友或其他任何人，只要是对孩子有着温暖的令人满意的关系的人，都可以成为孩子的道德典范。善恶观念、对诱惑的抵抗、社会生活的原则、责任感和正义感、温柔体贴之心等品德，是对人的基本要求。所以，男孩不从父亲身上学习品德，从母亲那里也能学习品德。同样，女孩也不限于从母亲那里学习品德，从父亲那里也可以学习品德。因而，父母都对孩子温柔体贴，让孩子看到有品德的生活，这对孩子的道德形成是很重要的因素，而这一切都是在“父—母—子”的相互交往中决定的。

（三）亲子关系与儿童智力和成就动机的发展

儿童的智力和成就动机，大部分也是在“父—母—子”的相互交往中培养的。父母最频繁使用的手段之一，就是对孩子的学习行为及成绩，给以赞赏或批评等强化手法。这种强化，依父母与儿童的性别而异。

克兰多尔认为，阅读和算数优秀的小学二、三、四年级学生的父亲，对于女儿批评较少，且积极地赞扬她的努力，对于儿子则未必如此。另一方面，根据卡特考夫斯基的观点，母亲比父亲更多地利用表扬或批评孩子的成绩这种直接性的强化来增长孩子智力。母亲对男孩比对女孩更频繁地运用这种方法，而父亲则用更为温柔慈祥的强化方法促进女儿的努力。对于儿子，父亲更多地采用强化以外的方法来促进其成就和成就动机。

罗森等人，首先调查了9–11岁男孩的成就动机，然后让他们在父母面前完成某项任务。结果显示，成就动机高的男孩的母亲，或教给他解决任务的方法，或对结果给予赏罚等，对引导孩子顺利地完成“训练任务”非常热心。父亲却不教给他完成任务的方法，只给些启发，对成功或失败不表现出高兴或不快，只是在背后看着完成任务，他们对让孩子独立完成任务的“独立训练”颇为热心。

父亲往往对儿子呈现某种行为标准，通过让其遵守这种标准，培养儿子的成就动机。比如，即使父亲本人不擅长数学，也会对儿子强调高中和大学升学考试中数学的重要性，这种例子很多。据克里斯托弗的研究，成绩优秀的高中女生，都认为父母是理想的，都高度评价自己的成绩。可是，男生认为父亲高度评价自己的成绩，但未必觉得父亲是自己理想的父亲。男孩如果能够认识到父亲即使不是自己所理想的，但父亲却高度评价自己的成绩，也可以提高成绩。父亲的贡献在于制定男孩的行为标准，通过强迫男孩去做，从而培养男孩的成就动机。

由此可见，在孩子成就动机的引导方法上，似乎亦可看到工具性的父亲形象和表现性的母亲形象。

（四）亲子关系与儿童人际关系的发展

儿童的人际交往能力，同样是在“父—母—子”的相互交往中形成的。

幼儿期母亲的养育态度对儿童人际关系能力的发展具有决定性的

影响。溺爱型的母亲，其孩子缺乏自主性，而且任性，所以难以被小朋友接受。被母亲娇生惯养的孩子由于依赖性强，难以参加朋友之间的有一定难度的游戏。教育意识太强的母亲，其孩子因为被迫学习和训练，与小朋友们的游戏经常被限制，所以人际关系能力往往不强。

由此可见，导致孩子与人交往能力变得低下的原因是母亲的教育，但父亲也有一份责任。在父亲服从母亲的家庭中，母亲自身的性格和教育观直接反映在养育态度上。而如果父亲在家庭中处于支配地位，但因工作太忙，不能起到父亲角色和丈夫角色时，母亲也容易对孩子娇生惯养和溺爱。如果父亲毕业于一流大学，母亲也想让孩子进一流大学，就往往变成“教育妈妈”。从这种意义上说，人际关系能力的发展也是在“父—母—子”的相互交往中进行的。

不过，男孩与朋友关系的发展，强烈地受父亲的影响。许多研究成果表明：父亲不在身边的男孩，朋友关系往往不太好；在父亲对男孩不关心，或听从母亲的家庭中，男孩的朋友关系也是脆弱的；相反，如果父亲温和而富有养护性，男孩就会被伙伴接纳，就可以发展为友好的朋友关系。比如：在伙伴中有威信的小学男生，往往大胆、外向、活泼，体育活动和游戏等成绩优秀，敢于公开地坚持自己的主张，这种人际交往能力是在与父亲的交往中培养起来的。在父子交往中，有着培养儿子交友关系能力的基础。

（五）亲子关系与儿童对欲求不满的忍耐性的发展

陷入欲求不满时，既有儿童泰然处之，冷静地争取合理、适宜的解决办法，也有儿童感情用事，进而产生攻击等不合理、不适当行为，前者是对欲求不满忍耐性高的人，后者则是对欲求不满忍耐性低的人。

丰富的物质生活，往往会助长孩子的欲望。父母对孩子的娇生惯养和溺爱，不教给孩子对欲望的控制，会使孩子的欲望进一步发展。父母本身贪得无厌的欲望追求形象，会成为孩子认同和模仿的对象。因此，可以认为，今日的孩子如果成了高欲望的俘虏，稍微不能满足欲求，就可能马上陷入欲求不满之深渊。

不过，父亲是培养孩子对欲求不满进行忍耐的重要人物。因为父亲作为家庭中的社会代表，把社会生活所必需的忍耐心和克己心带入家庭，而且父亲又作为社会中的家庭代表，把家庭推向社会以求发展。多种研究表明，没有父亲的男孩，宁愿立即得到小奖赏，而不愿等待一周得到大奖赏；在儿童期经历过失去父亲的儿童，成年之后在工作中容易中途气馁，往往半途而废。总之，没有父亲的男孩，一般对欲求不满的忍耐性较低。

虽然如此，在没有父亲的孩子之中，对欲求不满忍耐性高的也是有的，所以，不要马上把没有父亲与孩子对欲求不满的忍耐性低联系起来。没有父亲的情况下，母子关系容易变成亲密的情绪性的关系，而这种母子关系是孩子对欲求不满的忍耐性降低的可能性很大。然而，同样是没有父亲，因离婚而父亲不在身边的孩子，比因死亡而失去父亲的孩子对欲求不满的忍耐性更低。前者，因夫妇关系不好，或者母亲的养育态度扭曲，或由母亲把不理想的父亲形象灌输到孩子心中，从而使孩子对欲求不满的忍耐性降低的可能性很大。

即使如此，就是父亲在身边，如果母子关系过于情绪化，从而掩盖了父亲存在的重要性，或者夫妇不和，母亲的养育态度扭曲，使父亲的角色得不到发挥，也难以培养孩子对欲求不满的忍耐性。因此，可以认为孩子对欲求不满忍耐性低的原因，在于“父—母—子”相互交往的不正确。

第二节　亲子间的交流与互动相关研究

一、亲子交流研究

亲子交流指父母与子女之间的交流，包括面对面的交流和借助媒介的交流。父母子女之间的交流是父母了解子女的行为、心理的重要手段，也是子女通过家庭社会化的一个重要机制，它是影响子女认知和情感发展的重要因素。

随着孩子年龄逐渐增长，自我意识的加强，许多的家庭在父母子女的交流方面存在着种种问题，比如父母不知道如何和孩子沟通，让孩子了解他们的想法，接受他们的建议，或者只重视某一方面的沟通（比如学习），而忽视了其他方面的沟通；子女认为父母不了解和理解自己的想法，父母在沟通时的态度蛮横，因此对与父母的沟通存在抵触情绪，更愿意和同龄朋友交流。

（一）亲子交流的过往研究

格鲁特温特（Grotevant）和王树青的研究发现，与父母保持良好沟通习惯的子女在个人发展中能够展现良好的自我认知性，而与父母沟通不良的青少年则更容易出现一些负面的情绪或行为问题，并会出现一些角色认知或扮演方面的问题（王树青，张文新&陈会昌，2006）[1]。有研究发现，目前在青少年中主要存在的亲子沟通问题是来自父母的过度约束、误解和否定，这些问题与青少年的社会适应、自尊水平呈显著负相关，而与抑郁和社交焦虑指数则呈显著正相关（方

[1] 房超，方晓义：《父母—青少年亲子沟通的研究》，载《心理科学进展》，2003（1）。

晓义，戴丽琼，房超＆邓林园，2006)。[1] 正是由于亲子沟通对于青少年的发展有如此重要的作用，它才成为社会科学研究的新焦点。

已有的对于亲子沟通的研究主要涵盖了五方面内容：沟通的主要内容、沟通的频率、沟通的主动性、沟通的满意度和沟通中潜在的问题。对于亲子沟通状况的研究主要包括了沟通的方式、亲子交流的主要话题、沟通频率、沟通的主要场合、沟通的主动性以及亲子双方对于沟通的重视程度和满意度。基于对亲子沟通状况的分析，一些研究还探讨了影响亲子沟通的一些重要因素。

首先，父亲和母亲与子女间的沟通有不同的方式和内容，青少年与母亲的沟通频率、沟通话题都多于与父亲的沟通，而且对于与母亲的沟通满意度也较高，这部分是因为母亲的沟通主动性高于父亲。另外，一些研究发现，家庭中女性成员的沟通积极性要高于男性成员，这不仅体现在母亲比父亲的沟通积极性高，还体现在女孩比男孩的沟通积极高。

其次，研究对于孩子的年龄与沟通是否存在关系有不同的观点。杰克逊（Jackson）认为，尽管青春早期（9/10-12/13岁）的青少年沟通的开放性和主动性高于青春中期（13/14-15/16岁）的青少年[2]，但是沟通中存在的问题没有显著差别。而柯林斯（Collins）和方晓义的研究则认为，青春中期的青少年与父母的沟通中存在更多的问题，冲突也更激烈[3]。万杰利斯蒂（Vangelisti）则发现，不同年龄段亲子

[1] 房超，方晓义：《父母—青少年亲子沟通的研究》，载《心理科学进展》，2003（1）。

[2] 对于青春期三阶段（早期、中期、晚期）的定义有不同的标准，男孩和女孩的青春期年龄也有区别，这里统一将青春期前期定义为9/10—12/13岁，青春期中期为13/14—15/16岁。

[3] Collins W E, Newman B M, McKenry E C. Intrapsychic and interpersonal factors related to adolescent psychological wellbeing in stepmother and stepfather families. *Journal of Family Psychology*, 1995, 9: 433-455

沟通的主要内容也有所不同，青春期中期的青少年与父母的沟通更多涉及父母对青少年行为的约束，在课外活动和异性交往等话题上沟通较多；而随着孩子年龄的增长，沟通问题产生的频率也会降低[1]。

一些研究将家庭环境或氛围分成温暖、支持和敌意、强制两个维度。玛莎（Martha）利用四年时间追踪了335个从青春早期进入青春中期的青少年家庭，发现在位于温暖、支持维度的家庭中，亲子沟通更为直接、开放，并更能耐心理性地处理分析，较少出现沟通问题；而在较为敌意、强制的家庭氛围中，亲子间的沟通缺乏耐心，对分歧的处理或更为激烈或回避问题，潜在的问题也较多[2]。

一些针对父母特征（如教育程度）对于亲子沟通的影响的研究发现，这些特征因素主要通过一个中介变量——家庭结构产生影响。核心家庭比单亲家庭的亲子沟通更为频繁，冲突更少；离异家庭比完整家庭潜在的亲子沟通问题更多[3]。

其他一些针对青少年成长或青少年问题的研究中也提及了亲子沟通的重要性。方晓义在"家庭诸因素与初中生吸烟行为的关系"中提出，家庭沟通是减少初中生的吸烟行为的一个重要因素，家庭在沟通方面的得分越高，初中生的吸烟概率越低（方晓义等，2001）[4]。辛子强通过对"小学学习不良儿童"的家庭进行研究发现，学习不良儿童的家

---

[1] Vangelisti A L. Older adolescents' perceptions of communication problems with their parents. *Journal of Adolescent Research*, 1992: 382-402

[2] Rueter M, Conger R D. Antecedents of parent-adolescent disagreements. *Journal of Marriage & the Family*, 1995, 57: 435-449

[3] 雷雳，王争艳，刘红云等：《初中生的亲子沟通及其与家庭环境系统和社会适应关系的研究》，载《应用心理学》，2002, 8(1)。

[4] 方晓义等：《家庭诸因素与初中生吸烟行为》，载《心理学报》，2001, 33(3)。

庭在亲子沟通维度上的得分显著低于一般儿童的家庭的得分（辛自强等，1999）[1]。

（二）亲子交流现状

为了了解中国家庭中父母与子女的沟通现状与问题，中国人权发展基金会和谐家庭基金和中国人民大学社会学系共同组织了一项调查，这是国内第一个关于亲子交流现状的大规模网络调查，共有2349位父母参与了本次调查。[2] 鉴于以往一些心理学导向的研究主要是从心理测量的角度分析亲子沟通对青少年行为的影响程度，而对于社会、家庭背景等笔墨不多，为了能够从社会行为、家庭背景角度更为全面地展现中国家庭亲子沟通的现状、影响因素以及问题，调查主要从父母与子女沟通的时间长度、地点、方式、内容、行为与反应以及效果等方面来考察目前中国父母与子女之间沟通的现状。

沟通的基本含义是使双方相通、疏通彼此的意见。有效的沟通是建立人际关系的基本润滑剂，这对于亲子关系也是 样。然而，尽管父母和孩子生活在一起，甚至也试图多花一些时间和孩子交流，但不少父母和孩子依然觉得很难与对方沟通。调查把沟通定义为和孩子一起聊天、共同做事，比如辅导作业、闲聊或者一起运动等。从父母与孩子沟通的时间长度来看，50%的家长平均每天与孩子的交流时间在一小时以下，每天与孩子交流时间在两小时以上的家长只占14%，因此平均看来，大部分家长每天与孩子的交流时间在一到两个小时之间。

---

[1] 辛自强等：《小学学习不良儿童家庭功能研究》，载《心理发展与教育》，1999 15(1)。

[2] 中国人权发展基金会：《中国第一个亲子交流现状调查报告》，北京：中国人权发展基金会，中国人权发展基金会和谐家庭基金，2010。

表4-1　　平均每天与孩子一起聊天、做事的时间

	频次	百分比	累计百分比
1小时以下	1238	53.4	53.4
1-2小时	759	32.7	86.1
2小时以上	322	13.9	100.0
总计	2319	100.0	

曾经有调查发现，由于父母工作繁忙，餐桌成为每天家长与孩子交流的主要场合。此次调查也在某种程度上验证了这个发现。当让家长选择与孩子交流的几个主要场合时，“餐桌”成为首选对象。超过60%的家长认为“餐桌上”是与孩子交流的主要场合，远远超过了其他的选项，选择“客厅”的父母也远远高于其他的选项，表明父母与孩子的交流多是发生在全家人共聚的时间与地点。而选择室外的父母比较少，说明父母相对较少地借助于室外活动与孩子进行交流。

因为餐桌文化在亲子交流中占据了重要的地位，与孩子共进晚餐的次数就成为衡量父母与子女交流频次的一个重要指标。一家人坐在一起共进晚餐既能够体现家庭的气氛，也可以提供家长与子女交流的一个平台，促进孩子的身心健康发展。美国的一些研究表明，孩子每周和父母进餐的次数越多，接触不良物品（比如香烟、酒精和毒品）的概率也越低，饮食结构更加合理，与父母的交流也可能更加顺畅。此次调查发现，超过50%的家长（以母亲为主）上周与孩子共进晚餐的次数达到了6次以上，另有29%的家长在上周与孩子进餐的次数在3到5次之间，表明绝大多数的家长比较重视餐桌这个交流的平台。当然是否能够善加利用这个平台，还需要考察父母在与子女交流时的态度与行为选择。

表4-2　　　　　　　与子女交流的主要地点

	百分比
餐桌上	64.5
客厅	56.6
孩子的房间	40.0
家长的房间	23.1
其他房间	8.5
家庭外面	25.9

另外，随着现代通讯技术的发展，越来越多的父母借助于电话、短信、互联网等手段而非面对面的方式与孩子沟通交流。通过调查发现，虽然绝大多数家长依然通过面对面的方式与孩子沟通交流，也有接近13%的家长承认他们与孩子主要借助于非面对面的方式，表明现代通讯技术正在逐步深入亲子交流的方式之中。

表4-3　　　　　　　与子女的主要交流方式

	频次	百分比	累计百分比
面对面的交流	2029	87.4	87.4
非面对面的交流	292	12.6	100.0
总计	2321	100.0	

传统的亲子关系中，父母拥有绝对的权威，是亲子交流的主导方，而子女在亲子交流中多属于被动的服从方和接受方。随着现代社会越来越强调子女的个体独立性，父母在交流中的角色也有可能逐渐从威权型转化为平等型。调查设计了以下几个问题来测量父母子女之间交流的平等性：一是孩子参与交流的程度；二是父母对孩子意见的尊重性；三是父母在让孩子做一件他／她不愿做的事情时主要采用的方法。

调查发现，子女在亲子交流中的参与程度虽然依然低于父母，但也不再是被动的接受方。用谈话长度测量的时候，子女不再是只带耳朵、不带嘴巴的倾听者，或者说父母不再是亲子谈话的垄断者。超过70%的子女积极参与亲子谈话：近50%的子女在父母子女的谈话中说话的时间长度与父母差不多，甚至有19%的子女在父母谈话中说话时间的长度超过了父母。其次，在做出与孩子有关的决定时，多数父母选择首先倾听子女的意见，而不是径自行事：大多数父母（64.7%）会“经常”征询孩子的意见，而不倾听孩子看法的父母所占的比例不到1%。第三，如果父母的决定违背了孩子的意愿，父母不再是采用简单的命令的方式。大多数的父母（58.6%）首先选择以说服的方式让子女根据父母的意愿行事，甚至有16%的父母采用更加柔性的、利诱的方式。由此得出结论：父母在亲子交流中越来越看重与孩子的互动，愿意倾听孩子的声音，强调孩子的配合与主动性。

表4-4　　　家长与孩子谈话中的时间分配

	频次	百分比
家长说的多，孩子说的少	752	32.4
家长说的少，孩子说的多	429	18.5
家长和孩子说的时间差不多长	1140	49.1
总计	2321	100.0

表4-5 当家长在做出与孩子有关的决定时，是否会征询孩子的意见

	频次	百分比	累计百分比
经常	1493	64.7	64.7
有时	635	27.5	92.2
偶尔	164	7.1	99.3
从不	16	0.7	100.0
总计	2308	100.0	

以前的研究表明，来自父母的过度约束与否定是国内亲子交流的一个障碍，它严重伤害了青少年的自尊心的建立，并妨碍他们适应社会。传统的教育方式恰恰强调对于孩子教育的严格性，所谓严是爱，松是害，认为过多的表扬会让孩子变得骄傲，并且认为孩子的优点不表扬也不会消失，而孩子的缺点需要立刻纠正。而心理学的研究则认为孩子需要肯定，父母的表扬会维护孩子的自尊心，增强孩子的自信心，帮助他们日后更好地适应社会。此次调查也发现，当前的父母们在教育孩子的观点方面持开放态度，他们积极接纳现代心理学的建议，并付诸于行动：大多数的父母（74.5%）在教育孩子的时候以表扬为主。

表4-6 对孩子是表扬为主还是批评为主

	频次	百分比
表扬	1699	74.5
批评	582	25.5
总计	2281	100.0

父母对亲子交流的态度和行为的转变还表现在当他们面临子女行为失当或者遭遇挫折时的应对措施，父母是展现严格的一面还是以理服人。调查发现，父母们对孩子行为的处理比较理性。当孩子行为不当，

比如在交流中出现大喊大叫或者说脏话的时候，虽然有近38%的父母的第一反应是训斥，但还有高达47.9%的父母表现出了细致、关心和耐心：他们或者首先试图寻找出孩子不当行为的原因（22.7%），或者和孩子讲道理（25.2%）。当孩子遭遇挫折时，比如考试成绩不理想的时候，超过50%的家长首先关心的是找出原因，另有35%的家长展现出更加体贴和柔和的一面：他们或者安慰孩子，或者鼓励孩子。选择训斥的家长的比例只有11%，而选择惩罚的家长更是比例极低，只有1.3%。

表4-7　　家长如何应对孩子的大喊大叫或说脏话

	频次	百分比
耐心说服讲道理	578	25.2
询问原因	520	22.7
训斥	869	37.9
惩罚	65	2.8
不理他/她	258	11.3
总计	2290	100.0

父母与子女的交流的顺畅还表现在交流时的气氛：父母或孩子是否经常在交流时失控，向对方发脾气。有意思的是，从家长的感知来看，孩子在发脾气方面的频繁程度方面几乎与父母旗鼓相当：21%的家长经常对孩子发脾气，相应地也有18%的孩子经常对父母发脾气，72%的孩子偶尔对家长发脾气。这一方面表明家长和孩子的交流并不总是平和的，但另一方面也表明家长在亲子交流中不再拥有不容置疑的权威，或者并不是很强调父母的权威。

表4-8　　　　亲子沟通中的冲突

	家长是否对孩子发脾气		孩子是否对家长发脾气	
	百分比	累计百分比	百分比	累计百分比
经常	21.2	21.2	18.3	18.3
偶尔	74.4	95.6	71.6	90.0
从不	4.4	100.0	10.0	100.0
总计	100.0		100.0	
	2269		2284	

那么家长的怒气是否会转化为对孩子的暴力行为呢？我们可以看到，一方面对孩子的体罚在家长中依然比较普遍：65%的家长承认偶尔会打孩子，只有4%的家长认为自己经常打孩子，并且还有31%的家长说自己从未打过孩子。因此起码从家长的角度看来，体罚依然是父母普遍采用的一种方式，但并不是家长频繁采用的方式。那么家长又会因为什么样的原因体罚孩子呢？

表4-9　　　　家长是否打孩子

	频次	百分比	累计百分比
经常	92	4.0	4.0
偶尔	1493	65.1	69.2
从不	707	30.8	100.0
总计	2292	100.0	

在让家长对孩子诉诸暴力的多个原因中，撒谎是家长最不能忍受的事情（34.5%），其次是不服从家长的命令（25.8%）或者待人接物失礼（22.5%）。当然，因为孩子的学习而责打孩子的比例也不算低（17.8%），但相对于其他几项可以看出，父母最看重的是孩子在品行方面的问题（撒谎）。其次，虽然父母在交流的形式上越来越采用开放

和平等的姿态，但在实际行为中，孩子对父母权威的挑战（不服从命令）还是会引起家长的失控，导致沟通以父母的“武力”告终。

表4-10　　　　家长打孩子的原因

	频次	百分比
学习成绩	362	17.8
失礼	458	22.5
撒谎	701	34.5
没有服从家长的命令	525	25.8
其他	460	22.6

同时，父母和孩子交流中也存在着一些“话不投机”的问题。孩子最爱讨论的几个话题包括他们的日常生活（周围的同学朋友和学校生活），或者是没有目的的闲聊，而家长最关切的问题则首先是学习（66.3%）与为人处世（61.9%），其次才是他们生活中的同学朋友，并且家长谈话的目的性更强，愿意与孩子闲聊的家长的比例远远低于愿意与家长闲聊的孩子的比例。

表4-11　　　　交流的话题选择（%）

	孩子最愿意讨论的话题	家长最愿意讨论的话题
学习	29.4	66.3
在学校/幼儿园的活动	40.2	42.3
爱好	36.3	42.4
老师/同学/朋友	50.3	47.2
异性交往	6.1	12.1
为人处世上的事情	26.1	61.9
孩子的未来	15.7	41.4
没有目的的闲聊	47.4	20.1
其他	16.8	9.9

另外，许多的父母在与孩子的交流中对孩子并没有完全的信心，担心孩子有隐瞒不报的情况，表现在39%的父母都曾经偷看过孩子的秘密，并且父母的担心随孩子年龄的增长而增加：绝大多数的步入青春期的孩子（13岁以上）的父母都偷看过孩子的秘密（58%），并且约三分之一的父母（33.3%）数次或经常偷看孩子的秘密。只有42%的家长从未偷看过，其中也许是因为孩子没有秘密可以看。

表4－12　　家长是否曾偷看过孩子的日记/信件/邮箱

	频次	百分比	累计百分比	13岁以上的孩子
经常	52	2.3	2.3	2.7
有过数次	447	19.8	22.1	30.6
看过一次	383	16.9	39.0	24.8
从未	1380	61.0	100.0	41.9
总计	2262	100.0		100.0

那么，家长们是如何评估他们与孩子之间的交流的呢？调查让家长从三个方面进行评估：孩子交流的主动性，父母对孩了的了解程度以及对亲子沟通的满意度。首先，71%的家长肯定孩子在与家长交流方面存在着积极主动性；其次，分别有30%和51%的家长认为自己“非常了解”或者“有些了解”孩子；最后，超过47%的家长对自己与孩子之间的交流感到“非常满意”或者“比较满意”。由此可见，虽然多数家长自认还算是比较了解孩子，但还是有53%的家长对自己与孩子之间的交流未感到满意，这也表明父母期待或者认为在亲子沟通方面还有提高的空间。

表4-13　　孩子是否主动交流

	频次	百分比
是	1642	71.1
否	668	28.9
总计	2310	100.0

表4-14　　总的看来，您认为您了解您的孩子吗

	频次	百分比	累计百分比
非常了解	691	29.9	29.9
有些了解	1177	51.0	80.9
有点不太了解	402	17.4	98.4
一点都不了解	38	1.6	100.0
总计	2308	100.0	

表4-15　　家长对于自己与孩子之间沟通的满意程度

	频次	百分比	累计百分比
非常满意	210	9.1	9.1
比较满意	883	38.2	47.3
一般	650	28.1	75.4
有些不满意	399	17.3	92.6
非常不满意	170	7.4	100.0
总计	2312	100.0	

二、亲子互动研究

亲子互动是指父母与子女之间直接或间接的接触、相互影响而发生交互作用的方式和过程。亲子之间通过不同的互动模式而形成不同类型的亲子关系。[1] 亲子关系属于心理学中的一个基本概念，它指家庭中父母与其子女所形成的一种关系，并根据子女的年龄、生理、社会发展等阶段呈现出各种不同的关系特征，如婴幼儿亲子关系、儿童亲子关系、青少年亲子关系等。[2]

（一）国外对亲子互动的研究

在青春早期、中期、晚期，亲子沟通呈现阶段性变化。兰斯（Lanz）等人的研究报告发现青春早期青少年的沟通状况与青春晚期的青少年不同（Lanz et al，1999）。杰克逊（Jackson）等人的研究报告，青春早期的青少年沟通的开放性显著高于青春中期的青少年，但在沟通存在的问题方面无显著差异（Jackson et al，1998）。同时也有研究者指出，青春中期的青少年与父母的沟通问题和青春早期的青少年相比更为尖锐和突出，他们的亲子关系更为紧张，沟通上的困难增多，亲子之间冲突频率也在增加（Collins，1990；Steinberg，1990；Paikoff & Brooks-Gunn，1991）。[3] 这是由于此阶段的青少年开始拓展他们的世界，形成新的自我表达形式，并且努力为自己在更多的领域内争取行为自主权，这一切使他们与父母的关系变得紧张起来，导致冲突增加。

研究结果表明，父母与青少年之间良好的亲子沟通与青少年的学业成绩呈正相关（Clark & Shields，1997；Masselam et al，1990），与自尊水平呈正相关（Brage & Meredith，1994；Demo et al，1987；Enger et al，1993；Rueter & Conger，1995），与心理健康水平呈正相

[1] 徐光芳：《网络时代的文化互喻特征与亲子互动方式的转变》，山东师范大学2003届硕士学位论文。

[2] 罗东山：《高中生亲子关系及其调试》，载《科技信息》，2006（05）。

[3] 安伯欣：《父母教养方式、亲子沟通与青少年社会适应的关系研究》，陕西师范大学2004届硕士学位论文。

关（Collins et al，1995；Hanson，1986）。

亲子之间不良的沟通状况与青少年的孤独感和抑郁症状（Brage & Meredith，1994）、药物和酒精滥用及其他不良行为（Barnes et al，1994；Johnson et al，1995；Hawley et al，1984；Kafka & Condon，1991；Miller et al，1992）呈正相关。国内研究者所进行的关于亲子沟通方面的研究较少，但也得到了类似的结果。

（二）国内对亲子互动的研究

素质教育家长课题组在2000年的一项关于“你希望爸爸妈妈为你做些什么”的调查中发现，孩子希望父母多了解自己一些，能经常和自己一起聊天，并且“希望父母能多陪陪自己”（雷雳，2002）。另有2002年对全国15个城市12–19岁青少年的一项调查，让青少年回答成长阶段对自己影响最大的人：认为是父母的占66.2%，老师的占10.8%，同学和朋友的占8.9%，心目中的偶像的占4.4%。可见，在寻求独立和自我认同的青少年阶段，父母对青少年的影响仍然是非常大的。令青少年最高兴的事：与家人团聚占28.5%，和父母相处融洽占12.8%（房超，2003）[1]。

以上资料表明，进入青春期以后，父母对青少年的影响仍然十分重要，并且青少年希望能够与父母建立融洽的关系，亲子互动的作用就在于此。这些结果提醒我们，在生活节奏越来越快的信息时代，家庭的教育功能有逐渐弱化的趋势，我们必须认识到这一点，大力提倡良好的亲子沟通。

---

[1] 安伯欣：《父母教养方式、亲子沟通与青少年社会适应的关系研究》，陕西师范大学2004届硕士学位论文。

第三节　健康亲子关系的要素

亲子关系是我们每个人来到世间的第一个人际关系，它对我们每个人的身心健康都是十分重要的。亲子关系的质量决定着社会化过程是否顺利，是否发生障碍或缺陷，也决定着子女社会化可能达到的水平。

亲子关系对孩子的身心健康发展十分重要，家长同孩子建立良好的亲子关系，也是家庭教育取得良好效果的前提和基础。然而在现代家庭中，孩子与父母的心理距离却越来越远，这不仅困扰着孩子，同样也困扰着父母。

据调查，有63%的孩子在郁闷时，不愿向父母倾诉，因为向父母倾诉换来的不是开心，而是抱怨、责怪和训斥。父母不正确的教育方式，成为不少孩子郁闷的“罪魁祸首”。由此可见，亲子沟通困难，多数责任在于父母。所以，沟通是亲子关系中相当重要的环节。通过亲子双方的表达，必然可以增进彼此的了解，而且经常和孩子沟通，也可以增进亲子间的关系。通过沟通，让孩子了解父母的爱和希望，父母也可以了解孩子的内心世界，从而对孩子采取恰当的教育方式。

做好亲子沟通，父母应该做到以下几点：当孩子说话时不要边干活边听，要停下手中的工作，耐心地听他们说。不要急于对孩子的话作出反应，注意理解孩子说话的内容和目的。眼睛注意孩子的表情、动作，深刻体会孩子此时此刻的心情。与孩子一起探讨解决问题的办法，鼓励他们对事负责，让孩子产生责任感。父母也要正确表达自己的思想和态度，以便孩子尊重和了解自己。总之，尊重是沟通的前提，理解是沟通的基础，信任是沟通的桥梁。

一、好的亲子关系界定

那么，什么样的亲子关系最好呢？

专家指出，平等型的亲子关系应该是有利于子女健康的。平等型亲子关系的特点是，父母和子女的关系基本平等，既有父母子女亲情，又有朋友之间的友谊，而这种关系下还不失掉父母的威信。

调查显示，在平等型亲子关系下，孩子的情感健康，懂得尊重别人，拥有良好的人际关系。这种亲子关系更有利于使他们形成独立的个性，孩子更有幸福感、感恩心和怜悯心。

父母大都喜欢自己的孩子，但能否信任孩子却成了一个未知数，因为许多孩子的行为令大人不解甚至反感，这怎么谈得上信任呢？譬如，当你的孩子考试考砸了，你会相信孩子的陈述吗？你难道不会怀疑他贪玩不用功？或者怀疑孩子智力有缺陷？现实生活中这样的情况会经常出现，我们应该做的其实很简单，就是相信孩子，给孩子鼓励。比如，当您的孩子考试成绩不理想时，作为父母一定要相信孩子，相信孩子自己也是很痛苦的，相信孩子也是非常愿意学好的，并相信孩子经过自己的努力有能力达到自己所期望的目标。这种信任对孩子来说是非常重要的，因为它能使孩子在挫折面前镇静下来，得到精神上的支持和鼓励。同样的道理，当您的孩子闯了祸，甚至犯下严重错误时，我们不能就认为他是一个坏孩子，“坏孩子”永远是父母的忌言，相反，您应当对孩子肯定地说：“你是个好孩子！”然后再和孩子一起分析他的错误，并想出解决的办法，这才是帮助孩子发展。

二、良好亲子关系的必备条件

父母要想与孩子建立良好的亲子关系，应必备以下几点要素：

其一，尊重孩子，做孩子的朋友。

要尊重孩子就要允许孩子有自己的观点和想法，允许孩子自由表达意见和提出问题，而且允许孩子讨论。只有这样，孩子才勇于质疑，才敢大胆提出自己的观点，形成自己的想法，长大后才能成为有思想有主见的孩子。相反地，如果父母不给孩子质疑的机会，这也只会压制孩子的好奇心和个性发展。

教育家陶行知先生的“六大主张”十分精辟，他提出：“解放儿童的头脑，使其从道德、成见、幻想中解放出来；解放儿童的双手，使其从‘这也不许动，那也不许动’的束缚中解放出来；解放儿童的嘴巴，使其有提问的自由，从‘不许多说话’中解放出来；解放儿童的空间，使其接触大自然、大社会，从鸟笼似的学校中解放出来；解放儿童的时间，不过紧安排，从过分的考试制度下解放出来；给予民主生活和自觉纪律，因材施教。”

中国的孩子从小听得最多的词儿，便是“听话”二字。要真的尊重孩子，首先就要把孩子从这两个字中解放出来。曾经在《少年儿童研究》杂志上看到这样两句话：“淘气的男孩是好的，淘气的女孩是巧的。”建立良好的亲子关系，我们首先就要尊重孩子的“淘气”，做孩子的朋友，而不是把孩子禁锢在大人的思维和行为里，让孩子有充分的机会表达自己的看法，这样才算得上是真正的尊重孩子。

其二，和孩子一起活动。

做父母的既要工作又要操持家务，的确很忙，但无论多忙也不要冷淡了自己的孩子，父母要尽可能地留一点时间给子女，使大家可以一起谈谈当天发生的事情，了解彼此的心情。父母也可以加入到孩子们的游戏中去，和孩子们一起欢笑，这既有利于良好亲子关系的建立，也有利于使自己疲惫的心得到放松。比如:孩子们都特别喜欢看动画片，家长就可以自己亲手用一些软件简单处理一下，把孩子们的照片跟动画人物放在一起，会让孩子特别开心。

其三，使用儿童能听得懂的语言，谈论孩子感兴趣的话题。

孩子和成人的不同体现在方方面面，尤其是语言上。所以，父母在与孩子沟通的时候要多使用孩子的语言。拿幼儿来说，随着年龄的增长，幼儿的语言由单一词汇向句子表述发展，语意表达也由简单到复杂。做父母的必须“童心未泯”，能从儿童的位置上去体察童心的需要，怀着一颗童心满足孩子的心理需要。当孩子和你谈他感兴趣的话题时，父母要有适当的反应。孩子邀请你参加他的活动，你要欣然前往，亲子之间有共同的话题才能产生情感上的共鸣。

其四，父母情绪控制要得当，转化冲突。

做父母的不要动不动就发火，在孩子面前要懂得控制自己的情绪，不要让孩子感到莫名其妙，以为自己做错了什么。总是生活在紧张中，容易使孩子形成压抑的个性。即便是亲子之间对某件事有分歧，也可以寻找一个双方均可接受的办法，带来双赢的效果。

亲子关系的建立，尤其是良好亲子关系的建立是一个缓慢的过程。在这个过程中，父母责任尤重，应该多理解孩子，多给孩子创造一个充满关怀、尊重和交流的良好氛围。

三、怎样建立良好的亲子关系

第一，心思、时间不可少。

情感关系像幼苗，需要时间和心思去栽培，亲子的情感尤其需要足够的养分，才会开花结果。家务可以请人代劳，亲子活动却不能假手他人。家长无论如何忙碌，也尽可能每天留一点时间给子女，大家谈谈一天的事，了解彼此的心情。送孩子上学、给孩子讲床前小故事、一起到超市购物等简单的生活片段，都是值得争取的亲子短聚。

第二，用心聆听孩子说话。

父母要用心感受孩子说话背后的意思和感觉，不要单靠耳朵去听，而是要用心去聆听和体会。父母与孩子沟通，让孩子感受到父母的开明，使他们大胆说出心里话，并学习接纳不同的理念。父母与孩子交谈，一定有想法不能沟通的时刻，父母要表现出耐心，语气不冲撞，这就是给孩子成长最好的身教。

第三，互相欣赏和鼓励。

欣赏和鼓励的语言能给人以动力，使人勇于改善自己，力求进步，建立良好的自尊感。多留意对方值得称赞的地方，避免太多的批评，因为批评只会带来抗拒和反感，双方的关系也会越来越疏远。多留意孩子付出的努力，而不要只计较结果。你自然会发现孩子有很多称赞的地方。引导孩子自我肯定和欣赏，例如回顾自己在一天中值得高兴的事，或数一数过去一个星期的小成就，然后父母与子女互相祝贺。

第四，私人空间要尊重。

容纳家庭成员不同的喜好、长处以及接纳他们的朋友，容许多一点个人的选择，让每个人都有足够的成长空间，家庭生活也会更加多姿多彩。具体说，母亲热爱古典音乐，女儿也不一定要学弹钢琴；哥哥学业成绩优异，弟弟美术设计有创意，父母也无需互作比较认定哪一种成功较为理想和重要。尊重子女的隐私，年幼子女也不例外。就算是看似微不足道的事，也不要随便公开讨论。未经孩子同意，不要翻看他的私人物品，如记事簿和信件等。孩子感觉自己的意愿受到尊重，才会慢慢学会尊重他人的意愿。

第五，共同追求心更近。

在尊重个人空间之余，家人也要追求共同的信念和兴趣，把心拉近。大家的兴趣相近，信念相同，便会有更多的沟通、更好的默契，更能享受共处的时间。在家庭的熏陶下，孩子会逐渐建立与家人相同的兴趣，例如家人都有睡前阅读的习惯，孩子便会在不知不觉间拿本小书上床阅读。

第六，情绪控制要得当。

父母和子女都要学习在适当时候逃离“情绪爆炸”的现场，平息心中的怒火。大家只有在心平气和时，才会听得懂对方的说话，替对方设想。与孩子冲突时，父母可尝试换个想法，可能会豁然开朗。如孩子支支吾吾地回答问题，与其生气地想：“我不能忍受你这个样子。”还不如试着平静地想：“刚才我的样子是否吓着他了？他不相信我会支持他，我要想办法让他明白才是。”家庭是一个安全的场所，让成员自由表达正面和负面的情绪，父母应该认同孩子的感受，但要引导和鼓励他们用一种更让人接受的方式去表达。

第七，转化冲突为力量。

父母与子女常持不同的观点，冲突是自然的事，问题是冲突不一定要出现你输我赢的局面，双方可以沟通和妥协，然后合理寻找一个双方均可接受的方法，带来双赢的效果。例如，父母担心孩子的成绩和自我管束能力，孩子却十分抗拒补习老师。与其怀疑孩子的能力，倒不如借此机会认同孩子的信心和责任感，鼓励他为自己订下初步目标，然后再与他商讨有效的温习方法。

第八，共同建立家庭凝聚力。

有参与，有承担，才有归属感。鼓励孩子参与家事，例如为祖母庆祝生日、新年家居布置或搬家准备工作等，大家有商有量，孩子感到自己受重视，会更积极地为家庭作出贡献。

第九，亲密片段作储备。

增强家人情感的联系，建立家庭情感宝库，为将来承担风雨和考验作好准备。把家庭的温馨片段、难忘情景一一存记起来，如家庭的照相簿、孩子的涂鸦画册、孩子的成长日志、家人的小字条、家庭每年的十大要事回顾录等，都蕴藏着珍贵的情谊，这些情感的储备会重新唤起亲子间的温馨，使家人紧靠在一起。

第十，乐观积极迎未来。

要保持乐观积极的心，相信现在很多问题，只是大家暂时做不好，只要双方继续努力和合作，一定可以解决，而明天一定会更好。不要认为品性难移，认定这孩子教不了，你该乐观地想：他现在只有六岁，可能这样的要求对他来说太高点，多鼓励他，相信等他年长一点，便会做得好。

第五章

网络时代下亲子关系与儿童社会性发展

第一节　网络时代亲子关系方式的转变

一、传统亲子互动中的问题

亲子互动的研究始于20世纪30年代，是近几十年来发展心理学领域的一个热门课题。亲子互动是指父母与子女之间直接或间接的接触、相互影响而发生交互作用的方式和过程。亲子之间通过不同的互动模式而形成不同类型的亲子关系，它具有血缘性、亲情性、长期性的特点。

亲子互动对儿童的早期社会化起着至关重要的作用。而传统的亲子互动主要存在以下问题：[1]

第一，互动过程以父母为主导。在传统的父母与子女互动过程中，父母处于中心、主导、控制地位，子女则通常处于边缘、被动、依赖地位，形成不对等的两极。父母在“中心”居高临下，以自己的方式主观审视“边

---

[1] 马德峰：《亲子互动的现状及问题》，载《社会》，2003（7）。

缘”的情况，强制性地输入“指令”，而很少考虑子女是否能够接受，而子女的互动则体现为消极、被动的接受意志。这样的互动是不平等的、单边的，造成父母一厢情愿“望子成龙”“望女成凤”的现实。

第二，互动内容狭窄单调。传统的亲子互动往往只重视子女的智力发展，而忽视了非智力因素的发展。为了能使子女将来考上重点高中、名牌大学，许多父母把子女的学习时间安排得很满，甚至连节假日、寒暑假都有学习任务，使得子女思想包袱过重，疲惫不堪。亲子之间的交流和沟通只限于考试和成绩，亲子间的互动内容狭隘单调，导致儿童缺乏必要的心理疏导和情感交流，造成心理压抑和痛苦的情感体验。

第三，互动方式重言传轻身教。父母是儿童心目中最初的偶像，是子女的第一任启蒙老师。父母的思想、性格、兴趣、习惯等都会对子女造成潜移默化的影响，而很多父母并没有清醒地意识到自身角色示范性的重要作用，在亲子互动的过程中常常滔滔不绝，讲一些笼统抽象的大道理，这些道理往往连大人自己都做不到，对子女也缺乏榜样的作用。

第四，互动频率较低。随着当今生活节奏的加快，竞争日趋激烈，许多父母因为工作繁忙，很少能抽出时间与子女互动，有的家庭只能在晚餐的时候采用“饭桌教育”的形式与子女简单交流。人是社会性动物，儿童也不例外，尤其在面临升学压力的今天，他们也渴望得到家人的理解和宽慰，如果家庭基本三角间互动频率不高，甚至基本的两角缺失，那么青少年的情感需要就更难得到满足，孤独、烦闷的情绪也随之产生，不利于他们的健康成长。

二、网络时代对亲子关系的影响

处于成长发育阶段的儿童，思维活跃，情绪容易波动，易受外界环境影响，需要学校、家长的关心和正确引导。不良的亲子互动常常使儿童产生挫折感、逆反心理等不健康心态，进而导致亲子关系的恶化、疏远。随着信息时代的到来，网络和电脑游戏的出现更加剧了少年儿童与父母关系疏远这一现象的凸现。亲子关系属于心理学中的一个基本概念，它指家庭中父母与其子女所形成的一种关系，并根据子女的年龄、生理、社会发展等阶段呈现出各种不同的关系特征，如婴幼儿亲子关系、儿童亲子关系、青少年亲子关系等。[1] 而网络时代所体现的互联网文化具有运行速度的快捷性、传播信息的同步性、人际交往的非权威性、知识传递的网络化等特征，这些特征对亲子关系的影响主要表现在：

其一，互联网实现文化的平等与共享，父母的文化权威逐渐动摇，传统的文化传递模式发生了革命性的变化。在中国传统的教育方式中，教师、父母高高在上，神圣不可侵犯，扮演着知识权威的角色，是知识的维护者。儿童只能站在学习者的角度，通过提问、接受指导等形式从长辈那里获得经验，因而知识是单一的上对下的传授形式，再加上传统社会伦理观念的制约，造成了晚辈对长辈绝对服从的传统。然而，互联网的出现引发了一场学习的革命，随着互联网一起长大的儿童，在网页上尽情冲浪，享受着知识共享所带来的资源，信息获取的渠道大大增多。由于网络的平等与共享所带来的冲击，儿童不再被动依赖于从长辈那里获取知识和经验，在拥有知识的数量与知识的更新速度上，他们甚至超过了长辈。因此，长辈对后辈的文化启蒙已不再显得举足轻重，父母与教师的文化权威性也随之动摇。

---

[1] 罗东山：《高中生亲子关系及其调试》，载《科技信息》，2006（05）。

其二，互联网倡导自主性学习，儿童利用互联网学习的途径大大拓宽，使其对父母文化教育的依赖性越来越小。互联网技术的日趋成熟，儿童接受知识不仅仅是通过教师授课、图书馆借阅、实验室试验等有限的途径，儿童可以利用互联网检索数据库搜集资料，筛选信息；可以通过专家教学系统为自己制订学习计划，自测自学；还可以通过互联网向国外的资料库中调阅资料。这些网络学习活动并没有很高的技术门槛，儿童可以轻而易举地掌握和运用。这也使得网络学习得以迅速普及，成为儿童获取知识的一个主要途径，对父母文化教育的依赖性大大减少。

其三，互联网改变了传统代际关系，有助于亲子之间平等的沟通与对话。在传统的社会文化中，父母通常作为对知识经验的垄断者，占据着文化权威的地位，处于社会文化的“中心”。而儿童属于未成年人，是社会文化中的受教育者，处于社会文化的“边缘”。[1] 长辈对晚辈的期望也往往带有相当大的强迫性，而对儿童的内心感受和情感需要置若罔闻。所以，这种代际之间的文化心理差异使两代人之间产生很大的隔阂，难以以平等的态度进行沟通与对话。而互联网提供给人们的是开放的多元的价值观，少年儿童并不直接接受或认同成年人强加于自己的价值体系，他们有自己的话语和行为方式。在互联网所提供的虚拟文化空间里，人与人并不是直接面对面交流，而是通过符号交往。这种全新的交往方式遮蔽了双方的性别、年龄、职业、身份、地位等诸多社会属性，从而为代际之间的沟通提供了一个平等对话的渠道。

[1] 徐光芳：《网络时代的文化互喻特征与亲子互动方式的转变》，山东师范大学2003届硕士学位论文。

第二节　网络时代下的亲子互动

一、网络时代对亲子互动方式的影响

当前，社会文化正处于教师、父母与孩子相互学习、共同发展、平等相待的历史时期。我们所处的这个时代，是需要终身学习的时代。祖辈们在年轻时代所学到的东西或许够用一辈子，父母们在年轻时所学到的东西可能够用半辈子，而随着知识大爆炸的到来，我们这一代年轻时所学到的东西，只够用1/4或1/3辈子，甚至更短。作为教师、父母不应该承袭过去一以贯之的传统文化教育方式和代际相处法则，而应该接受这个事实去调整师生互动、亲子互动方式。[1]

（一）亲子互动的不对等性

从代际关系上看，亲子两代在血缘关系上的前后相继性，决定了亲子互动具有不对等性，使儿童早期社会化带有明显的强制色彩，表现在父母与子女交往中有不同的自我状态和不同地位。显然，亲子交往中父母常常表现出权威状态，处于支配、裁决、不容侵犯和实施惩罚的主导状态，而子女多处于劣势，表示出服从、遵守、忍耐和受动性。从文化教育上看，亲子互动伴随着父母和子女各自代表的“精致编码文化”和“局限编码文化”、“社会主流文化”和“社会亚文化”之间的互动。由于未成年人思想在成人世界往往被视为“幼稚”和“浅薄”，而成人文化具有巨大惯性，使得儿童往往受制于处于文化优势的父母，难以坚持

[1] 徐光芳：《网络时代的文化互喻特征与亲子互动方式的转变》，山东师范大学2003届硕士学位论文。

和贯彻自己的见解。我国传统文化历来强调“三纲五常”、“长幼有序”，所以长幼之间的纵向关系仍受重视，冒犯长辈仍然受到道德谴责。社会教化过程中的“父为子纲”称得上是传统社会文化传承的基本法则。诚然，亲子互动的不对等性从社会责任、经济条件上看，是难以避免的，所以，父母对子女而言，精神上“爱的收回”、身体上的惩罚和物质上的剥夺都是常见的。社会文化总是从高势能区向低势能区转移，这对于少年儿童行为习惯的养成和对社会规范的认同是不可缺少的。

（二）文化反哺

然而，亲子互动是一个双向的、相互作用、相互依赖的过程。儿童在社会化过程中不是完全被动地接受父母的影响，相反是具有主动性的，他们在自己已有的身体素质、气质性格、智力水平和过去经验的基础上，以其独特方式对父母的教化做出反应。在网络社会和数字媒体迅猛发展的时代，我国社会在代际关系及文化传承方面都发生着革命性变化，当代亲子互动模式发生的巨变正日益引起关注。在与父母的交往中，少年儿童已不再是懵懂地任父母摆布，相反，他们一边接受着成人的管教，一边又对父母指指点点。父母在感叹孩子越发难以管教的同时，又不得不在使用电脑网络、文化休闲、时尚娱乐等方面向孩子学习。由于社会的急速变迁，以及面对这种变迁亲子两代的适应能力不同、对新事物的理解和吸收快慢不同，在亲代丧失教化的绝对权力的同时，子代却获得了前所未有的“反哺”能力。

“文化反哺”是指一种发生在急速的文化变迁时代，年长一代向年轻一代进行广泛的文化吸收的现象，其实质是青年文化对成人文化的积极、主动影响的过程。“文化反哺”现象往往发生在社会文化变迁的时代，是一种反向社会化的过程。而这种“反向社会化”现象的出现，说明在急速的社会变迁背景下，不仅文化传承的内容有了极大的变化，而且文化传承的方向和形式也有了变化。正如1997年4月在巴黎举行的“媒体、青少年、明天”国际研讨会上专家所说的，“教师、家长、政治家甚至媒介人士正在被青少年甩在后面。青少年表现出对媒介这个新领域的接受与掌握，去探索我们未知的世界，我们感到了挑战。”我们正在进入一个年长一代向年轻一代进行广泛的文化吸收和信息反哺的时代，“文化反哺”形成了当代中国亲子关系的新模式。

少年儿童之所以能建立新型的亲子互动模式并有力地影响父母，主要有两方面条件：一方面，在信息社会中，大众传媒日益发达，影视、期刊、互联网、广告等以其足够的开放性与无限制性、介入性与非统一性、形象性与感染性，时时处处向少年儿童的头脑输入大量的新颖的信息，从而增强了少年儿童摆脱父母的控制进而影响父母的能力。另一方面，少年儿童没有预先的思维定势而更倾向于未来，在激烈的社会巨变中往往能够比父母更迅速地理解、接受新事物、新观念，建立新的价值观。由于中国社会是从长期的封闭状态走向开放的，一个如此现代化的外部世界产生一种强烈的反差，使得年长一代从“至尊”到“落伍”的过程几乎是瞬时性的，传统的教育者和被教育者的位置变得模糊，甚至颠倒，令父辈们始料未及，却又无可奈何。由此可以证实我国家庭乃至整个社会的文化传承模式的革命性变化，以及当今社会与以往社会迥然不同的文化变迁历程。

二、网络时代下的亲子互动与儿童社会化

（一）社会互动与亲子互动是儿童个体社会化的必由之路

社会互动指的是人与人在社会环境中的相互作用和信息的相互交

换。每个儿童的活动都发生于社会环境中，是在与他人交互的过程中产生的。儿童在与他人和群体的直接或间接的交互作用中，获得社会关系，扮演社会角色，学习社会生活模式，从而实现个体的社会化。社会互动是个体社会化的必由之路。婴儿刚刚诞生时，其发展的水平是很低的，也是很软弱的。无论是其行为发展的水平还是适应外界环境的能力，都远远落后于某些高级动物的幼仔。对人类的婴儿来讲，光是学会走路就要花费很长的时间。然而，遗传仅为婴儿的生长发育提供了最为基本的物质基础，婴儿生存所需要的绝大多数能力其实是在社会环境的影响下，经过漫长的发展过程形成的，因而每个儿童的发展都具有很大的潜能和可塑性。可以说，婴儿刚诞生时只是一个生物的人，他要在社会环境中接受社会的影响而成为一个社会的人。在特定的社会与文化环境中，个体形成适应于该社会与文化的人格，掌握该社会所公认的行为方式，就叫做社会化。[1] 个体的社会化是通过人的整个一生完成的。个体在一生中所经历的社会化有许多不同的类型：早期社会化、预期社会化、发展社会化、反向社会化和再社会化等。[2] 通过社会化，儿童逐渐学习社会中的标准、价值和所期望的行为。

在儿童的社会化过程中，社会互动包括亲子互动、师生互动、同伴互动、同事互动等互动方式，在影响儿童初级社会化的社会互动中，亲子互动是最主要的一种。亲子互动是指父母与子女之间直接或间接的接触、相互影响而发生交互作用的方式和过程。亲子之间通过不同的互动模式而形成不同类型的亲子关系。亲子关系是指父母与子女之间的相互

[1] 张文新：《儿童社会性发展》，108页，北京师范大学出版社，1999。

[2] 金盛华，杨志芳，赵凯：《沟通人生——心理交往学》，87页，济南：山东教育出版社，1992。

关系。根据库利的“初级群体”理论，双亲与子女组成的正是面对面亲密、频繁交往的初级群体。在这个直接、自然的关系世界里，亲子互动对儿童早期社会化起着至关重要的作用，主要表现在以下三个方面：

其一，先入为主。这是指亲子关系、亲子互动在一个人的成长过程中起着某种先入为主的定势作用，它使得儿童以后接受其他影响时形成一种“准备状态”,即奠定了他接受教育的基础。儿童在家庭这“第一环境”中接受教育影响所形成的品质特征在他们以后接受教育获得发展过程中往往表现为难以磨灭的铭刻性，这种铭刻性的品质给他们的终身发展打下了不易改变的印记。

其二,感情纽带。与其他人际关系相比,亲子关系更具有情感色彩,更富有人情味。父母普遍爱子心切，对子女的生活成长倾注着极大的关心和爱护。父母的爱，尤其是母爱，在儿童的成长过程中是一种特殊的伟大力量，它能使儿童感到自己经常处于安全和幸福之中。

其三，教育和生活一体化。相对于师生互动而言，亲子互动一般多属于非正式的和高频度的，家庭中的教育与生活是合而为一、联于一体的。“知子莫若父，知女莫若母”，亲子朝夕相处，休戚与共，家庭生活的各个侧面都影响着他们的身心发展，最终形成青少年相应的个性、态度和品行。

关于儿童的社会化，有许多不同的理论，主要包括精神分析理论、认知发展理论、社会学习理论。班杜拉的社会学习理论关于儿童人格和社会性发展的观点认为：个体社会行为起源于以偶然强化为中介的直接学习和模仿。儿童的社会行为，如对他人的信任、对自己的攻击冲动抑制、道德行为以及性别化行为等不是本能发展的产物，而是直接学习、模仿和强化的结果。班杜拉认为，对于个体社会行为的掌握而言，与模仿相比直接学习是一种更基本的途径。在直接学习中，儿童的某种行为所产生积极的或消极的结果直接决定着儿童是否重复这些行为。也就是说，儿童通过观察自己的某一行为所产生的后果，就会逐渐形成“何种行为在何种场合下是适宜的”假设。这些假设指导着儿童日后的行为或行动。在通常情况下，儿童根据这些假设做出相应的行为时又会得到肯定或否定的结果。肯定是一种强化，会激发儿童继续从事这类行为；反之，如果行为的结果是否定的，儿童就会设法抑制这类行为的发生或设法逃避这种否定的结果。班杜拉认为，模仿在儿童行为的习得中是一种更重要的途径或机制。因为人类社会的一些行为是无法直接学习的，而必须依靠模仿。儿童的许多行为是通过对现实的或象征性榜样行为的模仿而获得的。社会学习理论认为，强化是儿童获得行为的又一重要机制。强化分为直接强化和替代性强化。直接强化是儿童自己行为所产生的结果对该行为以后重复发生的可能性的影响。在直接学习中，儿童行为的结果构成了对该行为的直接强化。替代性强化则是指榜样行为的结果对学习者的学习所起的强化作用。从社会学习理论中可以看出，父母是儿童“直接学习”和“模仿”的首要对象，因为父母是最早介入儿童的生活并深刻地影响他们的，而且父母是儿童行为的最早和最主要的强化者。父母的言行、态度在儿童的心理发展中打下了深深的底色和烙印。由此可见亲子关系在儿童发展中的重要作用。

此外，精神分析理论、认知发展理论也都从各自不同的角度出发，试图阐明个体是怎样社会化的。诚如日本学者诧摩武俊所说：“不管你立足什么理论，在从婴幼儿期到儿童期、青春期的孩子的人格形成（特别是社会化）过程中，父母子女间的关系是一个极其重要的构成因素。”[1]

（二）亲子关系影响儿童社会化的机制

已有的研究表明，亲子关系影响儿童社会化的机制主要包括态度转变、观察模仿、认同作用及儿童的归因方式。[2]

态度转变指父母通过种种方法改变儿童的态度，使儿童接受、内化行为规范的过程。父母用来改变儿童态度的方法主要有：使用权利，这是一种运用强制性的压力手段迫使儿童接受行为规则的方法；爱的收回，这是一种心理上的惩罚形式，主要指父母对儿童表示失望、不理睬或孤立儿童等；信息内化，又叫引导，是父母通过信息的传递使儿童长期、有效地接受或内化社会规范或行为规则的一种方法。

观察模仿。模仿父母行为是儿童社会性发展的重要途径之一。社会学习理论认为，在社会交往过程中，儿童一方面通过直接观察他人的行为学会新的行为方式。另一方面，通过观察他人行为产生的后果得到“替代性强化”。

认同作用。儿童由于对榜样感到钦佩，于是模仿榜样的思想和行为，并在认同过程中得到强化。

归因方式。儿童的归因方式决定其对成功的期望，这种期望又影响儿童对未来行为目标的选择及其努力的程度。儿童的归因方式可分为功能良好的归因和功能不良的归因两种方式。具有良好的归因方式的儿童有自信心，对学业有积极情感和适度的期望水平，自控能力及责任心都较强；反之，具有功能不良的归因方式的儿童则缺乏自信心、责任感及自我效能感，往往把成功归因于外在因素，把失败归因于自

---

[1] 孟育群：《少年亲子关系研究》，55页，北京：教育科学出版社，1998。
[2] 张文新：《儿童社会性发展》，108页，北京师范大学出版社，1999。

己的能力较低。

与其他传播媒介一样，互联网的普及也将影响儿童的社会化。关于社会化的趋势，帕博特教授曾提出，孩子使用互联网可能带来“一种本质上兼具个人化及全球性两种极端性质的文化”。也就是说，使用互联网络，会使儿童更加个性化和国际化。在儿童没有权利和机会选择自己生活的时候，在他们只能按照别人的意图安排自己的生活的时候，个性化是无法想象的。互联网正是在这个意义上满足了儿童、青少年个性化的需要，它以不可计量的信息和多种功能为儿童提供了无数的可选择的机会。以报纸为例：第一，愈来愈多的网上报纸可供儿童自由选择。第二，可利用搜索等功能选择自己最感兴趣的信息，而不是别人心目中的新闻。第三，可以发表自己认为很重要的新闻或其他信息。这三点中的每一点都告诉儿童，你自己是重要的，你要根据自己的判断来选择某方面的新闻或信息，而你的选择将决定你是否能享受或利用有价值的信息。因此，如果能有效地使用互联网络，将有助于儿童的个性化。[1]

三、家长如何转变亲子互动方式

毋庸置疑，网络时代的文化反哺性对儿童的社会化产生重要影响。在现代社会里，父母不可能再是知识的权威了，儿童为家庭带来一种全新的文化风貌，无论是个人化还是全球性的东西，对父母来说，都是久违的或陌生的。父母对互联网对儿童社会化的影响，不会无动于衷。在儿童的社会化过程中，父母比之于未成年的儿童，各方面都更成熟，因而能对儿童的发展起指导作用，相应地，父母在亲子互动中，处于

[1] 孙云晓，郑新蓉：《21世纪教师与父母必读》，34页，北京出版社，1999。

主导地位。在这个文化互喻时代，为了孩子的健康成长，处于主导地位的父母需要抛开传统的闭锁的视野，融入信息时代的潮流中来，重新审视亲子之间的互动方式，了解儿童的心理发展规律，采取科学的教养观念和教养方式，建立和谐的亲子关系，向孩子学习，与孩子一起成长。

（一）采取科学的教养观念和教养方式

家庭对儿童社会性发展的影响主要表现在父母和儿童社会性发展的相互作用过程中。父母主要通过自己的教养观念、教养方式和教养行为来影响儿童的社会性发展。

父母教养观念指父母在教育和抚养儿童的过程中，对儿童的发展、教育儿童的方式和途径以及儿童的可塑性等问题所持有的观点或看法。父母教养观念的实质包括以下三个方面：父母的儿童观、发展观和父母观。儿童观就是怎样看待和对待儿童的观点的总和；发展观是指父母对儿童发展的规律及其影响因素的观点或看法；父母观是指对父母在儿童发展过程中的作用的看法。父母教养观念与父母行为及儿童发展间存在着双向的影响。一方面，父母教养观念通过直接影响父母行为间接作用于儿童的发展；另一方面，父母对其行为结果的理解与评价又反作用于父母教养观念，引起父母教养观念系统的某些变化。同时，儿童自身的行为及个性特征也在一定程度上反作用于父母的行为方式及其教养观念。父母教养观念是从宏观上来影响儿童发展的，父母教养观念和儿童发展间存在着密切的关系。我国学者陈会昌等(1997)关于家长教育观念和儿童发展的关系的研究表明，父母的家庭教养观念、父母对学校教育的看法和孩子的社交能力间有一定程度的相关；

家长对孩子独立性、礼貌及整洁等个性品质培养的重视程度与儿童社会交往能力的发展呈显著相关。[1] 但上述相关都不高，这也是因为父母教养观念并不是唯一影响儿童发展的因素。父母的教养观主要来源于父母的文化背景、父母的人格特征及亲子关系的特点。

受传统观念影响，我国目前的家庭教养观念中存在着许多的误区，对少年儿童的成长甚为不利。据天津市教科院孟育群研究员（1997）的调查分析认为：影响亲子关系的家长素质的核心是家长的教育观念。不少家长对孩子的学历和未来从事职业的期望脱离了我国现阶段的经济基础、教育实际能力以及自己孩子的实际，表现为期望过高。在儿童观方面，不少家长的儿童观上仍残留着大量的封建宗法制的影响，把孩子看成父母的私有财产、家庭的隶属品，而不是把他们看作是积极的和创造性的权利主体。据天津市教科院对天津16所中小学千余名学生及家长的连续调查，有70%–80%的家长望子成龙心切，对孩子期望过高，忽视孩子的天赋与兴趣，希望孩子完全按照家长的要求和标准去做；有50%和60%的父亲或母亲对孩子过分干涉，29%和66%的父亲或母亲过分严厉，59%和65%的父亲或母亲对孩子过于溺爱，使得不少孩子自称是“被管制对象”。不当的教养观念下的家庭教育，往往会在孩子心理上形成家长难以意料的负效应，阻碍儿童个性的健康发展，造成事倍功半或事与愿违、大悖初衷的不良后果，甚至酿成悲剧。家长们应破除“孩子是自己的私有财产”、“天下无不是的父母”等传统观念，不断学习，与时俱进，形成科学的教养观念。观念的改革是一切改革的先导。只有父母教养观念的现代化，才会有科学化、现代化的家庭教育。

[1] 张先翱：《教子有方》，76页，贵州人民出版社，1999。

父母教养方式是父母有关亲子交往的观念、教养行为及其对儿童的情感表现的一种组合方式。父母教养方式是家庭内外众多因素影响儿童发展的重要中介。美国心理学家鲍姆林德（D.Baumrind）对父母的教养方式进行了系统的研究，并提出了自己的理论观点。她根据父母行为的控制和温情两个维度，把父母教养方式分为三类：权威型、专制型和放任型。麦考贝和玛丁（Maccoby & Martin，1983）在鲍姆林德研究的基础上，从父母要求性和父母反应性两个维度，把父母教养方式分为权威型、专制型、溺爱型、忽视型四种类型。父母要求性（Parental Demandingness）指父母对子女的成熟与合理行为的期望和要求程度。父母反应性(Parental Respondingness)指父母以接受、支持的方式对子女的需要做出反应的程度。

其一，权威型。父母对孩子的期望和要求高，对孩子的需要也做出适度的反应，这样的家庭教养方式就是权威型的。权威型父母对儿童有较多的温情、较明确的要求和较为一致的反应，能够在亲子间相互理解的基础上完成对儿童的约束。

其二，专制型。父母对孩子的要求和期望很高，但对孩子的合理要求反应程度很低，这样的家庭教养方式就是专制型（拒绝型）的。专制型父母对儿童的成熟行为有较高的要求，但对儿童反应较少，对儿童缺乏热情，用较为绝对的标准来塑造、控制和评价儿童的行为，强调儿童要无条件的顺从，崇尚权威和传统，不鼓励亲子间相互迁就，对儿童的奖励较少，对儿童的控制严厉、不妥协，且带有强制性。

其三，溺爱型。父母一味满足孩子的各种需要，但对孩子的要求不严，这样的家庭教养方式就是溺爱型的。溺爱型父母对儿童有较多的温情和接受，经常对儿童让步，较少利用权威控制儿童，对儿童的成熟行为要求较少，主张让儿童自我管理。

其四，忽视型。对孩子的要求和期望低，对孩子的合理要求不做反应或反应程度很低，这样的家庭教养方式就是忽视型的。忽视型父母对儿童的要求和反应都较少，这类父母不指导儿童的行为，也不支持儿童的兴趣，他们沉溺于自己的事情而忽略做父母的责任。

与文化反哺的时代特征相适应，权威型的教养方式是最为理想的。由于权威型的父母是指导而不支配，自由而不放纵，尊重而不溺爱，鼓励而不怂恿，所以儿童在这种父母的教育下，会变得更合作、友善、自控和富于想象，有较好的适应环境的能力，孩子容易感到安全、有自信心，比管教过严或过松的孩子更活跃、开朗、自然而外向。一般说来，来自权威型家庭的青少年在心理发展的各项指标（如自立、自尊、个人能力等）、问题行为、心理压力（如焦虑、抑郁等）和学业成绩等都表现良好，而来自忽视型家庭的青少年适应性最差。[1]

国内有研究证明，情感温暖与理解是父母教养方式中极为重要的一种积极的教育方式，在儿童品德形成和发展过程中起着十分重要的作用。温暖理解是父母对儿童的温情与慈爱，包括充分地接纳和理解儿童，积极地对儿童做出反应，能设身处地地站在子女的立场上去感受、去体验，能进入子女的内心世界，体会子女的喜怒哀乐和各种需求，把子女作为一个真正的人去尊重，这种教养方式所产生的教育价值无疑是积极的。[2] 所以，父母一方面要不断提高自身的素质，以获得教

[1] 毛丽丽：《青少年犯罪的“十五六岁现象”背后的家庭影响因素分析》，载《青少年研究》，2002(3)。

[2] 肖文娥，邢玉凤，梁金辉：《初中学生品德发展状况与父母教养方式的相关研究》，载《教育研究》，2002(10)。

育子女的资格；另一方面，要改善教育方法，让子女充分拥有享受生活、体验社会的权利。父母应放下架子，与子女平等地做朋友。父母对子女严格要求是必需的，但严格要求并不等于严厉惩罚，不等于“颐指气使”，应该与子女平等地相处，耐心倾听子女的想法和感受，保证与子女进行情感沟通的时间。

（二）了解儿童的心理发展规律，了解自己孩子的个性特点

成功的家庭教育有两个前提：父母了解这个时代，了解自己孩子的个性特点。成功的家教，在于父母首先要自己跟上时代，而不是要求孩子跟上自己。提高自己、了解孩子是为了科学育人，而不是按照自己的主观愿望塑造孩子。但现实普遍存在的倾向是父母的要求与孩子的愿望严重脱节，许多错误的家教方式由此产生，对孩子的身心发展造成不良的影响。导致这种情况发生的原因有很多，不了解儿童的身心发展规律，不了解自己孩子的个性特点是其中重要的原因之一。儿童自出生到成人，要经历不同的发展阶段，每一阶段都有不同的生理、心理特点，而且每一个儿童又有自己独特的个性特点。只有了解儿童的身心发展规律，了解孩子的个性特点，家长才能有的放矢地教育孩子。可现实中有些为人父母者并非如此，因为“无知”而在教育孩子时漏洞百出。比如，父母最关心孩子的事情是身体健康和学习分数，至于什么是心理健康，非智力因素对学习有什么影响，学习分数与智力开发的关系是什么，许多父母并不关心，有的也不大清楚。再比如，进入青春期的孩子，生理心理发生了诸多深刻的变化，其与儿童期不同的心理特征就是“闭锁性”。这个时期的孩子感情内敛，有心事不与父母谈，即使在家里，也往往把自己关在房间里，对父母闭锁。相对应地，更喜欢和朋友交流，与朋友无话不谈。由于父母对子女的“闭锁性”

缺乏了解，甚至对孩子的自尊、独立、自主的民主要求视为偏激、任性、不服管教，进而带来一系列的矛盾冲突。北京市第二医院自开设少男少女心理门诊以来，已有400多例求诊者，年龄集中在14–18岁。据介绍，前来就诊的女生中，80%的女生都会抱怨自己的妈妈如何不好。比如，交朋友时："你一定要和学习好的同学在一起。"谈感受时："你是我生的，我怎么会不理解你？"和她交流时，偶尔提到自己喜欢的影星："你们现在这些小孩啊，整天不务正业，就知道……"和同学在一起时总是拿"我"的缺点与别人的优点互相比较，谁比较聪明，功课比较好，长得比较高……郊游回来后："你旁边的男同学是谁？"同一件事，每天都说，一天说无数遍，还偷着翻"我"的东西。在与这些前来求诊的学生母亲沟通时，她们也往往抱怨自己的女儿：你说东，她偏往西。你说一句，她有一百句等着。你在这边说得嗓子冒烟，她却心不在焉，仍旧我行我素，要么干脆不理你。回家就电话不离手，在那"煲电话粥"，拿父母当"出气筒"。[1] 解决问题的出路只能是提高父母的素质，全面地了解孩子，掌握孩子的不同年龄阶段的心理特点和个性品质。"逆水行舟，不进则退。"在社会发展如此迅猛的信息时代，社会结构在变化，生存生活方式在改变，价值观念在整合，思维方式在优化，长辈们面对日新月异甚至是光怪陆离的新事物、新问题，必须向社会学习，不断调整自己的心态，不断更新自己的观念，不断完善自己的知识结构，才能担当起教育子女的责任。

（三）主动倾听，乐于沟通

要建立良好的亲子关系，亲子沟通是穿越"代沟"的桥梁。何为"沟

---

[1] 郭玉芝：《更年期的母亲与青春期的女儿》，载《少年儿童研究》，2003(4)。

通”？“沟”，原意为水之渠，“通”指水由此端到彼端，中无阻隔。后来把沟通一词引申为人与人之间信息的传递和交流。[1] 在现代人际交往过程中，沟通是思想交流的重要渠道。缺乏沟通，人与人之间就无法相互理解，更无从形成人们的共识。良好亲子关系的建立，离不开沟通。而现实中，亲子沟通不良的现象时有所见。据调查，现在未成年人子女中不服父母管教，与之相对抗，出现了普遍化、低龄化的趋势，主要是儿童对父母有不同程度的不信任感和异己感。特别是进入青春期的儿童，开始与父母疏远，言辞冷淡，举止冷漠。情感藏在内心，喜欢悄悄地躲起来。情绪喜怒无常，常常与父母顶嘴，动辄发脾气。为什么家长苦口婆心，而孩子却充耳不闻？更有许多的家长感叹，为什么现在的孩子这么难以管教？主要原因是儿童的人格得不到尊重，心理需要得不到满足，比如信任、友谊、爱、与异性的交往、个人兴趣、自由支配的活动等。而家长没有注意到孩子的感情世界和成长需要，没有把孩子当作有独立人格和丰富情感的主体。如果家长只要求孩子按父母的意愿行事，要求顺从听话，总是以老子、上司的姿态发号施令，孩子的人格得不到尊重，情感需要得不到满足，就极易产生执拗、偏激、任性，形成一种避免非难的防御反射。于是心理闭锁、情绪逆反、孤独、退缩、逃避等行为就不可避免了。

上述问题确实令父母感到头疼又无可奈何。其实解决这些问题的有效方式就是加强亲子间的双向沟通，把亲子间彼此的态度、感受、情绪、想法等恰当地表达出来。亲子间良好的沟通，亲子双方都能从中获得大量信息，促进思想感情的交流，了解彼此的心理需求和个性

---

[1] 田国秀：《握手在心桥》，北京师范大学出版社，1998。

特征，达到互相理解、谅解和支持。对父母来说，通过与子女的信息交流，可以观察和了解孩子的言行举止、情绪的变化，判断分析他们的行为和内心活动，及时了解他们的需求和愿望，对父母的意见和要求，这就为建立一个和谐融洽、安全愉悦的家庭环境和心理氛围创造了条件。对孩子来说，也能更好地了解父母的性格特点、工作情况，特别是对自己的深情厚爱和殷切期望，从而向父母学习，孝敬父母，尊敬长辈，把父母作为自己的良师益友，自立自强。

在传统的文化传承方式下，年轻一代没有自己的选择，缺乏独立的角色意识。在网络文化迅猛发展的时代，儿童的自主意识增强，渴求亲子之间的平等交流，希望亲子两代人在家庭中处于平等地位，生活上相互扶助，人格上相互尊重，情感上相互依托，心理上相互理解。今天的年轻一代，对生活有他们自己的理解，他们能够表达自己不同于成人的看法。许多父母虽与孩子朝夕相处，却并不了解他们都在想些什么。不了解孩子的精神世界，就很难有效地引导他们成为所希望的人，所以要经常与孩子沟通，要培养与孩子共同的兴趣，如下棋、听音乐、看球赛、游戏等。[1] 父母在与孩子沟通的过程中，要善于倾听孩子的诉说，做一个忠实的听众。有经验的父母提出，通过孩子说话来了解他们的感受，是非常有价值的一种方式。不论孩子提出的问题是大还是小，都要尽可能找时间立即去倾听他所说的话，而不是让孩子等你有了空闲时间再说。立即倾听孩子的谈话，有助于赢得孩子信任，这样孩子才愿意把所有的事都告诉我们。而对我们来说，了解孩子头脑里想的是什么，也是一件很重要的事情。作为长辈，父母应

[1]〔英〕约翰·洛克：《家庭学校》，2页，北京：京华出版社，2001。

该抛开长者的架子，去倾听年轻一代的心声和倾诉，去感同身受他们的内心体验。父母不应该只是重视孩子的学习成绩，还要理解他们的兴趣爱好，以及学习、生活中的酸甜苦辣。

亲子之间的沟通不应被视为一种理论的实践，也不仅限于言语上的表达，而是在日常生活中，随时随地表现出来。除了文字之外，还包括表情、手势、姿态、声调等，一个拥抱、一个微笑都是很好的沟通方式。良好的沟通是以上各种方式的综合灵活运用。

（四）向孩子学习，与孩子一起成长

互联网使当代中国社会在代际关系和文化传承方面发生了革命性的变化。在阅读时代、电视时代，父母还可以对孩子指指点点，到了计算机和互联网时代，父母们还能够对孩子指指点点吗？在现代社会里，父母不再是知识的权威了，孩子每天都会向父母讲述最新发布的知识。孩子为家庭带来一种全新的文化风貌，无论是个人化还是全球化的东西，对父母来讲，都是久违的或陌生的。所以，当父母与孩子坐在计算机前，一起在互联网络上探险时，他们就是真正的朋友，是需要互相学习的朋友，甚至要完全“以孩子为师”。尼葛洛 · 庞蒂在帕博特所著的《新家庭——跨越数字化时代的代沟》一书的序言中写到：“我们从没有这么需要以孩子为师……”[1]

在过去的时代，我们引经据典时常常说：“我爸爸说……”或“我老师说……”而今天却变成了“我儿子说……”，这样的例子在今天的现实生活中实在是屡见不鲜。在网络社会和数字化时代，在计算机面前，父母心甘情愿地“拜”子女为师的现象，不过是我们这个急剧变化的

[1] 卜卫：《与孩子一同成长》，载《父母必读》，1999(1)。

世界亲子两代人之间、传统的教化者与被教化者关系出现“颠覆”的无数事件中的一件罢了。它是这个文化反哺时代最具有代表性的现象。在这个文化反哺时代，终身教育的世界趋势令父辈们不能停下学习的脚步，与时俱进成为时代的最强音。而青少年在现代观念的吸收与适应方面远优于他们的父母一代。创新、创造、好奇是儿童的天性，他们没有对传统的唯唯诺诺，没有面对历史时的踌躇不前，没有因先入为主的条条框框而缩手缩脚。父母应当认识到，在社会文化急剧变迁中，既有的某些知识和生活方式被淘汰是历史的一种必然。而没有旧观念、旧模式束缚的孩子，凭着对新文化的敏感、认同以及接受能力的优势，获得对成年人进行反向影响的能力，也在情理之中。因此，有些学者发出了“向孩子学习”的时代声音。这是时代要求、时代现状的反映。

当然，“向孩子学习”并不否认儿童中还存在的不足，更不是放弃对儿童一代的监护、督促与指导。当代的儿童固然存在着任性、自我为中心等种种问题和不足，但他们的一些现代化的观念，如平权观念、竞争意识、反权威、全球眼光、多元价值观等则是年长一代所不及的。据已有的研究表明，儿童在人格发展方面有五大优势，即充满自信、乐于助人、渴望友谊、积极寻求发展和兴趣广泛等。今天的儿童至少在十个方面对成人世界产生了积极的影响：(1) 乐于接受新事物、新思想；(2) 主体性增强；(3) 平等意识增强；(4) 法律意识和自我保护意识强；(5) 积极参与社会生活，有较强的公民意识；(6) 比成年人更容易接受环保意识；(7) 相信事实；(8) 做事认真；(9) 积极的休闲态度；(10)兴趣爱好广泛。这些都是孩子们身上所具有的优秀品质，值得父母们学习。

“向孩子学习”这不是父母的不幸，与孩子一起成长，才是做父母的最大的幸运。在父母、子女相互为师、共同成长的过程中，“向孩子学习”使父母的“精神生命”获得了新生，同时也可以填平两代人之间的鸿沟。通过父母向孩子学习，人们看到了网络时代亲子互动的一个生动画面。

第三节　亲子关系对儿童网络行为的影响及化解策略

一、亲子关系对青少年网络游戏行为影响的调查[1]

据中国青少年网络协会2008年1月18日在北京发布的《中国青少年网瘾数据报告（2007）》显示：目前我国网瘾青少年约占青少年网民总数的11.06%，网络成瘾青少年和非网瘾青少年均对“娱乐休闲类”电脑游戏有较高的偏好，而网瘾青少年则对“角色扮演类”和“比赛竞技类”游戏有较高的偏好。我国青少年网瘾群体分布呈现以下特点：男性网瘾比例高于女性；中学生和本专科生网瘾现象严重；未成年人网瘾比例较高；网瘾青少年在各种人际关系中均存在着较大的不融洽比例，在“师生关系”（22.32%）、“家庭关系”（21.59%）和“同学关系”（21.35%）中，不融洽的比例均超过20%。电脑（网络）游戏作为网络时代文化的一个重要组成部分，已日渐成为青少年减轻学习压力、逃避现实烦恼的一种宣泄方式。由此引发的青少年荒废学业、网络游戏成瘾等相关社会问题，也使得父母与青少年的亲子关系日渐对立，个别家庭甚至激化。

基于上述现实，一方面从高中生学习压力大和职高生比较贪玩的

[1] 章苏静，金科：《亲子关系与青少年网络游戏行为的相关性调查》，载《远程教育杂志》，2009(1)。

特点出发，另一方面由于升学和就业压力，这两类学生的家长都对孩子的成长最为关切。课题组于2007年4月在浙江省内选取了金华二中和诸暨市实验职业中学，以调查亲子关系对青少年电脑（网络）游戏行为影响为目的，对上述学校的部分学生进行了问卷调查，并对其中一些学生进行了访谈。金华二中是省一级重点中学，拥有一批优秀的教师队伍，还拥有信息技术应用为主导的高度现代化的教学手段和设施。学校在教学质量、师资力量、现代信息化教育和教学科研诸方面走在全省前列，在省内外享有盛誉。诸暨市实验职业中学是诸暨市第一所国家级重点职业中学、全国青少年科普创新示范学校。两所学校在同行业中都具有较强的代表性。

表5-1　　　　问卷收发情况统计表

校名	发放问卷（份）	回收问卷（份）		有效问卷（份）	
		份数	回收率(%)	份数	有效率(%)
金华二中	168	161	95.8	147	91.3
诸暨市实验职业中学	503	492	97.8	467	94.9
合计	671	655	97.6	614	93.7

问卷调查主要从父母的暴躁程度、父母的文化水平、亲子关系好坏、父母对子女玩电脑（网络）游戏支持程度、高中生的暴力倾向等几个角度来着手设计的。对收集的有效问卷进行手工编码，并给四个等级答案赋值，分别为4、3、2、1，对反向题均进行了反向记分。将赋值作为录入数据，用SPSS12.0进行统计分析。

1. 父母的暴躁程度

在这项调查中，父母综合后的平均得分为1.72，远远低于平均值

2.5。可见，被试同学的家庭中，父母的性格普遍较温和，暴躁度很低，其中，父亲的平均得分稍高，为1.79，母亲平均得分为1.65。可见，父亲相对母亲更易暴躁。

2．父母的文化水平

在这项调查中，也涵盖了父母对电脑、网络的了解度，是从反面来问，进行了反向记分。统计得到，平均得分为2.69>2.5。可见，被调查对象的父母在文化程度上属于中等偏上。值得一提的是，父亲和母亲存在差异，父亲的得分相对较高。

3．亲子关系好坏

对此项调查的统计得到，平均得分为3.16>2.5，属于较高水平，也就是说受调查者的家庭普遍亲子关系和谐，子女和父母之间也能保持比较畅通的交流。另从访谈了解到，高中生的父母很关心孩子，也尽量找机会、选择各种方式与孩子交流，如：电话、短信、面对面的饭桌教育等。且家庭关系较好的学生，通常都能正确对待游戏与学习的关系。有少部分玩游戏时间和经验丰富的学生，他们的网络技术也在同龄人中较为突出。

4．父母对子女玩电脑（网络）游戏支持程度

此项调查采用反向题的形式，平均得分为2.11<2.5。这表明，父母对子女玩电脑（网络）游戏的支持度较低，总体上持不支持态度。但从访谈得知，只要对孩子的学习有益，父母都会想办法满足子女要求，如：为计算机专业的学生买电脑，不过购买后，孩子用于学习的时间通常少于娱乐，而父母也采取相应的措施进行限制，如拔掉网线、限定上网时间等。对涉及教育的软件和游戏，父母在了解该软件的实际作用后，也能持支持态度。

5．高中生的暴力倾向

此项调查平均得分为1.8<2.5。可见，被试的高中生玩游戏的暴力倾向属于中等偏低，即高中生玩游戏主要并不是因为追求暴力和打斗。访谈得知，曲折的故事情节和引人入胜的冒险才是中学生们玩游戏时最看重的。这一结果从侧面反映出高中生对游戏能够持比较客观积极的态度。教育游戏提倡健康向上，寓教于乐，最忌讳暴力血腥，如果教育游戏中能够在故事情节安排和冒险环节设置上恰当地融入知识点，也会受到高中生的青睐。

6．家庭各因素的相关性分析

由表5-2可知，总体上看，家庭各因素的相关程度较高，再从“父母的暴躁度”开始，依次向右分析，可得到以下四个结论：

表5-2　　家庭各因素的相关性

家庭因素	父母的暴躁度	父母文化水平	高中生的暴力倾向	亲子关系	父母对游戏的支持度
父母的暴躁度					
父母文化水平	-.179**				
高中生的暴力倾向	.148**	-.080			
亲子关系	-.485**	.286**	-.089**		
父母对游戏的支持度	-.337**	.244**	-.209**	.269**	

注：**p<0.05，**p<0.01，***p<0.001

第一，父母的暴躁度与高中生的暴力倾向显著正相关，与父母的文化水平、亲子关系以及父母对游戏的支持度都为显著负相关。可见，家庭中父母的暴躁度是一个影响子女成长和家庭和谐的关键因素，而文化水平较高的父母通常暴躁程度也较低。

第二，父母的文化水平和亲子关系、父母对游戏支持度均为显著正相关，可见，提高父母的文化修养，对构建和谐的亲子关系，对父母客观看待网络、电脑游戏、教育游戏，都可以带来积极的影响。

第三，高中生的暴力倾向与亲子关系、父母对游戏的支持度显著负相关。这说明暴力倾向严重的高中生，通常与父母的关系也较为紧张，同时也会导致父母更为严厉的管束，而这样的管束反过来更恶化了亲子关系，使高中生更愿意从电脑（网络）游戏中寻找宣泄。

第四，亲子关系与父母对游戏的支持度显著正相关。亲子关系和谐的家庭中，父母与子女通常都能保持畅通的交流，对子女的管教方式也较为容易让子女接受。这样的父母对子女玩电脑（网络）游戏也能采取合理的方式进行引导和教育。

调查表明，父母关系不和会严重影响孩子的心理健康，造成父母权威丧失，孩子缺乏温暖和安全感；对待孩子简单粗暴，严重伤害孩子的自尊心，父母缺乏与孩子的沟通，会造成孩子孤僻、忧郁；父母不良的行为习惯都容易“传染”给孩子。这样的家庭，子女通常表现出较高的暴力倾向，对电脑（网络）游戏的迷恋和上瘾可能性高于一般家庭。

二、网络时代亲子冲突的化解策略

第一，兼顾网络的学习功能和娱乐功能。

在网络使用目的方面，家长和孩子的认知存在差异。家长希望孩子要为学习而上网，如有的家长为孩子布置电脑作业，要求从网上下载文章，书写体会，撰写作文，让孩子在网上做练习题等等。在对3870位小学三年级和初中一年级学生家长的调查中，家长对孩子上网的主要顾虑，排在第一位的是“影响学习成绩”。在家长的眼里，网络活动是学校学习活动的继续。

学生虽然口头上会说学习上网的目的主要是为了学习，但在网上的实际活动却主要是娱乐消遣。根据李萍等学者对2456名初一学生的调查,学生在对“你在网上做得最多的事情是什么”这一问题的回答中，选择“查阅学习资料”的仅占30.4%,选择“游戏”、“聊天”、“交友”、“猎奇”、“听音乐看电影”的总计占60.5%（其中“游戏”占27.0%）。在孩子的眼中，网络活动是学校学习活动的调剂。正因为如此，在我们的调查中，“非常赞同”和“赞同”孩子上网的家长占被调查总数的百分比，三年级为48.62%，七年级下降为31.43%。[1]

孩子需要学习,也需要休息和娱乐。如果不让孩子在网上寻找快乐，家长就应为孩子寻找其他娱乐替代方式。

第二，对网络游戏适当控制而不是禁止。

无论在任何文化和社会形态中，都存在儿童的游戏群体。许多家长并不反对孩子玩游戏，甚至会鼓励孩子玩游戏，但家长和孩子在游戏方式的取向上往往不一致。父母所提倡的游戏方式多为传统的游戏，许多是自己童年时代玩的游戏，如折纸飞机、捉虫子、放风筝、打弹子、滚铁环、抽陀螺、过家家等。许多家长对自己的童年游戏津津乐道，并尝试教孩子去玩这些游戏，在玩中回味自己童年的快乐，但孩子似乎对家长并不领情，对这些传统的游戏并不感兴趣，而网络游戏却会使他们如痴如醉。

如今大多数家庭都是独身子女，他们想玩游戏的时候很难找到一个

---

[1] 李萍，沈浩，涂雄悦：《网络与孩子教育——献给中国所有的父母与孩子》，上海教育出版社，2006。

适宜的游戏群体，而且由于条件限制，许多传统的游戏方式并不适合现代的孩子，被孩子们认为是“小儿科”、“老土”。这些游戏的知识技术含量较低，兴趣激发水平也有限，一般不会使孩子沉溺其中。而网络游戏在知识与技术含量、情绪投入、兴趣激发和互动水平等方面，都要优于传统游戏，对孩子有更强的吸引力。适当地玩一些电脑游戏对孩子是有益的，但孩子也容易沉溺其中，因此，对孩子玩网络游戏，重要的是适当控制而不是禁止，除非家长有更好的游戏方式可供孩子来玩。

第三，认可孩子的网友，成为孩子的网友。

在不同的年龄阶段，亲子关系在儿童发展中的地位是不尽相同的。进入小学后期，特别是进入中学以后，随着儿童独立性的逐渐增强和心智的不断成熟，对成人的权威感有所降低，同伴关系的影响则越来越大，甚至超过了亲子关系和师生关系。即使没有网络存在，这种变化也会对亲子关系产生一定的威胁。

网络人际关系从性质和作用来看，更类似于同伴关系，但比同伴关系更具广泛性、匿名性等特点，而且在应试教育的背景下，同伴往往成为相互竞争的对象，同伴交往的对象和亲密度受到影响，这些都使网络人际关系得以迅速发展。

家长和孩子对网络交友的认识经常存在不一致。许多家长认为网络人际关系是无聊的、肤浅的、脆弱的、不真实的、不健康的，也就是说，在互联网上是不可能建立真诚的、亲密的和稳定的人际关系。而孩子多认为网络人际关系是健康的、积极的，他们认为网络交往扩大了人际交往的范围，并在共同兴趣的基础上建立人际关系。这种人际关系不仅是真实的、亲切的，而且是牢固的、有效的，他们认为互联网上虚拟的朋友和现实的面对面的朋友一样亲切，甚至不认为这种关系是虚拟的。这些认识加剧了亲子之间的冲突。

现实世界有真情流露，也有谎言欺骗。网络交往也是如此。作为家长要认可孩子的网友，并努力成为孩子的网友，这样才能和孩子走得更近。

第四，借鉴网络关系优点改良亲子关系。

亲子关系与网络关系特点的不同也是导致亲子冲突的原因之一。亲子关系具有不可选择性，是在人出生时就决定的，且一旦确定就不可更改。亲子关系也具有不平等性，自古以来都是家长占据支配和主导地位，孩子出于被支配地位。亲子关系是建立在血缘伦理基础上的，且从出生就存在，几乎延续人的一生，具有稳定性的特点。很显然，亲子关系的这些特点对孩子的发展既有有利的一面，也有消极的一面。而网络关系的选择性、平等性和短暂性特点比较突出。随着孩子的发展，孩子从心理上很显然更容易接受或崇尚网络关系的特点，从而使亲子关系受到影响。

既然网络关系对孩子有吸引力，家长为何不借鉴网络关系的优点呢？亲子之间的法律关系、血缘关系一般而言是不可选择的、长久稳定的，但心理关系却是可以选择的。家长不能满足孩子的心理需要，孩子在心理上就会把家长抛弃。孩子在家庭中不能受到平等待遇，就会向外部寻找平等关系。如果家长抱着“孩子永远是我的”、“孩子永远要听我的话”这类观点，亲子关系就可能会出现危险。因此，与网络争夺孩子，就要知己知彼，向网络学习，增强亲子之间的吸引力。

第五，以网络为镜，映照亲子关系存在问题。

认清网络沉溺是亲子冲突的原因还是结果，对化解亲子冲突来说是非常重要的。许多家长为防止孩子沉溺网络，或不买电脑，或拔除网线，认为是电脑网络把孩子从自己身边夺走。但如果对孩子沉溺网络的案例进行深入分析，就会发现每一个沉溺网络的孩子都有自己辛酸的背景。他们或学业不良，被老师漠视；或压力过大，不堪忍受；或受限制过多，失去成长自由；或经常被父母打骂，伤及自尊自信；或父母漠不关心，失去生活温暖等等。正是因为孩子的父母或周围人的心自觉或不自觉地远离了孩子，才使孩子在网络中寻找慰藉和快乐。因此，在多数情况下，是孩子首先被他人以不同的形式“抛弃”，不是网络夺走了孩子，而是网络收留了孩子。

当孩子开始沉溺网络时，或当孩子对网络一窍不通时（在网络社会对网络一窍不通也是不正常的，属“功能型文盲”），可能就是亲子关系不良发出的信号，作为父母就应该及时反思自己的家庭环境或教育方式是否出了问题，以便及时作出调整。

第六章

亲子关系与儿童网瘾的相关性调查

第一节　亲子关系与儿童网络成瘾相关性测验与分析

一、研究假设

通过对儿童网络行为的研究发现，家庭因素是导致儿童网络成瘾的成因之一。家庭在儿童的成长和发展过程中起着关键性作用，家庭关系不和谐会对孩子的心理健康造成较大程度的负面影响，这些负面影响有时候会反映为一些不良行为表象，例如网瘾。据北京军区总医院中国青少年心理成长基地的一项调查表明，在641例青少年网络成瘾者中，有76.3%的人，父母感情不和谐。[1] 因此，家庭关系和谐与否必然影响亲子关系的好坏，对于儿童网络成瘾也具有相关性。亲子关系与儿童网络成瘾究竟存在着怎样的相关性，其中哪些因素对儿童网络成瘾有着最直接、最显著的关联，只有通过调研来发现。

2008年，课题组选取了金华某职业高中进行局部范围内的预测。此次预测共发放问卷55份，回收有效问卷54份，样本构成情况为：男

[1] 陶然，应力，岳晓东等：《网络成瘾探析与干预》，88页，上海人民出版社，2007。

生28名，占51.9%，女生26名，占48.1%，年龄均在18–22岁之间，样本构成合理。调查结果显示，对照网瘾诊断标准，14.8%被试被界定为存在网瘾，9.3%被试存在网瘾倾向。其中，被界定为存在网瘾的被试者中，其家庭亲子关系测试得分普遍较低，其中家庭亲子关系不良好的占了网瘾被试者总人数的37.5%。而具有网瘾倾向的被试者中，其家庭亲子关系测试得分也不容乐观，不良好的占20%。可见，亲子关系与青少年网络成瘾有内在关联。

基于以上推测和预测结果分析，课题组提出如下预期研究假设：

第一，亲子关系与儿童网络成瘾具有相关性：儿童亲子关系得分与网络成瘾得分存在负相关；

第二，亲子关系不良好会加深儿童网络成瘾倾向：亲子关系得分越低，网络成瘾得分越高。

二、测量工具的分析和选取

（一）亲子关系测评量表

在亲子关系的研究领域，专业、权威、公认的测评量表较为缺乏，从《心理卫生评定量表手册（增订版）》来看，至今尚未出台一套亲子关系测评量表，其中与亲子关系测评相对较为密切的有家庭亲密度和适应性量表（FACES）、父母养育方式评价量表（EMBU）。其中家庭亲密度和适应性量表（FACES）是由奥尔森（Olson）等于1982年编制，主要评价两方面的家庭功能：（1）亲密度（Cohesion），即家庭成员之间的情感联系；（2）适应性（Adaptability），即家庭体系随家庭处境和家庭不同发展阶段出现的问题而相应改变的能力。[1] 该问卷中

［1］汪向东等：《心理卫生评定量表手册增订版》，131–152页，北京：中国心理卫生杂志社，1999。

亲密度维度测评包括夫妻之间、亲子之间、手足之间的关系，范围较广，并不适合纯粹的亲子关系测评。父母养育方式评价量表（EMBU）是1980年由瑞典犹米娅（Umea）大学精神学系派瑞斯（C. Perris）等人共同编制用以评价父母教养态度和行为的问卷。这套问卷虽然测试对象符合，但测评内容更侧重于教养方式而不是父母与孩子之间的关系，因而也不适用于亲子关系测评。再从亲子关系相关文献来看，研究者采用最为广泛的是华东师范大学心理学系周步成教授修订的亲子关系诊断测验（PCRT），也有少量研究者自编量表，但这些量表的信效度还有待考量。

《亲子关系诊断测验》(PCRT) 量表由日本东京学芸大学名誉教授、田中教育研究所品川孝子共同编制，后由华东师范大学心理学系周步成、方真主修，分为孩子版和父母版两套测题，将不良好的亲子关系分为五种态度（拒绝、支配、保护、服从、矛盾）、十个类型（积极拒绝、消极拒绝、严格、期待、干涉、不安、溺爱、盲从、矛盾、不一致），每一个类型有十道题，每种类型满分为100，得分小于50被认为可能存在该种不良好的亲子关系。

量表的信度效度方面，父母测验和儿童测验的相关系数（r）分别为0.91和0.92（经斯皮尔曼—布朗公式校正），表明内在一致性很高。量表修订者曾对来进行教育咨询的25个有问题孩子的父母（34名）实施了测验，每个父母都在其中的一个类型或几个类型的百分位等级不到20。十个类型中，多数百分位等级在20至40之间。从中可见，孩子的问题和父母关系极为密切，这表明测验效度是高的。该测验已被证实有较高的信效度，为我国心理学、教育学研究者所广泛采用，例如我国著名亲子关系研究专家孟育群教授在其研究中多次使用该量表。

结合上述分析，我们课题组最终选用亲子关系诊断测验（PCRT）作为本研究中亲子关系情况测验的量表。

（二）青少年网络成瘾测评量表

网络成瘾诊断方面，自20世纪90年代以来，国内外的专家学者运用问卷调查、心理量表以及深度访谈等手段，对网络成瘾的现象和内在机理进行了大量的实证研究。虽然目前对此问题的鉴定国内外尚无一个公认的测量量表或诊断标准[1]，但不少研究者提出了具有使用价值的诊断标准，其中最具代表性且使用最为广泛的是下表中的五种：

表6–1　　国内外网络成瘾诊断量表比较

研究者	量表名称	项目数	题目回答方式	因子名称	α系数	被试样本
KimberlyYoung	网络成瘾测验	8	强制判断（是/否）	过度使用网络、冲动控制障碍、戒断的负面影响		成年人
Davis	戴维斯在线认知量表(DOCS)	36	等级判断（Likert式七级自陈）	安全感、社会化、冲动性、压力应对、孤独-现实		成年人
美国心理学会	网络成瘾者（IAD）诊断标准	7	强制判断（是/否）			
台湾学者陈淑惠	中文网络成瘾量表（CIAS）	26	等级判断（Likert式四级自陈）	强迫性上网行为、戒断行为与退瘾反应、网络成瘾耐受性、人际及健康问题、时间管理问题	0.70-0.82	成年人
中国人民大学心理研究所雷雳、海南师范大学教育系杨洋	青少年病理性互联网使用量表（APIUS）	38	等级判断（Likert式五点计分）	突显性、耐受性、强迫性上网/戒断症状、心境改变、社交抚慰、消极后果	0.81-0.95	青少年

[1] 陶然，应力，岳晓东等：《网络成瘾探析与干预》，127页，上海人民出版社，2007。

对比上述五种量表，首先从题目回答方式来分析，可以分为两类：一是让被试做是否回答的强制判断量表，二是让被试做等级判断的Likert式量表。我们认为，对于判断能力还在发展中的青少年，并不适合做是否回答类型的强制判断，况且这类量表的项目数均较少，难以精确反映出被试的真实状况。其次，从包含的因子来看，均反应了行为和情感的症状，DOCS更强调非适应性认知因子，APIUS则综合了认知、情感和行为症状进而归纳出量表的六个因子。再从量表的信效度看，尽管前三套量表的α系数未知，但从已有研究成果可知，KimberlyYoung的测量工具未按严格的心理测量学程序来编制，缺乏信度、效度和常模的统计指标，[1] DOCS和CIAS经过初步研究，具有良好的信度和效度，[2] APIUS也显示出良好的信效度指标。由此分析可见，APIUS和DOCS量表相对更适用于网瘾的测评，但DOCS毕竟是国外学者制定，语言文化背景上与我国或多或少存在着差异，且该量表的被试样本是成年人，是否适用于青少年还有待商榷。因此，课题组最终选用青少年病理性互联网使用量表（APIUS）作为本研究中儿童网络成瘾情况测评的量表。

该量表由中国人民大学心理研究所雷雳和海南师范大学教育系杨洋共同编制，于2007年公开发表在心理学报权威期刊上。量表共38个项目，包括6个因素：突显性（3个项目）、耐受性（5个项目）、强迫性上网／戒断症状（11个项目）、心境改变（5个项目）、社交抚慰（6

[1] 陶然，应力，岳晓东等：《网络成瘾探析与干预》，128页，上海人民出版社，2007。

[2] 高园园，孔维民：《网络成瘾研究进展述评》，见方卫平、刘宣文《2007中国儿童文化研究年度报告》，505–506页，杭州：浙江少年儿童出版社，2007。

个项目)、消极后果(8个项目)。[1] 采用Likert式5点记分方法,从“完全符合”到“完全不符合”分别评定为5–1分,项目平均得分大于等于3.15分者界定为“PIU群体”即判定为网络成瘾者,项目平均得分在3到3.15分之间者界定为“PIU边缘群体”即具有网瘾倾向但尚未构成网瘾者,项目平均得分小于3分者界定为“PIU正常群体”。

三、研究对象抽样

(一)调查对象的选取

《中国互联网络发展状况统计报告2010》[2] 显示:互联网络发展水平最好的第一梯队为东部沿海地区和部分内陆省份,其互联网普及率高于全国平均水平,其中浙江省普及率高达53.8%,位列全国第四。从城乡结构来看,城镇网民规模比例(72.7%)远远高于农村网民规模比例(27.3%)。鉴于本研究考察被试网络成瘾情况的前提条件是其曾接触过网络,是一位网民,故调研地点应尽量选择互联网普及率高的城区,以保证样本的高有效性。经讨论并结合实际情况,最终决定调研地点选取浙江省内经济发达的杭州、温州两市的城区。

从中国青少年网络协会发布的《中国青少年网瘾调查报告(2009)》[3] 查知:18–23岁的青少年网民中网瘾比例(15.6%)最高,其次为24–29岁的网瘾比例(14.6%)以及13–17岁的网瘾比例(14.3%)。在中国,普遍情况下,18–23岁的青少年应处于高中或大学阶段。调

[1] 雷雳,杨洋:《青少年病理性互联网使用量表的编制与验证》,载《心理学报》,2007,39(4)。

[2] 中国互联网络信息中心:《第27次中国互联网络发展状况统计报告》,北京:中国互联网络信息中心,2011。

[3] 中国青少年网络协会:《中国青少年网瘾调查报告(2009)》,北京:中国青少年网络协会,中国传媒大学调查统计研究所,2010。

查还发现，“大专”和“职高/中专/职专/技校”在校青少年学生的网瘾比例最高，分别达19.0%和18.6%，远远高于普通初高中生。为了使调研更具针对性，调查对象最终确定为浙江省内杭州、温州两市城区的职业高中学生。

（二）抽样样本的情况

基于上述现实，课题组于2010年11月在杭州、温州两市城区中分别抽取一所具有代表性的职业中学进行实地调研。为了提高调研的有效性，避免因漏填、多填、少填等失误产生的无效问卷，我们特针对本次调研项目开发了网络版问卷调查系统，均采取网络作答的形式，从两所学校中以随机抽样的方式抽取15个班级共548位学生进行测试，剔除从头至尾选择同一选项的问卷后，产生有效问卷539份，有效率为98.36%。样本构成情况为：男生254名，占47.1%，女生285名，占52.9%，年龄均在17—20岁之间，样本构成合理。

表6-2　　样本构成情况

	Frequency	Percent
男	254	47.1
女	285	52.9
Total	539	100.0

四、实施方法与程序

（一）网络版问卷调查系统的研发

本系统采用Dreamweaver软件设计开发，以SQLSever2000作为后台数据库。对漏填、多填的情况进行编码，以弹出对话框形式提醒被试不规则填写的题号。系统基本匿名，但为了后期叙事研究中个案的选取，系统中以学号来标识每位学生。在测验实施过程中，研究者强调本研究的匿名和保密性质，避免学生因个人顾虑而左右回答的真实性。

图6-1　网络版问卷调查系统主界面

“中学生网络行为与家庭情况”调查问卷

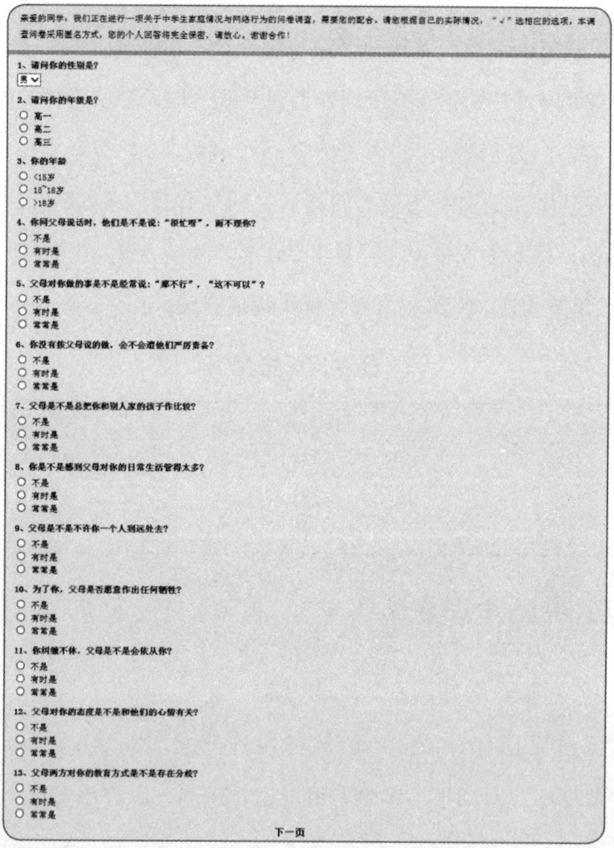

亲爱的同学：我们正在进行一项关于中学生家庭情况与网络行为的问卷调查，需要您的配合。请您根据自己的实际情况，“√”选相应的选项，本调查问卷采用匿名方式，您的个人回答将完全保密，请放心，谢谢合作！

1、请问你的性别是？
男

2、请问你的年级是？
○ 高一
○ 高二
○ 高三

3、你的年龄
○ <15岁
○ 15~18岁
○ >18岁

4、你同父母说话时，他们是不是说：“很忙呀”，而不理你？
○ 不是
○ 有时是
○ 常常是

5、父母对你做的事是不是经常说：“那不行”，“这不可以”？
○ 不是
○ 有时是
○ 常常是

6、你没有按父母说的做，会不会遭他们严厉责备？
○ 不是
○ 有时是
○ 常常是

7、父母是不是总把你和别人家的孩子作比较？
○ 不是
○ 有时是
○ 常常是

8、你是不是感到父母对你的日常生活管得太多？
○ 不是
○ 有时是
○ 常常是

9、父母是不是不许你一个人到远处去？
○ 不是
○ 有时是
○ 常常是

10、为了你，父母是否愿意作出任何牺牲？
○ 不是
○ 有时是
○ 常常是

11、你纠缠不休，父母是不是会依从你？
○ 不是
○ 有时是
○ 常常是

12、父母对你的态度是不是和他们的心情有关？
○ 不是
○ 有时是
○ 常常是

13、父母两方对你的教育方式是不是存在分歧？
○ 不是
○ 有时是
○ 常常是

下一页

图6-2　网络版问卷调查系统测验界面

（二）实施方法与程序

研究人员事先将全校所有班级及每班学生学号数据导入后台数据库，随机抽取班级，以班级为单位利用上机课时间进行集体施测，使用统一的指导语，所有班级测试时研究者及调研团队均亲自到场监督指导。测试完毕后，研究者将所有数据从服务器数据库中导出，并检查真实性，剔除从头至尾选择同一选项的样本，得到的有效样本数据采用SPSS工具软件进行统计和分析。

五、研究结果分析与讨论

（一）亲子关系与儿童网络成瘾相关性分析

1．相关性的初步分析

数据统计结果显示，对照APIUS网瘾诊断标准，APIUS的项目平均得分大于等于3.15分者界定为“PIU网络成瘾群体”，占9.8%；APIUS项目平均得分大于等于3分小于3.15分者界定为“PIU边缘群体”，占5.4%。这表明，样本中存在网瘾与网瘾倾向的比例为15.2%。对该部分样本再进行亲子关系诊断测验PCRT，调查结果中不良亲子关系的检出率为39.7%，即具有网瘾与网瘾倾向的被试群体中有39.7%的家庭亲子关系状况不良好。为了便于对比，我们将其余PIU正常群体也进行亲子关系测试，发现正常群体中不良亲子关系检出率为13.1%，远远低于网络成瘾及边缘群体，被试者网络成瘾与不良亲子关系之间显现出相关性。为了更客观地分析判断，我们以亲子关系得分为因变量分别对PIU三类群体做单因素方差分析，结果显示，PIU正常群体分别与PIU网络成瘾群体、PIU边缘群体在亲子关系方面呈现显著性差异，这表明儿童网络成瘾与不良亲子关系确实具有相关性。

表6-3　　　　　网络成瘾测试结果

	人数	比例	平均分	标准差
总样本	539	100%	2.30	0.63485
PIU网络成瘾群体（>=3.15分）	53	9.8%	3.42	0.23855
PIU边缘群体（3-3.15分）	29	5.4%	3.06	0.44250
PIU正常群体（<3分）	457	84.8%	2.12	0.50391

表6-4　　　　PIU三类群体的亲子关系情况对比

	亲子关系测试平均分	不良亲子关系检出率	显著性检验		
				.Sig	显著水平
PIU网络成瘾群体	53.92	37.8%	PIU正常群体	.000	显著
			PIU边缘群体	.835	不显著
PIU边缘群体	53.29	42.9%	PIU正常群体	.001	显著
			PIU网瘾群体	.835	不显著
PIU正常群体	61.34	13.1%	PIU边缘群体	.001	显著
			PIU网瘾群体	.000	显著

2．儿童网络成瘾情况分析

（1）总样本分析

青少年病理性互联网使用量表（APIUS）中PIU的六个核心维度是突显性、耐受性、戒断症状、心境改变、社交抚慰、消极后果，这与Goldberg总结的PIU核心维度大体一致。突显性，指互联网使用占据了用户的思维与行为活动的中心；耐受性，指互联网用户为了获得满足感而不断地增加上网时间与投入程度；戒断症状，指停止互联网使用会产生不良的生理反应与负性情绪；心境改变，指使用互联网来改变消极的心境；社交抚慰，指认为在网上交流要更舒适、安全，依赖互联网作为其社交的途径；消极后果，指互联网使用对正常生活产生了负面影响，主要关注由于上网所造成人际、健康和学业问题。

表6-5　　　　六个因素的排序情况

因素	平均数	标准差
心境改变	2.9662	.97468
社交抚慰	2.4499	.86242
突显性	2.4156	.82532
戒断症状	2.2685	.84110
耐受性	2.0512	.73715
消极后果	1.9272	.63608

通过对这六个因素的平均分排序（如表6-5），我们可以看出心境改变因素的平均分最高，且远远高于其他因素，即网络使用者更接近于符合使用互联网来改变消极心境。这与我们所假设的家庭亲子关系不良好的孩子更易网络成瘾的情况相吻合，亲子关系不良好往往会直接导致孩子心情压抑甚至抑郁，他们会企图通过网络来达到内心情绪的宣泄，来改变消极的心境。

平均分排序第二的为社交抚慰因素，表明网络使用者更接近于认可网上交流相对于现实交流要更舒适和安全。在现实生活的亲子交往中，家长习惯表现出高高在上的威严姿态，给孩子造成一定压迫感，令他们不敢与父母进行沟通、交流；或是在日常交流的过程中，家长表现出不耐烦、责怪等负面情绪，久而久之导致了亲子交流障碍。而网络交流的广泛、间接、隐匿等特性，让孩子不必担心因说错话而受责备，可以更加舒适安全地交流，也更为依赖互联网作为社交途径。

为了进行更清楚深入地分析，课题组对量表的所有项目计算平均分并进行排序，抽取出平均分大于3分的项目有：第17题，当我遇到烦心事时，上网可以使我的心情愉快一些；第20题，当我情绪低落时，上网可以让我感觉好一点。该两项平均分分别为3.13分、3.00分，远远高于其他项目。可见，网络使用者的心境改变因素表现最为显著。

(2) PIU三类群体的差异分析

分别对PIU网络成瘾群体、PIU边缘群体、PIU正常群体从六个维度计算平均分并进行单因素方差分析，结果如表6–6、表6–7所示：

表6–6　　PIU三类群体的六因素平均分对比

	PIU网络成瘾群体		PIU边缘群体		PIU正常群体	
因素	平均数	标准差	平均数	标准差	平均数	标准差
心境改变	4.0453	0.55697	3.5448	0.66740	2.8044	0.93554
社交抚慰	3.4623	0.60415	3.1437	0.47710	2.2885	0.80379
突显性	3.3774	0.69195	3.0690	0.55190	2.2626	0.75646
戒断症状	3.6878	0.52663	3.2665	0.38564	2.0406	0.66662
耐受性	3.1019	0.63926	2.9241	0.52212	1.8740	0.60788
消极后果	2.8467	0.57158	2.5129	0.54419	1.7834	0.53018

表6–7　　各因素中PIU三类群体的差异显著性检验

因素	两两比较		Mean Difference (I–J)	Std. Error	Sig.	差异性
突显性	PIU正常群体	PIU边缘群体	-.80638(*)	.14191	.000	显著
		PIU网络成瘾群体	-1.11478(*)	.10753	.000	显著
	PIU边缘群体	PIU正常群体	.80638(*)	.14191	.000	
		PIU网络成瘾群体	-.30839	.17117	.072	不显著
	PIU网络成瘾群体	PIU正常群体	1.11478(*)	.10753	.000	
		PIU边缘群体	.30839	.17117	.072	

续表

因素	两两比较		Mean Difference (I–J)	Std. Error	Sig.	差异性
耐受性	PIU正常群体	PIU边缘群体	-1.05018(*)	.11621	.000	显著
		PIU网络成瘾群体	-1.22793(*)	.08806	.000	显著
	PIU边缘群体	PIU正常群体	1.05018(*)	.11621	.000	
		PIU网络成瘾群体	-.17775	.14017	.205	不显著
	PIU网络成瘾群体	PIU正常群体	1.22793(*)	.08806	.000	
		PIU边缘群体	.17775	.14017	.205	
戒断症状	PIU正常群体	PIU边缘群体	-1.22588(*)	.12302	.000	显著
		PIU网络成瘾群体	-1.64724(*)	.09322	.000	显著
	PIU边缘群体	PIU正常群体	1.22588(*)	.12302	.000	
		PIU网络成瘾群体	-.42136(*)	.14839	.005	显著
	PIU网络成瘾群体	PIU正常群体	1.64724(*)	.09322	.000	
		PIU边缘群体	.42136(*)	.14839	.005	
心境改变	PIU正常群体	PIU边缘群体	-.74045(*)	.17106	.000	显著
		PIU网络成瘾群体	-1.24091(*)	.12962	.000	显著
	PIU边缘群体	PIU正常群体	.74045(*)	.17106	.000	
		PIU网络成瘾群体	-.50046(*)	.20633	.016	显著
	PIU网络成瘾群体	PIU正常群体	1.24091(*)	.12962	.000	
		PIU边缘群体	.50046(*)	.20633	.016	
社交抚慰	PIU正常群体	PIU边缘群体	-.85520(*)	.14795	.000	显著
		PIU网络成瘾群体	-1.17379(*)	.11211	.000	显著
	PIU边缘群体	PIU正常群体	.85520(*)	.14795	.000	
		PIU网络成瘾群体	-.31859	.17846	.075	不显著
	PIU网络成瘾群体	PIU正常群体	1.17379(*)	.11211	.000	
		PIU边缘群体	.31859	.17846	.075	

续表

因素	两两比较		Mean Difference (I–J)	Std. Error	Sig.	差异性
消极后果	PIU正常群体	PIU边缘群体	-.72956(*)	.10246	.000	显著
		PIU网络成瘾群体	-1.06333(*)	.07764	.000	显著
	PIU边缘群体	PIU正常群体	.72956(*)	.10246	.000	
		PIU网络成瘾群体	-.33377(*)	.12359	.007	显著
	PIU网络成瘾群体	PIU正常群体	1.06333(*)	.07764	.000	
		PIU边缘群体	.33377(*)	.12359	.007	

通过分析，课题组发现，在突显性因素中，PIU正常群体与另两类群体（PIU网络成瘾群体、PIU边缘群体）均表现出显著差异，而PIU网络成瘾群体与PIU边缘群体并无显著差异，耐受性因素和社交抚慰因素与突显性因素的状况相同。而其余因素中，三类群体两两之间均存在显著差异。

（3）性别差异对儿童网络成瘾的影响

经T检验分析，男女性别的被试在网络成瘾情况方面的差异并不显著，见表6–8：

表6–8　　性别差异的显著性检验

	男生人数	女生人数	Sig.
PIU网络成瘾群体	33	20	0.233
PIU边缘群体	17	12	0.353

3．亲子关系情况分析

首先，对亲子关系的十个维度（积极拒绝、消极拒绝、严格、期待、干涉、不安、溺爱、盲从、矛盾、不一致）求平均分并从大到小排序，如表6–9。从表中可以看出，“不安”维度的得分最低，亲子关系情况在这一维度表现最不良好。如今，独生子女的家庭占大多数，家长对子女过分保护，一旦子女出现一点小的异常，便流露出不安的情绪或言语举动。

表6–9　　亲子关系各个维度排序情况

维度	平均数
消极拒绝	71.3375
盲从	69.002
积极拒绝	68.429
不一致	67.728
矛盾	62.739
溺爱	60.0105
严格	55.913
干涉	55.637
期待	50.138
不安	42.6325

4．相关性的深入剖析

从亲子关系的十个维度对PIU网络成瘾群体、PIU边缘群体、PIU正常群体计算平均分，并进行单因素方差分析，结果如表6–10、表6–11所示：

表6–10　PIU三类群体在亲子关系不同维度的平均分对比

维度	不同类别群体	平均分
积极拒绝	PIU正常群体	69.6610
	PIU边缘群体	60.7145
	PIU网络成瘾群体	62.3335
消极拒绝	PIU正常群体	72.3870
	PIU边缘群体	64.4645
	PIU网络成瘾群体	66.3335

续表

维度	不同类别群体	平均分
严格	PIU 正常群体	56.7335
	PIU 边缘群体	51.6070
	PIU 网络成瘾群体	51.3335
期待	PIU 正常群体	51.4070
	PIU 边缘群体	39.4645
	PIU 网络成瘾群体	45.5555
干涉	PIU 正常群体	56.6330
	PIU 边缘群体	48.7500
	PIU 网络成瘾群体	51.1110
不安	PIU 正常群体	43.7565
	PIU 边缘群体	35.1785
	PIU 网络成瘾群体	37.3335
溺爱	PIU 正常群体	60.9170
	PIU 边缘群体	55.1785
	PIU 网络成瘾群体	55.0000
盲从	PIU 正常群体	70.5530
	PIU 边缘群体	63.3930
	PIU 网络成瘾群体	58.7780
矛盾	PIU 正常群体	64.0580
	PIU 边缘群体	56.2500
	PIU 网络成瘾群体	55.1110
不一致	PIU 正常群体	69.7110
	PIU 边缘群体	57.8570
	PIU 网络成瘾群体	56.3335

表6-11 亲子关系不同维度中PIU三类群体的差异显著性检验

因素	两两比较		Mean Difference (I–J)	Std. Error	Sig.	差异性
积极拒绝	PIU正常群体	PIU边缘群体	1.78930(*)	.78122	.022	显著
		PIU网络成瘾群体	1.46549(*)	.62841	.020	显著
	PIU边缘群体	PIU正常群体	-1.78930(*)	.78122	.022	
		PIU网络成瘾群体	-.32381	.96176	.737	不显著
	PIU网络成瘾群体	PIU正常群体	-1.46549(*)	.62841	.020	
		PIU边缘群体	.32381	.96176	.737	
消极拒绝	PIU正常群体	PIU边缘群体	1.58453(*)	.69319	.023	显著
		PIU网络成瘾群体	1.21072(*)	.55760	.030	显著
	PIU边缘群体	PIU正常群体	-1.58453(*)	.69319	.023	
		PIU网络成瘾群体	-.37381	.85338	.662	不显著
	PIU网络成瘾群体	PIU正常群体	-1.21072(*)	.55760	.030	
		PIU边缘群体	.37381	.85338	.662	
严格	PIU正常群体	PIU边缘群体	1.02531	.71181	.150	不显著
		PIU网络成瘾群体	1.08007	.57258	.060	显著
	PIU边缘群体	PIU正常群体	-1.02531	.71181	.150	
		PIU网络成瘾群体	.05476	.87631	.950	不显著
	PIU网络成瘾群体	PIU正常群体	-1.08007	.57258	.060	
		PIU边缘群体	-.05476	.87631	.950	
期待	PIU正常群体	PIU边缘群体	2.38855(*)	.81468	.004	显著
		PIU网络成瘾群体	1.17030	.65533	.075	不显著
	PIU边缘群体	PIU正常群体	-2.38855(*)	.81468	.004	
		PIU网络成瘾群体	-1.21825	1.00295	.225	不显著
	PIU网络成瘾群体	PIU正常群体	-1.17030	.65533	.075	
		PIU边缘群体	1.21825	1.00295	.225	

续表

因素	两两比较		Mean Difference (I–J)	Std. Error	Sig.	差异性
干涉	PIU正常群体	PIU边缘群体	1.57663(*)	.72767	.031	显著
		PIU网络成瘾群体	1.10441	.58534	.060	显著
	PIU边缘群体	PIU正常群体	-1.57663(*)	.72767	.031	
		PIU网络成瘾群体	-.47222	.89583	.598	不显著
	PIU网络成瘾群体	PIU正常群体	-1.10441	.58534	.060	
		PIU边缘群体	.47222	.89583	.598	
不安	PIU正常群体	PIU边缘群体	1.71554(*)	.82341	.038	显著
		PIU网络成瘾群体	1.28459	.66235	.053	不显著
	PIU边缘群体	PIU正常群体	-1.71554(*)	.82341	.038	
		PIU网络成瘾群体	-.43095	1.01369	.671	不显著
	PIU网络成瘾群体	PIU正常群体	-1.28459	.66235	.053	
		PIU边缘群体	.43095	1.01369	.671	
溺爱	PIU正常群体	PIU边缘群体	1.14770	.81262	.159	不显著
		PIU网络成瘾群体	1.18342	.65367	.071	不显著
	PIU边缘群体	PIU正常群体	-1.14770	.81262	.159	
		PIU网络成瘾群体	.03571	1.00042	.972	不显著
	PIU网络成瘾群体	PIU正常群体	-1.18342	.65367	.071	
		PIU边缘群体	-.03571	1.00042	.972	
盲从	PIU正常群体	PIU边缘群体	1.43198(*)	.72829	.050	显著
		PIU网络成瘾群体	2.35500(*)	.58583	.000	显著
	PIU边缘群体	PIU正常群体	-1.43198(*)	.72829	.050	
		PIU网络成瘾群体	.92302	.89659	.304	不显著
	PIU网络成瘾群体	PIU正常群体	-2.35500(*)	.58583	.000	
		PIU边缘群体	-.92302	.89659	.304	

续表

因素	两两比较		Mean Difference (I–J)	Std. Error	Sig.	差异性
矛盾	PIU 正常群体	PIU 边缘群体	1.56156(*)	.69203	.025	显著
		PIU 网络成瘾群体	1.78934(*)	.55667	.001	显著
	PIU 边缘群体	PIU 正常群体	-1.56156(*)	.69203	.025	
		PIU 网络成瘾群体	.22778	.85196	.789	不显著
	PIU 网络成瘾群体	PIU 正常群体	-1.78934(*)	.55667	.001	
		PIU 边缘群体	-.22778	.85196	.789	
不一致	PIU 正常群体	PIU 边缘群体	2.37078(*)	.72962	.001	显著
		PIU 网络成瘾群体	2.67554(*)	.58690	.000	显著
	PIU 边缘群体	PIU 正常群体	-2.37078(*)	.72962	.001	
		PIU 网络成瘾群体	.30476	.89823	.735	不显著
	PIU 网络成瘾群体	PIU 正常群体	-2.67554(*)	.58690	.000	
		PIU 边缘群体	-.30476	.89823	.735	

通过分析，课题组发现，在积极拒绝维度，PIU 正常群体与另两类群体（PIU 网络成瘾群体、PIU 边缘群体）均表现出显著差异，而 PIU 网络成瘾群体与PIU 边缘群体并无显著差异；在消极拒绝、干涉、盲从、矛盾和不一致五个维度，也呈现出同样的状况；在严格维度，仅PIU 正常群体与PIU 网络成瘾群体之间存在显著差异；在溺爱维度中，三类群体均未呈现出显著性差异。

（二）误差分析

1．抽样误差

本研究的误差主要来自于抽样误差，抽样误差是统计推断所固有的，虽然无法避免，但是可以通过抽样设计程序加以控制。课题组通过三方面努力来减小抽样误差和避免其他误差：一是尽量增加抽样单位的数目，使样本结构更加接近总体；二是利用计算机作答形式避免统计误差中的登记性误差；三是严格遵循随机原则以避免产生系统性误差。尽管避免了其他不必要的误差，但也不排除仍然存在偶然的代表性误差，主要表现在：

（1）由于被试样本均来自浙江省，结论是否适用于其他地区，还需要后续更多研究者进一步验证和补充支持。

（2）本调查地点为杭州、温州两市，从一定程度上反映了经济发达地区的儿童状况，不足以代表儿童总体的状况。

2．非抽样误差

因本调查采用网络问卷系统取代以往的纸质问卷，故较好地避免了因工具或人为因素造成的计量误差以及漏答、多答等非抽样误差。

第二节　亲子关系对儿童网瘾影响因子的叙事研究

一、研究方法的选择与缘由

基于上述亲子关系与青少年网络成瘾相关性量化调研的结论，课题组认为有必要进一步对亲子关系之所以对青少年网络成瘾产生影响的原因进行深入剖析，并提取出关键因子，为后期青少年网瘾治疗策略的设计提供依据。

鉴于影响因子的研究是抽象的、复杂的、过程性的微观研究，课题组认为应采用质性研究。质的研究通过研究者和被研究者之间的互动在自然情境下收集原始资料，对事物进行深入、细致、长期的体验，然后对事物的“质”得到一个比较全面的解释性理解。[1] 质的研究可以间接地对事情发生的因果关系进行一种情境化的、过程化的推导。

质的研究的具体表现形式丰富多样，包括叙事研究、案例研究、田野研究等，其中，叙事研究是以叙事的方式开展研究，通过对人、事、物的描述，反应研究者的经验和看法[2]，其基本特点是研究者以叙事、讲故事的方式表达对研究问题的理解和解释。

本研究期望通过对调查对象生活学习环境、家庭亲子事件、同伴邻里看法的描述和分析，发掘内隐于这些事件背后的本质问题、因果联系，从而提取出亲子关系对青少年网瘾产生影响的因子。研究场所开放，包括学校、家庭、邻里等；研究时间跨度大，甚至需追溯到研究对象幼儿时期所经历的亲子事件。叙事研究具有开放性、随事物变化和流动等特点，适用于本部分的研究，因而成为研究方法的最佳之选。

二、叙事研究的实施

（一）研究对象的选取

此处研究旨在通过对个案的叙事研究，深入剖析亲子关系对青少年网络成瘾的影响并提取出关键因子，以指导后期青少年网瘾治疗策略的设计，为设计提供参考依据。鉴于该研究目的，研究对象的选取采用了目的性抽样的方法，即按照研究的目的抽取能够为研究问题提供最大信息量的研究对象（Patton, 1990：169）。

按照M.米德（1953：654）的观点，在人类学的抽样逻辑中，研究结果的效度不在于样本数量的多少，而在于样本的限定是否合适，

[1] 陈向明：《质的研究方法与社会科学研究》，10页，北京：教育科学出版社，2008。
[2] 张肇丰：《叙事研究与案例研究的性质和应用》，载《课程·教材·教法》，2010（2）。

即该样本是否能够作为一个典型的、能够代表本文化完整经验的个案进行准确地研究。遵循这一观点，课题组根据前期亲子关系与青少年网瘾相关性量化调研的结果，从后台数据库中提取出同时满足PIU网络成瘾与亲子关系不良好两个因素的学号信息，在各学号所在班级班主任的协助下，找到这些学生的信息，包括姓名、家庭住址、父母亲职业及文化水平。课题组通过与班主任共同讨论和分析，最终确定杭州某重点职业中学高二金融班的一位男生李同学为研究对象。

之所以选择李同学作为研究对象，主要基于以下几点的考虑：第一，李同学同时具备PIU网络成瘾与家庭亲子关系不良好两个研究因素，且对应的得分程度显著，具有典型个案抽样的特点，可以为研究问题提供非常密集、丰富的信息；第二，从班主任口中得知，该同学平常表现活跃，话语较多，有利于研究过程中开展交流和沟通；第三，经班主任的间接传达，李同学本人及其家长均表示不排斥笔者对其进行研究。为了遵循研究的伦理，保护当事人的隐私，笔者在本文中隐去了研究对象的真实姓名，统一采用化名——李同学。

（二）进入现场及研究的实施过程

正式进入现场之前，课题组与李同学的班主任老师进行了交涉，就研究过程、内容以及需要她配合之处作了简要介绍，得到了班主任的大力支持，并协助将研究的原因和目的传达给李同学。2010年12月27日，课题组正式进入现场，研究的具体实施过程见表6–12：

表6-12　　　　与研究对象的接触过程

接触时间	接触地点	接触方式	主要收获
2010年12月27日	教室、校园里	观察、非正式访谈	初次见面，通过随意的谈话和交流消除对方顾虑，得到对方接纳；通过在教室中和谈话中的观察，对李同学形成初步的感性认识。
2011年1月10日	学校小公园	正式访谈	从李同学口中得知其父母情况、日常表现、态度、某些具体亲子事件。
2011年1月16日	李同学家中	观察、半结构型访问	从父母口中得知李同学的学习、生活及上网情况；通过观察和谈话对李同学家庭环境、亲子关系状况和具体表现有所了解。
2011年1月17日	李同学家附近	与邻里的非正式谈话	从邻里口中了解李同学生活中的表现及其家庭亲子关系状况；对李同学的故事有了梗概。
2011年1月26—30日	因特网上	网络即时聊天工具，间接非正式访谈	聆听了李同学更多的倾诉。

（三）资料的收集、整理和分析

叙事研究是以占有大量原始资料为基础，因此，课题组在研究期间综合运用观察、访谈、现场笔记等方法收集了大量的第一手资料。对所收集到的资料，课题组根据研究目的进行了分类整理，重点标记有意义的信息。对整理后的资料进行分析的过程中，借鉴了类属分析法和情境分析法。

三、研究结果与分析

（一）有关李同学及其父母的故事描述

叙事研究的结果集中体现在建构的故事上，下面这个有关李同学与其父母的故事是研究者对研究对象客观的叙述，它是真实的并经过研究对象本人的审阅，虽然不如量化资料那样确凿，但有意义地反映了研究对象的亲子关系现状，可以从中挖掘亲子关系对青少年网瘾的影响因子。

星期天上午，天气晴朗，气温较低，根据李同学提供的地址我找到了他家，三层楼房，从房子外观来看，在这个村子里应属于有钱人家。我进门后，见其父母正在院子里忙活着，母亲麻利地从一个装满咸菜的大脸盆里面取出三两棵用麻绳捆成一捆，父亲将母亲捆好的一捆捆咸菜整齐地往白色塑料桶里装，李同学正坐在一边晒太阳。见我来，他们马上停下手中的活儿请我到屋里坐，看样子李同学已将我的来意告知父母。我首先与李同学的父母进行了谈话，李同学自觉地回避了。

1. 父母的叙述

父亲看起来是个严肃的人，脸上没有一丝笑容，沉默地坐着。母亲先发话了："我们是做咸菜生意的，收入还不错，在我们村里还算富裕，就是很忙，两个人都忙不过来，也没有时间管孩子。孩子不听话，成绩不好，现在职高读书，我们就一个儿子，我也不让他做家务，就想他乖一点读书，以后好考进大学。他要电脑啊手机啊也都给他买了，本来电脑是放在他自己房间里面，有一天晚上两点多了，我起来上厕所，看到他的房间里有亮光，我开门进去，他居然还在玩电脑，我真是气不打一处来，骂了他一顿，第二天让他爸爸把电脑搬到其他房间去了。"

父亲接过话茬，转向母亲严厉地说道："他就知道玩电脑，我就说把电脑扔掉算了，你不肯，说什么孩子要上网找资料的，我看他从来都没有用电脑学习过，每次看到不是玩游戏就是聊天、看电影，都被你宠坏了啦。他中考那会儿，有一次被我发现半夜三更在被子里躲着看漫画书，我把他打了一顿，后来不是就不看了么。”

母亲不甘示弱：“买都买了，给他买的时候你也没有不同意啊，他现在长大了，你打打也没用了。他平时也不喜欢跟我们讲话，总是跟几个朋友出去玩，我怀疑是那几个孩子把他带坏了。隔壁老王有一回告诉我，他在镇上看到我儿子跟一群人走进网吧，我怀疑就是跟着那几个不读书的孩子去的。我们拿他也没办法，他爸爸要打，我想就一个孩子，打也不是个办法，我就少给他零用钱，省得他去网吧。给他买了电脑，本来也是想不让他去网吧，至少在家里我们还管得住。老师那边我们也送礼，就想老师管牢些，让他学习上用心点，以后能考上大学。上回从老师那边听说，孩子居然还逃过课，跟两个男生去了网吧。我在家里经常苦口婆心地跟他说，不要上网，不要玩游戏，他不知道有没有听进去……”

2. 李同学的叙述

我爸爸很凶，会打我，有一次他知道我在班级里打架了，回去后不分青红皂白就动手打我，还骂我。相对来说，妈妈对我比较好，但她总是管着我，怕我出去交坏朋友，放假的时候不让我出门，要是我跟朋友出去玩了，他们会问很多：去哪里啊，跟谁一起啊，什么时候回来啊……很烦的。他们就知道让我学习，不给我自由空间，但当我有时候跟他们说学校里的事情时，他们又好像爱理不理的，随便敷衍我，没有认真听我讲话。所以我不喜欢和他们沟通，反正他们也听不懂。

在家里的时候，爸爸妈妈不准我看电视也不让我上网，但是他们越是不让，我就越想（看电视、上网），反正我到网吧去玩他们也不知道。只有几次被他们知道了，后来给我买了电脑，说是不让去网吧，在家上网。但是在家还不是一样管着，我玩游戏被看到，就会啰嗦，烦死了，还不如去网吧玩得尽兴。

其实我也知道爸妈希望我好，他们常常说，只要我乖乖学习，考上大学，我想要什么就给我买什么。但是他们经常在我耳边唠叨，让我很有压力，我怕学不好令他们失望，怕考差了受到他们的责备。上网能让我忘记这些烦恼，我在网上的一些朋友，他们也跟我一样跟爸爸妈妈的关系很不好，我们会互相诉苦。熟悉了之后，我们经常约好一起玩游戏，这让我很快乐，我感觉找到了知心的朋友……"

（二）亲子关系对青少年网瘾影响因子分析

通过前期的量化调研，我们已知，亲子关系与青少年网络成瘾具有相关性，且亲子关系越不好程度越深，青少年网络成瘾倾向越严重。亲子关系是父母与子女之间相互作用的人际关系，亲子关系的品质受到父母与子女双方共同的影响。在研究亲子关系对青少年网络成瘾的影响因子时，我们不应站在子女的角度去批判父母对亲子关系不良造成的过失，也不应站在父母的立场指责子女沉溺于网络的问题行为，而应从李同学及其父母的故事中深入剖析亲子关系之所以能对青少年网络成瘾产生影响的内部机制。

根据分析层次由浅到深、由表象到内在，我们将亲子关系对青少年网络成瘾的影响分为两个等级：一级影响是感觉影响和心理影响，即亲子关系不良好传递的感觉信息及感觉刺激下大脑皮层产生的心理活动变化，该变化同时影响青少年人格发展；二级影响是行为影响，即在感觉和心理活动的驱动下所产生的行为动机及反应的行为。首先分析一级影响：

1．一级影响因子

（1）拒绝：积极拒绝型、消极拒绝型

李同学：有时候我跟爸爸妈妈说学校里的事情，他们好像爱理不理的，随便敷衍我，没有认真听我讲话。有一次爸爸知道我在班级里打架了，回去后他不分青红皂白就动手打我，还骂我。

分析：李同学的父母是自我经营的个体户，平日里工作较为繁忙。父母在平时对孩子的关心并不够，未能很好地尽到教养的责任，但是又寄予了较高的期望，一旦孩子有不良好的表现，便开始实行家长权威，采取不合理的管教方法。此类拒绝型的亲子关系之所以出现主要在于亲子间缺乏理解，而互相理解的前提是良好的沟通，沟通是双方行为。李同学案例中造成沟通失败的原因是父母对孩子的沟通请求给予了极端反映，或置之不理，或激烈回应，这都不利于良好沟通的顺利开展。

影响：这种积极的或者消极的拒绝，会让孩子感到父母对自己的忽视和爱的缺失。正如罗杰斯（Rogers）认为在孩子成长过程中，父母对子女无条件的积极关注是十分重要的。通过这种积极关注，孩子会感觉到自己总是处于被爱和被认可的气氛之中。缺少这种感觉，孩子容易产生自卑情绪和孤独感，也可能因企图引起父母和他人的注意而做出反社会行为，产生反抗和敌对情绪。

（2）支配：严格型、期待型

李同学：在家里，爸爸妈妈不准我看电视，也不让我上网，但是他们越是不让，我就越想（看电视、上网），反正我到网吧去玩他们也不知道。

他们常常说，只要我乖乖学习，考上大学，我想要什么就给我买什么。

分析：显然，李同学父母“家长命令式”的教育方法过于严厉。其实，适当的娱乐并不会影响人的正常生活和学习，更何况游戏是孩子的天性，通过剥夺孩子游戏的权利来监督他们，不仅无法得到满意的效果，反而会适得其反。

父母时常对孩子强调的这句话正反映了他们对孩子的期望，李同学是独生子女，虽然在学业上表现并不优秀，但父母仍然对其寄予了考上大学的期望，家长渴望子女实现自己未完成的心愿是人之常情，但要注意合理引导，一味地强调只会造成双方心理上的压力。

影响：通常来说，受父母严格支配的孩子性格被动顺从、缺乏自信、依赖性强，但我们也应看到青春期孩子的特殊性，这一时期的孩子具有叛逆心理，过于严格易造成青少年偏要和父母对着干的局面：你们不让我玩，我偏要这么做，即产生反抗和敌对情绪。在父母期待的压力下，消极情绪更易升级。

(3) 保护：干涉型、不安型

李同学：放假的时候，爸爸妈妈不肯让我出去玩，他们害怕我交坏朋友，惹麻烦。要是我跟朋友出去玩了，他们会问很多：去哪里啊，跟谁一起啊，什么时候回来啊……很烦的。

分析：青少年正常交友行为是必要的，李同学父母因过于担心孩子交友不慎而做出了干涉举动，不利于孩子社会交往和人际关系的发展，同时，父母言语上表现的极度不安，易使孩子产生腻烦情绪。青少年心智趋向成熟，他们有对自己能力的知觉，并且渴望能够成功作用于环境。如果父母过分地干涉或保护孩子，会损害他们的自我效能感，剥夺他们体验成功的机会。

影响：若在现实生活中得不到体验，青少年会从其他途径去需求社会支持来增强自我效能感，例如网络途径。孟育群等通过研究发现，干涉型父母管教下的子女，一般身心发展迟缓、情绪不稳定、忍耐力差、爱推卸责任，而且依赖性强、缺乏远大目标和理想。精神分析学家沙利文（Sulivan）指出，父母对事情的不安和焦虑也会在孩子身上引发焦虑。因此，干涉和不安型亲子关系下的孩子性格表现为幼稚、神经质、焦虑、胆小、依赖、被动。

（4）服从：溺爱型、盲从型

李同学：家务我基本上是不做的，也不需要我做，他们总把我当小孩子看。

手机有的，一开始不肯给我买，后来我软磨硬泡也就买了，我们班很多同学都有手机，还有好几个呢。

分析：高中阶段的学生已具备劳动的能力，但是李同学父母对其在家务方面毫无要求，可见他们对孩子还是比较爱护，虽然这种爱护离溺爱仍有差距，但还是应注意把握好分寸。对于买手机事件，父母抵挡不了孩子的不断要求而妥协，此类事件若经常发生，渐渐地在孩子的潜意识中会形成一种误导：只要自己坚持要求，爸爸妈妈肯定会同意。父母在一而再再而三的妥协中，慢慢趋向于盲从，对孩子的爱护实则是对孩子的伤害。

影响：加利福尼亚大学的黛安娜·鲍姆林德（Diana Baumrind）通过多年研究发现，溺爱型亲子关系容易使孩子产生焦虑、退缩或自控能力差的表现，甚至出现社会适应能力障碍，而这些特质都能使孩子成为网络成瘾的潜在易感人群。父亲的溺爱型则易使孩子人格发展受阻，影响情绪发展，易动感情，缺乏独立性和创造性。西蒙斯（Symonds, P.M）提出让父母服从于自己的孩子有较强的攻击性。溺爱和盲从型亲子关系下的孩子性格表现为任性、自控力差、攻击性、人际关系不良。

（5）矛盾：矛盾型、不一致型

李同学：相对来说，妈妈比爸爸对我好一点，爸爸很凶，他说妈妈把我宠坏了。学习上，爸爸不怎么管，妈妈管得多一些，他们只看成绩的，考得好就很开心，考得差就骂我。有时候也要看他们的心情，心情好的时候也不会骂我。

分析：通过李同学的描述，课题组认为其亲子之间的矛盾现状较为严重，对于孩子的成绩，父母在不同心情状态下的态度缺乏一贯性，有时候斥责，有时候宽恕；对于孩子的管教，父亲与母亲的扮演的角色和态度也不一致，在父亲眼里，母亲过于放纵。这种父亲扮红脸、母亲扮白脸的现状在许多家庭中都有存在，该方法不利于孩子认识到自己的缺点和错误，他们会形成一种错觉：只有爸爸看我不顺眼，妈妈并没有认为我做错了。

影响：新精神分析主义者埃里克森（E.H.Erikson）[1]认为，当孩子在获得他们需要的事物时，他们就要与养育者发生相互作用，在这种相互作用中，儿童会逐渐发现父母行为中的某种一贯性和连续性。如果他们发现父母的态度是一致的并且是可信赖的，那么，他们就会对父母产生一种基本的信任感；反之，如果他们觉得父母的行为与态度是不可预测、不可信赖的，就会产生一种对父母的不信任感。不可预测感和不信任感进一步会带来安全感的缺乏，在成人后的人际交往中，他们因敏感、易怀疑他人而无法建立良好的人际关系。

此外，在孩子的内心世界里，父亲通常具有独立、坚毅、勇敢、果断、宽厚、勇于克服困难等个性特征，母亲则具有温暖、亲密、慈祥、宽

[1] Erickson, E. H. Identity: *Youth and Crisis*. NewYork: Norton, 1986.

容的个性特征。父母亲的特征对子女情感的丰富和健康的发展都起着重大作用，父母亲不一致的态度会让孩子难辨是非，造成价值观混淆，以至于性格逃避，失去主见。

上述分析可用下图6–3直观表示：

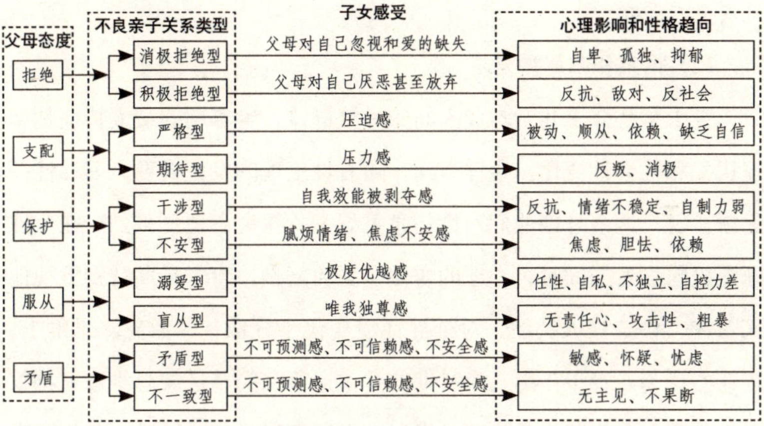

图6–3　一级影响

2．二级影响因子

基于一级影响的分析，课题组进而剖析一级影响驱动下青少年所产生的行为动机及反应的行为，即二级行为影响。

美国著名心理学家马斯洛认为，人的各种需要是构成人类行为的动机。依据马斯洛需求层次理论，人的需要分五个层次，从低级到高级分别是：生理需要、安全需要、情感和归属需要、尊重需要、自我实现需要。

（1）安全需要

安全需要是人类满足生理需要后的最基本需求，刚出生的婴儿对母亲怀抱的依恋便体现了对安全感的需要。青少年尽管在生理方面已具备独立活动能力，但心理上对于家庭和父母的依赖仍然没有消除。父母的矛盾和不一致态度容易使青少年缺乏安全感，而网络中的交往无需和陌生人直面接触，没有现实情境下的真实碰撞，会令人感觉更安全，自控能力不足的青少年便会通过网络来寻求人际信任，从而满足安全的需要。

（2）情感和归属需要

青少年是介于儿童与成人间的过渡群体，青春期的最大特征是生理认知和社会性变化。生理方面，随着性生理的发育成熟，第二性征逐渐显现，这个时期他们对性信息更好奇，探究心理更强烈。在生理渐渐趋向成熟的同时，心理的变化也更为复杂，青春早期特别重视他人赞许，渴望被人关注，对外界环境变化十分敏锐、敏感。思维上，皮亚杰认为，青少年由儿童时期的具体运算和简单形象思维进入抽象思维阶段，个体逻辑思维正常发展，但辩证思维相对缺乏，看问题容易片面，好走极端，充满怀疑，喜欢辩论。

在这一特殊的转型时期，家长尤其应给予孩子更多的关爱，与其进行沟通，教导孩子正确认识生理变化，引导孩子积极表达心理想法，帮助孩子共同应对转型期的突发事件。倘若家长以拒绝的态度回应孩子，会令孩子感到自己被忽视和爱的缺失，青春期的特殊心理和思维方式会促使他们通过其他方式来寻求人际支持，从而获得归属和爱的需要，例如上网。

此外，拒绝型亲子关系下的青少年往往性格自卑、孤独、抑郁、敌对，这些性格缺陷在一定程度上会成为他们现实人际交往的障碍。他们缺少朋友，又极渴望获得别人的关注和关爱。而网络正好为他们提供了人际交往的环境，网络中人与人之间的交流是广泛、间接、匿名、安全的，可以在众多网友中选择自己的朋友，无需面对面，也不用随时回应对方，不必担心因泄露自己的真实身份而失去面子或危及自己的利益，性格的缺陷也得到了掩饰。在现实生活中需几年培养的关系，在虚拟世界中只需短短几分钟便可建立。但是，网络中的情感安慰易使人深陷于情感依恋中难以自拔，尤其对于家庭亲子关系不良的青少年群体，在现实生活中难以得到关爱和支持，只好到网络中寻求人际支持和情感与归属的需要。

（3）尊重需要

人都有尊重与被尊重的需要，受我国传统文化的影响，许多家长习惯于掌控自己的孩子，对孩子提出规则并要求其无条件服从，且不向孩子解释规则的必要性，而是依靠惩罚和强制性策略，如命令、苛求、禁止、威吓等手段迫使孩子服从，这使孩子备受压迫感，备感家庭地位的不平等。其实，家长对孩子过于严格一部分因素源于其对孩子寄予了较高期望，将自我希望寄托于下一代，希望下一代能完成自己未曾实现的愿望，殊不知这种期待给孩子幼小的心灵带来了极大压力。

S.弗洛伊德认为，游戏可促使孩子发泄他们内在的消极情感，从而摆脱和消除因此引起的焦虑。通过上网聊天，与网友进行观念上的沟通和情感上的交流，宣泄平时压抑的情绪，从而获得安慰、得到压力释放。通过网络游戏，受到“业内人士”的尊敬和景仰，从而拥有自尊，获得被尊敬的需要。但是，自控能力不足的青少年尤其是那些在现实生活中受到家长压迫的青少年往往被网络所俘获，沉溺于从网络游戏中寻找自尊和尊重。

同时，在严格和期待型亲子关系下的青少年，受到压迫感和压力感的双重影响，性格或变得被动、顺从、依赖、缺乏自信，抑或性格反叛、消极，这类性格的孩子更渴望获得他人的认可和尊重。

（4）自我实现需要

自我表现心理是青少年共同的心理特征，尤其是90后一代青少年，成就动机强烈，他们崇尚自我个性的展现，通过展示自我来提高自信心，获得自我效能感。家长的过分干涉会令其感觉自由被剥夺，无法获得自我价值的体验，便渴望通过其他方式来寻求自我实现的需要。并且，青春期认知和价值体系尚未建立，依然保留着儿童期的自恋和全能感，不成熟的自我难以适应复杂的环境，通常会以网络游戏、网络交往为手段，学习角色扮演和角色认同。尤其是在网络游戏中，玩家通过发挥自己的智慧和耐力赢得胜利，不断地过关升级，使对手甘拜下风，都会产生自我效能感，这种感觉又会强化他们参与网络游戏的行为，使他们沉浸于此，追求更多的体验。而为此付出的努力相比于学习更容易且更快速，这也是网络游戏吸引人的地方。

马斯洛还认为：在人自我实现的创造性过程中，产生出一种所谓的“高峰体验”的情感，这个时候是人处于最激荡人心的时刻，是人的存在的最高、最完美、最和谐的状态，这时的人具有一种欣喜若狂、如醉如痴、销魂的感觉。处于这种情绪之中，人会体验到强烈的自信和力量，从而使人沉溺于此并难以自拔。现实生活中要获得一项成就，满足自我实现的愿望不仅需要自身智力、能力，而且还需要各种机遇及长时间不懈的努力。网络中只要花费足够的时间，通过敲击键盘简单的操作就可以设定一切，挑战一切。[1] 网络就是以一种虚拟而快速的方式满足青少年自我实现的需要甚至是高峰体验。

[1] 陶然，应力，岳晓东等：《网络成瘾探析与干预》，40页，上海人民出版社，2007。

家庭亲子关系不良使得青少年的这些基本需要在现实生活中得不到满足，从而产生强大的内驱力，促使其转向网络的虚拟环境中寻求途径来满足各种需求。

四、亲子关系对青少年网瘾影响因子关系树的建立

经过上述影响因子的深入剖析，我们建立了亲子关系对青少年网络成瘾影响因子关系树，如图6–4所示：

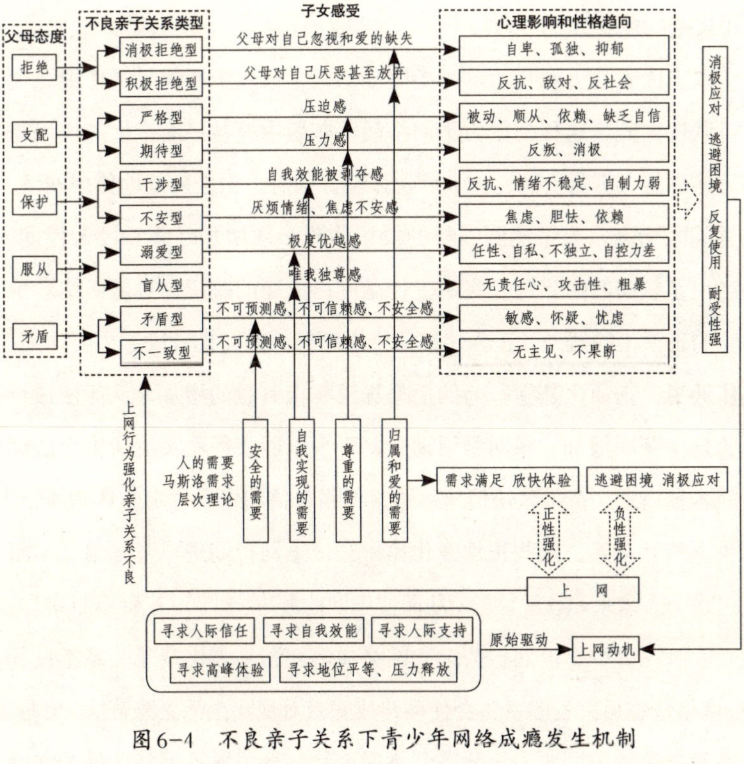

图6–4　不良亲子关系下青少年网络成瘾发生机制

从图中可以看出，消极拒绝型亲子关系使孩子感觉父母对自己忽视与爱的缺失；积极拒绝型亲子关系令孩子感觉父母对自己厌恶甚至

放弃，子女在家庭中无法满足的情感归属需要促使其通过其他方式来寻求人际支持；严格与期待型亲子关系分别给孩子带来压迫感和压力感，其只能寻求地位平等和压力释放来获得尊重的需要；干涉型亲子关系使孩子感觉自我效能感被剥夺，溺爱和盲从型亲子关系又给孩子带来了极度优越感和唯我独尊感，这种感觉使其渴望获得自我实现和高峰体验；矛盾型和不一致型亲子关系令孩子有一种不可预测感和不可信赖感，这种感觉直接导致安全感不足，因而渴望寻求人际信任来获得安全的需要。

以上因素是上网行为的原始驱动动机，通过上网满足了需要，便获得欣快体验，这种个体由于网络活动刺激中枢神经而产生的快乐与满足感驱使人不断上网，扩大欣快体验。同时，由于反复地使用网络，感觉阈限增高，为了达到同样的快乐体验必须增加时间和投入程度，便产生了较高的耐受性。高耐受性是网络成瘾的跳板，也是网络欣快体验的正强化的结果。正强化在网络成瘾行为的初期阶段起主要作用。具体地说，正强化是指行为的后果导致积极刺激的增加，从而使该行为的发生频率增加。在网络活动中，青少年能获得现实生活中无法满足的各种需求，产生欣快情绪体验，增强自信和自我肯定的认知体验，精神上的胜利感。这些正性强化作用会使上网行为进一步加强，不断去追求个人需求和欣快体验，从而使上网的频率、时间、花费不断增加。

同时，青少年上网行为以及网络成瘾问题易强化亲子关系不良程度，网络成瘾后家长的责备会使网络成瘾者对现实生活更感苦恼、无助，无奈只能通过上网来忘记痛苦、逃避困境，形成恶性循环。外加家庭亲子关系不良让青少年感到抑郁、消极、自卑、敌对、焦虑等心理情绪和孤独、胆怯、依赖等性格特征，这些特征更易促使他们转向网络，消极应对，逃避困境。这些消极因素产生了复合驱动，使孩子沉溺于网络来逃避现实的困境，这就是负强化，负强化在网络成瘾行为的发展和维持中起了重要作用。负强化指行为的后果导致消极刺激减少，从而使该行为的发生频率增加。

在这种正负强化的双重作用下，网络成瘾者将更难以摆脱对网络的躯体依赖和心理依赖。

第七章

以亲子关系为导向的网瘾治疗方案

第一节　亲子游戏的积极性

一、亲子游戏的含义

在古代汉语中，“亲”的本义是“亲爱”。“亲，至也。从见，亲声，字亦作瀙。”（《说文》）随着词性的变化，“亲”的涵义也逐渐衍生，转化为名词词性后，“亲”指父母，也单指父亲或母亲。“子”是甲骨文字形，像小儿在襁褓中，有头、身、臂膀，两足相并起来的样子。本意指婴儿，以后引申为儿女。“亲子”指父母与子女。有关亲子游戏的概念很多，如亲子游戏是一种对儿童和成人都有益的相互的活动；亲子游戏是家长和孩子之间相互配合交流的活动；亲子游戏是家庭内成人与儿童交往的重要形式，也是儿童游戏的一种重要形式，具有情感性和发展性的特点；亲子游戏是诸多游戏中的一种，它是以孩子为主体，父母为主导，家庭为单位进行的。亲子游戏是发生在父母和孩子之间的一种特殊的活动，它通过父母亲与孩子接触，让孩子主导活动的进程，使孩子感到有趣、快乐，在轻松、愉快的气氛中发展身心。不难看出，以上关于亲子游戏的概念界定有一个共同之处，即它是父母同子女之间进行的一种活动形式。

二、亲子游戏的特征

作为儿童游戏的一种形式，亲子游戏除了具有游戏的基本特征外，还有自身的独特性[1]。

其一，情感性。

亲子游戏的开展是以家庭为单位的，为了共同游戏和娱乐的需要，父母与孩子在游戏中结成横向的、平等的玩伴关系。由于这种玩伴关系以共同生活中积累起来的亲子感情作为基础，因而使得亲子游戏带有明显的“亲情”性质，表现为在游戏过程中有较多的身体接触，实现交流以及无拘束的笑。同时亲子游戏过程中的交流活动能够进一步促进亲子关系的发展，密切与加强亲子间的情感联系。

其二，发展性。

父母是成熟的社会成员，具有丰富的社会生活知识和经验，他们在和孩子游戏的过程中，会自觉或不自觉地寓教育于游戏中，用自己的知识、经验、想法去影响孩子，引导游戏的方向，因此，父母与孩子在亲子游戏中又结成了纵向的、不对等的应求关系，即教育者与被教育者的关系，这种关系的存在使亲子游戏具有明显的发展性特点，有助于促进儿童的身心发展。

其三，互动性。

亲子游戏是父母与孩子之间的一种交流活动，亲子双方处于一种相互作用的动态过程，通过言语、表情、视线、动作等方式相互表达与接受信息，彼此传达需要，从而实现亲子间在心理上的沟通，在行

[1] 李阿芳：《亲子游戏中家长角色个案研究》，西南大学2008届硕士学位论文。

为上的互动。这种互动可以是外显的，如言语交流、身体接触、行为模仿等，也可以是内隐的，如目光接触、微笑等。

其四，随机性。

亲子游戏的开展不受时间和空间的限制，不需要特定的场地与特定的时间，具有极大的随机性，只要父母与孩子有游戏的需要和愿望，随时随地都可以开展。

三、亲子游戏的重要意义

亲子游戏会不会促进孩子的全面健康成长？它与孩子的学习是绝对对立的，还是辩证统一的？是有助于孩子的学习进步，还是不利于孩子的学习进步？会“玩”的孩子长大以后是有出息的，还是没有出息的？诸如此类的问题，在不少家长中有着不同意见争论。实践证明，亲子游戏有助于孩子全面健康成长。

其一，它有助于改善两代人的亲子关系，增强双方的深厚感情。

玩是孩子的天性，孩子生下来就喜欢玩。亲子之间开展的游戏活动，是孩子最感兴趣、最喜欢的玩耍活动。家长与孩子一起做游戏的过程，既是一种学习的过程，又是一种感情交流的过程。在游戏中，他们既有着共同的玩具，共同的兴趣，共同的喜怒哀乐，又有着共同的语言，共同的感情以及交流平台。正是在这种共同的游戏中，改善了两代人的亲子关系，增强了双方的深厚感情。实践也证明，那种极少与孩子做亲子游戏的家长，孩子长大后与他们的感情大多一般化，极易产生思想隔阂，甚至出现情感危机。

其二，它有助于促进孩子的智力开发，使其逐步认识自身和外部世界。

对于孩子尤其是学龄前儿童来说，玩游戏是一种学习，一种实践，是认识自身和外部世界的主要途径，也是其全面健康成长的根基。可别小看了孩子小时候家长经常教其玩耍的积木、拼图，到公园里玩的电动碰车、小火车，以及家长经常给他们折叠的正方形、三角形和纸飞机等，这些都是教育孩子的最佳“教具”，是他们认识自身和外部世界的桥梁，也是他们梦寐以求的游戏活动。孩子正是通过各种各样的游戏活动来学习各种知识，开发自己的智力，逐步认识自身和外部世界的。家长在游戏中是有意识地在教育孩子，而孩子却在兴高采烈的游戏中无意识地进行着学习，进行着智力开发。这正好符合“教在有心，学在无意”的最佳教学原则。哈佛大学心理学教授加德纳经过多年的研究和实践，提出了“MI理论”，即多元智能理论。按照这一理论，在游戏中可以开发儿童多元智能，如开发儿童的语言智能、数学逻辑智能、视觉空间智能、运动智能、音乐智能、人际关系智能、自我认识智能和自然观察智能等。所以，我们要让孩子的智能在游戏中轻松愉快地得到最大限度的发展。

其三，它有助于孩子学会与人合作和交往，增强其社会适应能力。

我们的孩子是社会中的人，是在社会中成长起来的。在其成长过程中，不仅要求他们要正确处理好人与自然的关系，而且还要求他们要正确处理好人与社会的关系，尤其要处理好人与人之间的关系。为此，就需要他们学会与家长的合作与交往，进而发展到学会与亲朋好友以及与老师、同学的合作与交往等，增强其社会适应能力。与此相反，那些极少参加亲子游戏的孩子，一般来讲，身边朋友少，自己少言寡语、孤独封闭，与人合作与交往能力差，社会适应能力也比较弱。长大以后，他们中的许多人往往与家长感情疏远，与周围同事的关系难以处理好，工作也很难打开局面。

其四，它有助于孩子全面健康发展。

亲子游戏还有助于孩子耳聪目明、心灵手巧，激活孩子的创造精神；有助于孩子增强自身体魄，造就其吃苦耐劳精神；也有助于孩子身心健康，培养健全的人格，等等。正如德国教育家福禄贝尔讲过的：“我发现游戏是清醒儿童的头脑、促进儿童的智力、培养儿童的精神、锻炼儿童的身体的强大力量。”总之，亲子游戏有助于孩子全面健康成长。

实践也反复证明，历史上的以及当今社会的许多名人，在儿童时代一般都精力充沛、好奇好玩，家长也乐于与他们一起做亲子游戏。正因为如此，当今一些有知识、有文化、有远见的年轻家长，尽管工作很忙，但总要千方百计地抽出时间与孩子一起做亲子游戏，以促进他们全面健康成长。

四、家长如何与孩子一起做亲子游戏

既然亲子游戏对孩子全面健康成长有如此重要的意义，那么，家长如何与孩子一起做高质量的亲子游戏，就显得异常重要和关键了。因此，家长在亲子游戏中务必做好以下几个方面的工作：

其一，放手让孩子在亲子游戏中娱乐、学习和锻炼。

尽管亲子游戏对孩子如此重要，但仍然有一些家长对此顾虑重重，总想过多限制孩子玩游戏的时间。据一项权威调查显示，一些教育发达国家的一年级儿童每周用于运动和玩乐的时间超过18小时，而中国儿童仅为9个小时多一点；中国约有80%的儿童课余时间主要用于学习，而那些教育发达国家的90%以上儿童课余时间主要用于文体活动及自己感兴趣的游戏。为此，家长要解放思想，多学习一些发达国家的先进教子经验，抽出更多时间与孩子一起做亲子游戏，使孩子在游戏中学到知识，扩展视野，动手动脑，受到教育，获得启迪，激发情绪和提高能力，得以全面健康成长。

其二，针对孩子年龄特点和需求变化来科学选择亲子游戏的具体内容和形式。

亲子游戏的具体内容和形式不是一成不变的，而是与时俱进、发展变化的。针对孩子的年龄特点和需求变化，亲子游戏的具体内容和形式也应不断进行调整。如果说对不满周岁的孩子，家长让他们抓玩摇晃拨浪鼓、小铃铛和积木等玩具是较好的亲子游戏的话，那么，家长与4–5岁的孩子一起玩耍拼识字等游戏，则是再适合不过的亲子游戏了。这种游戏既可以让孩子玩得痛痛快快，又可以让他们在玩耍中学习识字，开发智力。孩子上小学后，他们在家中活动时间减少了，而在学校活动时间增多了。这时，年轻的家长可以利用双休日和寒暑假，与他们一起玩智力游戏，带着孩子到植物园、动物园和养殖厂进行游览，到自然博物馆、科技博物馆和军事博物馆进行参观，到公园和自然风景区进行游玩，或与孩子一起游泳、绘画、做游戏等。这些也都是颇受孩子们欢迎的内容和形式较为适宜的亲子游戏。一对年轻父母针对上小学女儿学习英语的实际情况，采用智力游戏的方法让女儿练习英语单词。如，爸爸、妈妈与女儿轮流用英语说出一个动物的名称，或说出一个家具的名称，或说出一个水果的名称，看谁说得又准又快又多。这样做，女儿就在游戏中不知不觉地记住了英语单词。这种学习中有游戏、游戏中有学习的做法是值得提倡的。

其三，努力创设富有创意的亲子游戏。

所谓富有创意的亲子游戏，就是那些富有创新精神的、具有新的玩法、并有益于孩子身心健康的亲子游戏。这种游戏的具体形式是多种多样的。例如，家长与孩子玩的“角色换位游戏”，即女儿扮演母亲，像母亲那样打扫房间、洗衣服和做饭等。母亲扮演女儿，像女儿那样回家看书、写作业和干家务劳动等。家长与孩子进行角色换位，两者都要真正进入角色，看谁扮演得最逼真，从而让女儿在不知不觉中体验母亲的甘苦，学会干家务劳动。又如，家长与孩子一起参加网络社区中举行的竞技活动，或扮演对手互相比赛，或扮演同伴互相搭档，共同完成任务。参加这种活动，既增加了家庭的乐趣，加深了两代人的交流与沟通，又在欢乐之中经受了锻炼，消除了代沟，学到了一些知识技能，可谓一举数得。当然，这种亲子游戏要求条件较高，它需要家庭里有一台以上电脑，需要家长富有创新精神，善于运用周边各种资源，并正确引导和协助孩子参与各种网络活动。只有这样，亲子双方才能共同完成这一亲子游戏。

其四，适当挑选具有安全性且有益于孩子身心健康的玩具。

亲子游戏离不开一定的玩具，玩具是亲子游戏不可缺少的物质载体。不同种类的玩具对促进孩子的身心健康具有不同的功能作用。如，发音玩具、玩具电话等，有助于开发孩子的语言智能；数字卡、图片和积木等，有助于开发孩子的数学逻辑智能；而小皮球、羽毛球和气球等，则有助于开发孩子的肢体动作和智能。另外，在购买玩具时还要考虑孩子的年龄特点和需求状况，并非花钱越多、档次越高、结构越复杂的玩具就越好。这里值得注意的是，我们不管选择何种玩具，都要讲究安全性。要防止孩子误尝误吞玩具，以免引发各种事故。玩具要经得起摔打，也要便于清洗和消毒。

其五，适度把握亲子游戏的时间。

亲子游戏时间过短，孩子玩得不痛快就草草收兵，则达不到预期目的。而孩子玩的时间过长，则容易影响他们的正常休息、学习和生活。尤其是孩子上小学、中学后，学习时间相应增加了，而亲子游戏时间相应减少了。如果此时家长不顾实际情况，过度地与孩子做亲子游戏，把孩子的“心”玩野了，则会影响他们的正常学习和生活。亲子游戏与孩子的学习绝对不是对立的，而是辩证统一的，它有助于促进孩子的智力开发和学习进步。但是，这里有一个条件，就是亲子游戏必须把握一个度，适度的亲子游戏会促进孩子的智力开发和学习进步。而超出了这个度，过多的做亲子游戏，势必会影响孩子的正常学习和生活，使其学习成绩下降，甚至导致孩子荒废学业，玩物丧志。值得注意的是，我们在大力倡导亲子游戏时，还要鼓励孩子多跟小伙伴一起玩，要让孩子当好游戏的主人，并培养孩子良好的游戏习惯。

第二节　虚拟亲子教育游戏的引导与应用

一、认识教育游戏

教育游戏（Edutainment）这一用语是在20世纪80年代起源于美国的，也就是从这时候开始对教育游戏感兴趣的学者针对游戏的教育运用与分析游戏的教育效果性方面做了一些研究。在国内，随着游戏，尤其是电脑游戏在人们生活当中的普及，也有一些学者将其作为教育技术的一个超前研究领域开始研究教育游戏了。如祝智庭和邓鹏，作为娱教技术的一种类型提出了教育游戏的概念。

在国外常用“娱教技术”（Edutainment）一词来表示教育游戏，

娱教技术的含义实际更加广泛，查阅文献和网站可知：

1．娱教技术是用来表述将教育与娱乐巧妙结合的一个教育术语。[1]

2．娱教技术是一个词语组合的产物，类似于“瞎猜”这个词，是将两个常用词结合而成一个术语，而不是一个单词。正如你推测的，“教育游戏”是教育和娱乐的混合。这一术语过去常用于描述各种带有教育意义的娱乐形式。[2]

3．根据白金汉（Buckingham）和斯坎伦（Scanlon）的解释，教育游戏是一种混合模式，它主要依靠视觉材料，以叙事或竞赛化模式的形式在电脑游戏中暗含教育，使开发商在设计时采用非正式的、少说教式的表达形式。[3]

在国内，随着教育游戏研究的日渐升温，很多专家学者都对教育游戏给出了自己的定义：

华东师范大学的赵海兰、祝智庭教授认为：教育游戏是带有教育意义的游戏，是教育与游戏的合成物。教育游戏的概念介于一般娱乐游戏和一般教育软件这两者之间。狭义上的教育游戏是指教育性和游戏性整合在一起，在玩游戏的过程中产生自然的教育效果。换言之就是“通过有趣性产生教育效果的游戏”。因为即使是以教育为目的的，但是失去了游戏的有趣性，就不可能称之为真正意义上的教育游戏。因此，可以说教育游戏的必要条件是“有趣性”，充分条件是“教育效

---

[1] Elements of Change. Edutainment [EB/OL]. http: //www. eocedutainment. com/edutainment-is. htm，2007-6访问。

[2] Computer Glossary. What is Edutainment? [EB/OL]. http: //www. iwebtool. com/what_is_edutainment. html，2007-6访问。

[3] Buckingham Scanlon. E-Learning Edutainment [EB/OL]. http: //wiki. media-culture. org. au/index. php/E-Learning_-_Edutainment，2007-6访问。

果”。从广义上来讲，教育游戏是指具有教育素材和游戏性因素的所有的教育软件。[1] 这么来讲，上面所讲的狭义上的教育游戏可以规定为优良的教育游戏。

南京师范大学的李艺教授认为：电脑教育游戏既指供教育及游戏目的而设计制作的电脑软件，也指称游戏者在电脑创设的教育游戏环境中，依据游戏规则，使用游戏策略，为达成游戏目标而进行的一系列活动。游戏者在游戏过程中能获得与日常生活不同的紧张、喜悦等感情，进而能完善或者提高自身性能的某些方面。

北京师范大学的余胜泉教授将网络游戏与网络教育结合，提出在线教育游戏，他认为在线教育游戏是以教育为目的（非娱乐为目的而带有某种教学功能）并基于互联网的游戏。在线教育游戏一方面继承了网络教育的优势，学习者可以不受时空的限制，在任何可以上网的地方访问在线游戏网站进行学习；另一方面也充分利用了网络游戏的优势，为学习者创建游戏化的学习环境，设置明确有趣的任务，赋予游戏内容以知识性和趣味性，给学习者带来强烈的刺激和全新的感受，同时它排除了一般电脑游戏中暴力、色情等成分，使其负面影响降到零。[2]

北京大学教育学院尚俊杰教授等人认为：将游戏直接应用于课堂教学存在困难，主要有：(1) 教师很难快速判断哪些游戏适合教学使用；(2) 要想让教育当局认识到游戏具有的教育潜力是比较困难的；(3) 教师缺少时间去熟悉游戏，因此不能更好地发挥它的用处；

---

[1] 赵海兰，祝智庭：《关于教育游戏的定义与分类的探析》，见《第十届全球华人计算机教育应用会议（GCCCE2006）论文集》，北京：清华大学出版社，2006。

[2] 余胜泉，林君芬：《2002年教育信息化应用回顾与展望》，载《中国电化教育》，2003（2）。

(4)由于游戏中存在大量与学习不相关的内容,因此会浪费课堂时间。[1]由此指出，将游戏应用到课堂教学中，并不是指的一定要用到电脑游戏的外在形式，如何将电脑游戏吸引人的内在动机用到教育软件中才是最为重要的。尚俊杰教授还提出了“轻游戏”的概念（“轻游戏”=教育软件+主流游戏的内在动机），根据这个定义，一些操作与练习式的游戏和一些模拟游戏及其他游戏可以被认为是“轻游戏”。

二、虚拟亲子游戏的提出

虚拟社区是基于计算机网络的社区，其概念最早被定义为“一群主要籍由计算机网络彼此沟通的人们，他们彼此有某种程度的认识，分享某种程度的知识和信息，在很大程度上如同对待朋友般彼此关怀，从而形成的团体”。从虚拟社区运行的特点来看，虚拟社区是发生在计算机网络空间内，运用互联网相关技术，以计算机网络作为信息互动平台，在某种程度上共享知识和信息，自由地表达意愿，充分体现民主精神，并存在自身规范的一个不稳定的社会群体。当前，由于许多青少年儿童较早地开始接触网络，而网络中信息鱼龙混杂，良莠不齐，涉世未深的青少年缺乏辨别和自制能力，容易误入歧途，这也让许多家长深感担忧。有的家长虽然懂得一些电脑知识，家庭中也具备上网条件，但是无法对孩子的网络行为进行很好的监督和掌控，这成为网络时代困扰家长和教育者的一大难题。有鉴于此，有专家提出在虚拟社区中设立虚拟亲子游戏，让家长和子女共同参与，在参与中互动，在互动中增进情感，改善亲子关系。

[1] 尚俊杰，李芳乐，李浩文：《“轻游戏”教育游戏的希望和未来》，载《电化教育研究》，2005（1）。

虚拟亲子游戏，是虚拟社区中一种特定的活动形式，主要以游戏化学习的方式，让家长和子女在共同的虚拟空间中以互动、协作等方式进行游戏化学习。一方面，亲子之间可以共同探讨问题，协作完成任务，获取知识，另一方面也可以促进亲子交流，增进亲子了解，改善亲子关系。游戏化学习是指学习者在游戏化的学习环境中，利用游戏化学习资源，以游戏化方式进行学习的过程。能开展游戏化学习活动的虚拟社区，称为虚拟游戏化学习社区，即在一个虚拟的游戏场景中，通过游戏的方式，让学习者们在轻松和愉快的探索过程、互动过程中学习知识，建构知识。在国内现有的网站中，比较著名的虚拟游戏化学习社区有学乐（中国）网络技术有限公司的“学乐中国”、传育网络科技（上海）有限公司开发的“S520欢乐学堂”、昱泉信息技术（上海）有限公司的“游戏学堂”、珠海奥卓尔软件有限公司的奥卓尔学习世界、创新未来电脑有限公司的“wawayaya”、香港意成资讯科技有限公司开发的“一课一练之传说之旅”，等等。而现有的以培养子女、交流育儿经验为主旨的虚拟亲子社区在互联网上主要以家长社区、亲子社区、家庭社区、成长社区、家长论坛、亲子论坛和家长网等形式存在，这些网站很少提供家长和子女进行在线虚拟亲子游戏活动的栏目。

三、虚拟亲子游戏活动的特点

其一，虚拟亲子游戏突破了地域的限制。

不管是基于地方城市、城镇，还是基于全国的虚拟社区，网络空间都为家长及其孩子塑造了一个更加广阔的社会场域，从内涵上突破了现实生活中相对狭小的学校与社区的局限。由于亲子活动参与者所处现实地域的广大，虚拟亲子游戏活动更容易突破地域限制，不再局限于某几个有限的地点，可以从城市到农村，也可以从一个城市到另一个城市。家长们可以在出差或异地工作的情况下，也能通过虚拟亲子游戏与家庭中的留守儿童进行互动。

其二，虚拟亲子游戏形式更加多样。

虚拟亲子游戏活动形式比学校、社区组织的亲子活动更加多样，内容也更加丰富。在网络上开展虚拟亲子游戏，可以不必购买现实中的道具等物品，亲子活动所必须的创意、信息资源就更加丰富，所设计的游戏活动的形式必然会更加多样。

其三，虚拟亲子游戏自主性强。

虚拟亲子游戏活动中参与者的自主性更强。与在网络论坛里一样，对于虚拟社区里提供的亲子活动，家长可以对活动进行检查审核，对不适合自己孩子的活动可以不参加。在活动过程中，家长也可以随时掌握游戏的时间，在适当的时候选择结束游戏，督促孩子学习或休息。

其四，虚拟亲子游戏合作互动性强。

在虚拟亲子游戏活动中，家长与孩子不仅可以自由地分享他人的知识与资源，而且可以自由地拓展自己的思想与才华，使得家长和孩子有更多施展特长的机会，更多相互合作的机会，从而增进彼此的了解和欣赏。

第三节　虚拟亲子互动游戏化学习社区的构建

一、认识虚拟亲子互动游戏化学习社区

（一）社区概念的起源

《辞海》对社区的定义是："居住在一个地区共同生活的人群。也

即在互相联系的经济和政治活动中，形成一个具有一定程度上相同的价值观念和相属的认同意识，以及相应的实体单位。要素有四：人口、地域、相联系的有组织的社会经济活动及与之相适应的管理机构、维持集体生活所必需的共同行为规范及其制裁制度。”

中文的“社区”一词是辗转翻译而来的，它经历了从德文的“Gemeinschaft”到英文的“Community”，然后到中文的“社区”的语言的旅行过程。

（二）社区概念的丰富和发展

由于在不同国家、不同地域、不同文化以及不同的历史发展阶段中，社区研究有着不同的实践，因此学者们对于社区内涵和外延的界定出现了多元化的趋向，对于究竟何为社区，也就出现了众多的分歧性的意见。

社区一词虽然有许多不同的定义，但在总体上包含着三个理论分析角度。一是从人与社会的关系角度看，社区是指人们在一定位置上的互动和由这种互动产生的群体。所以，社区是互动与处于一定位置的人们合法化的群体。这种群体和空间社区的力量能够联合和引导它的成员的行为，以导致其内部的相互依赖以及人们与群体一致的情感。二是从文化理论的角度看，社区是指一个特定空间的团体中的人们，由重要的社会行动联结，产生了情感上的同一体。三是从空间理论的角度看，社区是指人们居住的物质空间。空间对社区是十分重要的，因为任何社会体系都是具有一定空间结构的实体。人们之间发生的各种接触、情感和认同都定位于一定社区。

社区在社会学中指的是进行一定的社会活动、具有某种互动关系和共同文化维系力的人类生活群体及其活动区域。社区一般包括如下几层含义：

第一，社区总要占有一定的地域；

第二，社区的存在总离不开一定的人群；

第三，社区中共同生活的人们由于某些共同的利益，面临共同的问题，具有共同的需要，遂结合起来进行生产和其他活动，在这个过程中，产生了某些共同的行为规范、生活方式和社区意识；

第四，社区的核心内容是社区中人们的各种社会活动及其互动关系。[1]

（三）虚拟社区形成的缘由

从社会学角度看，一个社区的形成至少应该具备两个方面的条件：一是需要有一种能够支撑共同体内群体社会生活的物质条件，如一定的空间区域、自然生态环境等；二是不同的人们愿意相互依赖，并在共同参与建设中产生持续的社会互动。这是任何社会生活“共同体”得以形成和发展的主客观方面的要素。实际上，虚拟社区得以形成也基于这两方面的因素：由“人机关系”引发的内在需求和网络与网络技术创造的外在的物质条件。

虚拟社区（Virtual Community）是互联网发展的产物。成千上万的人聚集在网上聊天，寻找相同爱好的人，辩论某一话题，玩游戏，交流信息，寻找支持，购物，或者只是与别人闲聊。他们进入聊天室、公告牌，加入讨论组，或者用即时消息创建小组。这些在线的社交聚会，有多种名称，如“在线社区”“虚拟社区”等。霍华德·莱茵哥德(Howard Rheingold)是最早的虚拟社区(www.well.com)的创始者，他把虚拟社区定义为：“当足够数量的人们在赛柏空间带着情感，进行

[1] 司治国：《游戏化学习社区的开发与应用研究》，首都师范大学2005届硕士学位论文。

长期的公开讨论，从而形成了个人关系网络，这时就从Internet呈现出一种社交集合。[1]”虚拟社区也称为CLUB,包含的功能主要有公告栏、群组讨论、社区内通讯、社区成员列表、在线聊天等，提供现实社区所需的各种网络交流手段。

（四）虚拟学习社区的概念

国外学者帕洛夫（Palloff）和普拉特（Pratt）（1999）指出：社区的地理场所不是必须的，一个社区可以建立在网络虚拟空间里，成员们不一定要相互见面，他们可以通过计算机辅助通信技术而相互联系和交流，成员们通过共同参与，对目标、规范、义务和沟通方式的讨论来构建起虚拟社区（VLC）。将社会学中社区的概念应用于学习，则可以称之为学习社区，在学习社区中，占有的一定区域是计算机虚拟的网络学习场景，特定的人群包括教师和学习者们，人们面临共同的学习问题，具有共同的学习需要，并且能够结合起来进行学习，进行互动，共同建构知识。国内一些学者已经提出学习社区可以改变传统的教学方式和学习方式，使学习方式从传统的“独学”变为“群学”，使学习结构从“封闭”变为“开放”，最终使教学从“知识传授”转变为“知识建构”。一般来说，虚拟学习社区具有以下的一些功能：(1)提供一个方便的、有明确学习目标的多用户学习环境；(2）通过虚拟空间，克服时间上和地域上的界限；(3）便于学习者、教师和其他的人进行交流与合作；(4）允许教师和外部专家随时对学生的学习进行评价。[2]

---

[1] Rheingold, H., Slice of life in my virtual community, global networks: computer sand international communication. Cambridge: MA: MIT Press, 1994, p.5.

[2] 马晓兰，李文莉，王其云：《构建基于校园网的虚拟学习社区》，载《中国远程教育》，2003（3）。

按照虚拟社区的特性，我们认为虚拟学习社区是一个满足知识时代的教育要求的强有力的工具。虚拟学习社区能够为学习者提供一个开放的学习环境，并能够促进知识的获取、分类、存储、共享。学习者在这样的学习环境中交流信息，探讨问题，产生新观念，拓展新思路，交流学习心得，相互争论，达成共识，不仅学到了知识，而且获得了学习能力，提高了多种智能，也促进了团队合作，提升了集体智慧。因此，随着互联网的发展，虚拟学习社区已逐渐成为信息时代搜集知识、学习知识、传播知识的主要网络场所。

虚拟学习社区是以网络作为一个虚拟的时空，作为我们生存和工作方式的基础，它具有多媒体化、交互性、及时性、开放性等特征。虚拟学习社区打破了课堂空间条件约束的限制，是一个发展学生个性的自由空间。它只是现实的一种模拟，是一种虚拟现实环境。这个环境提供了师生共享、进行交流和创造性活动的空间，从而支持学习环境的设计。在这一环境中，学习者可以进行协作性学习与知识建构，学生是以虚拟角色身份“生活”于虚拟世界中的，他们为了完成学习任务而相互合作，形成了较为密切的团体。

（五）虚拟亲子互动游戏化学习社区的提出

游戏化学习是指学习者在游戏化的学习环境中，利用游戏化学习资源，以游戏化方式进行学习的过程。游戏化学习社区，则是在一个虚拟的游戏场景中，通过游戏的方式，让学习者们在轻松和愉快的探索过程、互动过程中学习知识，建构知识[1]。随着信息时代的到来，教育游戏、网络学习社区也相继出现，国内已有公司和学者将二者结合，

[1] 司治国：《游戏化学习社区的开发与应用研究》，首都师范大学2005届硕士学位论文。

研发出兼具娱乐与教育作用的游戏化学习社区。通过分析发现，我国目前的游戏化学习社区中包含的教育游戏软件一般为Flash游戏，游戏的适用对象均不约而同地指向小学，这也许与小学生爱玩的特征和相对较轻的学习压力有关，涉及的学科领域比较单一，主要有小学数学（一至六年级）、小学语文（一年级）、小学英语单词，而科学、历史、地理、物理、化学、生物、思想品德等科目比较少见。

如果能利用游戏化学习社区为青少年亲子互动服务，将游戏化学习社区作为知识传授、技能训练和情感培养的媒介和平台，在网上构建寓教于乐的虚拟学习社区，使网络游戏的自主性、体验性等优势与具体的学科领域知识相结合，就可以通过网络虚拟环境为正处于青春期的中小学生，以及他们的家长搭建一个互相交流、防止疏远的平台，进而解决青春期子女与父母疏远的问题。通过父母与子女的协作游戏和竞赛，增进彼此的了解和沟通，用一种积极科学的方式引导刚刚接触网络的青少年，同时也教会家长怎样用正确的方式与处于青春期的子女沟通，最终达到家庭、学习、游戏三者和谐相处的效果。

综上，我们将虚拟亲子互动游戏化学习社区定义为在一个虚拟的网络社区场景中，通过游戏或协作竞赛的方式，让青少年及其家长在轻松愉快的探索互动过程中学习知识，建构知识，进而达到增进亲子感情的目的。

二、虚拟亲子互动游戏化学习社区的知识建构

（一）知识建构概述

1．知识建构的定义

知识建构是建构主义学习理论中的一个核心术语，其对应的英文词是“Knowledge Building”、“Knowledge Construction”，其中“Knowledge

Construction”更为常用。根据现代知识观，知识是人类主体有意识、有目的地建构起来的。知识的获得，不是学习者简单接受或复制的过程，而是学习者积极主动建构的过程。无论知识的创造和创新，还是知识的传播和利用，实际都是广义的知识建构过程中的一部分。斯卡德玛丽亚和波里特对知识建构进行了明确界定，即知识建构可以定义为有价值的观点和思想的产生与不断改进的过程。在学习共同体的建构过程中，知识建构的目的是通过学习共同体中大于个体贡献之和的集体贡献来实现的。[1]“知识建构”是建构主义的课程与教学论的核心理念。所谓“知识建构”是指知识是不能简单地进行传授的，而必须通过学生自身包括个性和群体已有的经验、方式和信念，对所要“理解”和“消化”的知识做出自己的解释从而获得知识的意义。知识建构的主体是学习者，“知识建构”的过程是知识的产生和掌握的过程，也是学习者的学习过程，实质上是学习者的认知结构与认识策略、经验方式和情操态度发生积极变化的过程。

2．知识建构与学习的关系

斯卡德玛丽亚认为，学习与知识建构是不同的，学习是指个人知识的增加，以及信念、态度和技能的变化，学习是一个内部的难以察觉的过程。而知识建构是一个创造和改进公共知识的社会过程，人们可以得到这种知识并使用它。当然，创造公共知识也导致了个人学习。当人们思考某种观点的优缺点、应用与局限，并通过一起工作以进一步发展其潜力和改进知识时，知识建构就发生了。知识建构的目的是

---

[1] Scardamalia&Bereiter. Computer support for knowledge-building communities. ln T. Koschmann(Ed.), CSCL: *Theory and practice of anemerging paradigm*. Hillsdale, NJ: la Lawrence Eilbaum.1996: pp.249-68.

通过参与这一过程使人们拓展知识的视野。学习和知识建构的关键区别在于，学习是快速增长的社会文化资产的传播过程，而知识建构是努力增加社会文化资产。

学习，从本质上说，就是一种知识建构的过程，是学习者通过一系列活动建构自己知识的过程。知识是学习活动的产品。在学习活动中，学习者根据自己的经验，通过一系列的认知活动（如感知、解释和分析）同化和吸收新的信息并纳入到自己已有的认知结构中，与他人进行协作，最终完成知识意义的重构过程。

3．知识建构的原则

学习社区的讨论论坛，是协作学习和知识探究的重要组成部分，但并不是所有的讨论都有利于知识建构，或者具有知识建构的特征。斯卡德玛丽亚描述了学习论坛知识建构的12个特征[1]。这些原则之间相互联系，彼此之间互相促进。从实践和概念层面上来讲，技术在知识建构中都具有十分重要的作用。知识建构的原则主要包括：

（1）观念和问题应具有真实性。面向知识的问题通常是在尝试理解世界的基础上产生的。观念的产生常常同真实的、联系密切的事物相关。学习者所关心的问题通常来自课本中的疑难问题。

（2）观念的可改进性。学习者所具有的观念具有可改进性。学习者参与知识建构过程以改善他们所具有的观念，并取得一贯性和实用性。要实现这一目的，需要在社区中建立一种全新的文化，即让参与者在采取冒险行动时能够感觉到安全性，尤其是当他们暴露自己的无知、说出不成熟的想法、进行批评和自我批评的时候。

---

[1] Scardamalia, M. (2002) *Collective cognitive responsibility for the advancement of knowledge*. http://db.ikit.org: 37495（2004.2.15）

（3）观念的差异性。观念的差异性是知识赖以改善的核心，这同生物的差异性作为生态系统的本质是相同的。对某一观念的理解既包括理解同它相关的各种观念，也包括那些可以替代的观念。观念的多样性为形成新的和可优化的观念创立了一个丰富的环境。

（4）在更高层面上的超越性。创造性的知识建构使得工作更加具有包容性和更高层次的问题表述，它意味着学习应包括多样性、复杂性和混合性。它不是简单的或者新的概念性综合，而是采用更加完善的理解计划所实现的知识建构。知识建构者的工作不是繁琐和简单化的，而是对当前自身的超越及其实践的应用形式。

（5）认识的中介作用。认识的中介作用，即个体能够根据内部和外部观点之间的关系形成某一些决定。在理想的情况下，最终的决定应包含对某一观念的修正，该观念将成为后续知识循环工作的目标。对教师来说，最大的挑战是如何将该工作转交给学习者，而不是替他们完成所有相关的、协商的和协调的行动。因此，学习者应提出他们自己的观念，并同他人的观念进行交流和协商。在此基础上采用对比的方法激励和维持对知识的不断改善，而不是依靠他人进行课程设计。因此，学习者需要处理好目标、动机、评价和长期规划等问题。通常说来，这些问题是由教师或者管理者完成的。

（6）社区知识和集体责任。如果个体参与实现共享的和高层次的目标，他们所作出的贡献应同个体的其他成就一样受到表彰。团成员之间能够形成有价值的概念，并且在社区中为了形成知识的总体成就而分享相应的职责。

（7）民主化知识。对于知识建构过程的参与者来言，他们是分享社区目标的合法贡献者，并为在小组中所实现知识的改善而感到自豪。

组织的多样性和部门的差异性将不会导致有知者与无知者、革新者与非革新者的分离，因为他们都要投入到知识的革新过程中。

（8）改善均衡性知识。专门知识通常在社区内部或者社区之间进行分布。不同个体之间知识均衡性的改善将会促进个体之间知识的交换，并最终改善人们对知识的接受。

（9）知识建构的普遍性。知识建构不需要特定场合，也没有不同学科的限制。在人类的内心生活中，无论是在学校内还是学校外，都可以导致知识建构的发生。

（10）真实资源的建构性利用。了解某一学科，即意味着明确该学科当前的发展和应用状况，并且了解领域中该学科的边缘性知识。这需要参与者对真实资源的关注和理解，并采用批判性的姿态。

（11）知识建构的内容。知识建构社区中的内容并非完全的知识分享。知识本身主要通过社区实践而得到精练和改变，因此知识的改善活动成为知识建构的明确目标。

（12）评价的嵌入性和变化性。评价是知识改善行动的组成部分，主要用于发现学生学习中所存在的问题，并伴随学习的全过程。同外部评价相比，社区自身内部的评价具有更强的规则性，评价过程和组织也更加严格。

4．知识建构的过程

知识创造过程是隐性知识与显性知识之间不断互动和螺旋上升、从量变到质变的过程。知识建构过程可以从两个维度加以解释：个人知识建构过程和社会知识建构过程[1]。

[1] Kang, M. & Kwon, Y. (2001) A conceptual framework for a web-based knowledge construction support system. *Educational Technology*. Vo.41, No.4.

（1）个人知识建构。学习是在学习者已有的隐性知识的基础上开始的。当学习者进行某种活动或计划时，有可能已有的知识不能为问题提供现成的答案，学习者的知识和必须完成的任务或活动所需的知识有差距，这种差距就会在学习者内心产生认知冲突和焦虑。对社区的学习者来说，就是已有的知识和学习目标所规定的知识之间的差距。为了完成任务或解决问题，学习者原有的知识图式就需要弥补，学习者通过重新解释和补充原有的知识意义结构，达到一个新的理解层次，这样就能修补原有的知识欠缺，弥补两者之间的差距和学习者的认知冲突。这种重新解释包括来源于外界的一些反馈，如从以往使用的工具制品和符号系统的经验中获取，或者从他人的观念中获取。一旦问题得到解决，这些新的知识就会逐步成为新的隐性知识，并为新的学习提供起点。

（2）协作知识建构。有时依靠个体的独立学习并不能使承担的任务或问题得到解决，这时就需要通过协作进行知识意义的共同建构，这样就开始了学习的社会化过程。首先，学习者将个人的问题或观点公开化，引起其他参与者的讨论，提出各种不同的观点，这样原有的观点就进入到一个更深入和更广泛的讨论空间，使各种观点和解释在此交锋和冲突；其次，促进这种观点的相互交流，通过不断地对意义和术语的阐释和澄清过程，就有可能得到收获，达成共识。

协作知识建构可以用社会建构主义原理加以解释。社会建构主义认为，知识是与社区成员相互作用的建构过程，知识不能独立于个人所处的社会文化情境而存在。学习者和小组成员具有共同的学习目的和重点，通过协作学习共享学习成果。协作知识建构过程由输入、协作和输出三个阶段组成。输入阶段的主要特征是计划小组共同的学习目标，并明确协作学习的要求；协作学习阶段包括组内协作和组与组之间的协作；输出阶段完成集体知识的建构，共享学习成果。

5．虚拟亲子互动游戏化学习社区对知识建构的支持

虚拟亲子互动游戏化学习社区与虚拟学习社区一样为学习者提供了一个学习的空间。在这一空间里，学习者可以表达自己的观点，并可以与其他社区成员进行交互，从而进一步深入下去，最后达成一致或某种程度的共识。虚拟亲子互动游戏化学习社区的学习者既可以是孩子，也可以是家长。孩子们在社区中可以通过互相交流或亲子之间的交流完成知识的建构，家长们也可以通过同样的方式获得养育孩子的经验，以及与子女协作的体验。虚拟亲子互动游戏化学习社区不仅要为亲子间多个阶段的知识建构提供给养，发挥促进和鼓励作用，在各个阶段为观点的形成、表达和交流提供便捷的媒体工具，而且必须把各种观点和知识成果保存到数据库中，以便学习者在今后可随时随地浏览、编辑、增补和反思。

虚拟亲子互动游戏化学习社区可以从如下几个方面支持知识建构：

(1) 图文表达。协作学习应该促进学习者表达自己的观点，并以简捷的形式保存观点。简单的文本编辑器可满足基本要求。有的系统还提供多种脸谱符号，以表达多种感情状态。为了鼓励学习者发表自己的观点，有的系统还引入流程图、脚手架、提示语言或小精灵。有些还提供了图表插入和编辑、地址链接、大纲编辑和头脑风暴区等功能。

(2) 个人观点陈述。个人观点的公开陈述会面对其他成员的审视、评论。虚拟亲子互动游戏化学习社区展示由此产生的各种不同的观点。一个成员可以从多种角度提出多种观点，多个成员也可就某一个观点达成共识。

（3）成员的公开陈述。知识建构环境应该为各种观点之间的比较提供支持。学习者可查看各种观点论述，或采纳某一种观点。把各种观点放在一起是为了便于比较，有助于促进学习者在各种思想、见识和阐释上取得一致意见，达成共识。

（4）相互讨论。知识建构环境最常使用的工具是讨论论坛。这种异步的交流系统让参与者对他人发表的帖子做出回应，以时间序列和树型目录形式排列不同的观点。一个知识建构环境应该避免无方向性和目的性的讨论，而必须使发散的观点得到收敛，形成共识和公认的思想。

（5）论据／原理。虽然论坛上的每一个回帖都是对他人帖子的回应，但讨论必须有更复杂的内在结构。一般来说，参与者的回应可能是赞成或反对他人的观点，或者提供证据支持或反驳他人的命题。这种辩论结构可以用概念地图的形式来表达，使之明晰化和条理化，促进学习者对知识建构过程的理解，让他们发现有哪些论据还不足，需要补充，或者为他们寻找另外的方法提供思路和参考。

（6）意义辨析。小组或学习社区建构知识的一个重要的条件就是要达成共识，否则就失去了意义。参与者可以通过相互辩论，对各种论述中的关键词汇和术语的意义进行辨析，促成各种观点的收敛。这种对术语意义的讨论，能够使参与者显现出对术语的不同理解，并逐步达到准确的理解。通过对各种观点的交流、共享或协商，在共同理解的基础上，学习者之间的讨论也就向着观点的收敛方向发展。

（7）共享理解。关键词汇、术语意义的讨论，经过补充、纠正、弃用、完善等环节，其定义在参与者同意的基础上达成共识，这样就产生了小组的共同语言——小组术语表。小组讨论的过程，实质上是对各种观点中的关键词汇、术语进行辨析，从而达到一致理解的过程。

(8) 观点协商。协商阶段是知识建构的最重要的阶段。此时，对论点理解的巨大差异常常被显现出来。讨论成员之间，尤其是亲子之间公开和平等的讨论氛围是必须的。相对于面对面的讨论来说，学习社区的虚拟性可以避免因地位、身份和学识的不同，导致不平等的讨论，并可以在协商的过程中，将与论题相关的各种因素讨论清楚。更重要的是，协商是促使各种观点达成共识、使之收敛的关键环节。学习社区平等对话的交互环境，为这种观点的收敛提供了有力的支持工具。

(9) 共享知识。对共享知识的协商和综合的结果，形成了虚拟学习社区内各个小组的共识。像个人观点一样，小组的共识可以展示在学习社区，为整个学习社区所共享，这样，它们往往被个人接受和继承。参与者在他们各自的观点和小组的共识的基础上建构知识，并重新审视和评价这些共识，开始新一轮的循环。

(10) 形式化/客观化。共享的知识并不是协作知识建构循环的最后阶段。这些知识必须经过归纳整理，成为形式化的文档或图表。当这些知识可以用文字表达清楚时，也可用其他的符号系统来显示，或者合并到一个更大范围的知识体系结构中。例如，在研究领域，这些知识可以进入课堂，可以以会议论文、杂志论文和著作出版。以这样的方式，这些思想就进入了一个更广阔的讨论范围，扩展到社会领域，人们则开始接受或修正这些新的知识。

(11) 文化制品/展示。这些共享的知识最后以文档、知识库、出版物或其他文化制品的形式展示，并被人们所接受。作为学习者自己知识图式的一部分，共享的知识随之也成为人们构建新知识的基础。例如，虚拟学习社区资源库中的许多学习资源，都是来自其他社区的成果，并成为支持虚拟学习社区知识建构阶段的一个重要的组成部分。

三、虚拟亲子互动游戏化学习社区的情感策略

（一）虚拟亲子互动游戏化学习社区情节的情感设计策略

情节选择和设计的好坏在很大程度上决定了儿童对游戏化学习社区的认同程度，营造生动的情节以满足儿童追求的情感可以增加他们对的游戏化学习社区的认可度和忠诚度。

现有的大多数虚拟游戏化学习社区提供的游戏内容通常带有比较浓重的学科性质，且多半是简单的线性结构。在设计过程中，往往更注重知识的贯穿，将知识点或者练习题生硬地与某一毫无关联的故事情节捆绑在一起，学习者一般只需进行机械的判断或者具备基本的识记能力就能迅速完成学习目标，形式一般是通过做题升级，以达到认知性知识的掌握。因此,学习者在整个游戏过程的情感参与度几乎为零。加之游戏内容的聚合性不强，学习者在一个环节中学习到的知识与技能很少能用于另一个环节，情感延伸度不够。学生多半玩过一次或者熟悉后，就完全明白游戏的运作形式，渐渐失去参与热情。

鉴于情感对学习者学习过程有重要的启发、激励、维持和调控作用，因此在将知识点融入虚拟亲子互动游戏化学习社区时，要注重情节的情感设计，让学习者从自我挑战、同伴认同、团队精神、展现自我以及成就感、归属感方面获得情感体验。

1．遵循的原则

（1）新颖性原则。新颖性既可指情节取材内容别出心裁，也可以以新的方式呈现经典的故事情节，即“旧瓶装新酒”，同样也会给学习者带来不同的情感体验。

（2）关联性原则。一方面，拥有完整故事情节和主题的社区通常包含有多个小情节，这些小情节是将社区各场景关联起来的重要因素，也是将学习者情感串联起来的重要桥梁，因此小情节应该一环扣一环；另一方面，要注意情节与场景的关联性，场景应该更好地为情节发展服务，如果角色在游戏中不停跑动，而身边的建筑物却没有丝毫变化，这样的设计明显是不合理的。

（3）合理性原则。社区中情节的发展和变化不应违背生活规律和伦理道德。

2．设计策略

在虚拟亲子互动游戏化学习社区中，情节的架构可以采用的结构化模块有：单线式结构和非线性结构，其中，非线性结构又包含橄榄状结构、树根状结构、树冠状结构和网状结构。但并不意味着越简单的结构就越难以体现情感，越复杂的结构，情感的表现力度就越强烈，这也与社区游戏主题、类型等有很大关系。

首先需要明确的是一个强制灌输的情节，或影响社区娱乐性的故事，会降低学习者的自主性和参与热情。对社区情节进行情感设计的主要目的就是让情节变得生动有趣，使学习者能够快速地融入故事情节，甚至能够感觉故事情节就是由自己的行动决定生成的，从而让情节具有深刻含义，触动学习者的情感。同时，将社区中的人和事串起来，让学习者感到是一体的，伴随着情节的推进，学习者的内心感受和情感能逐步加深。具体设计策略如图7-1所示：

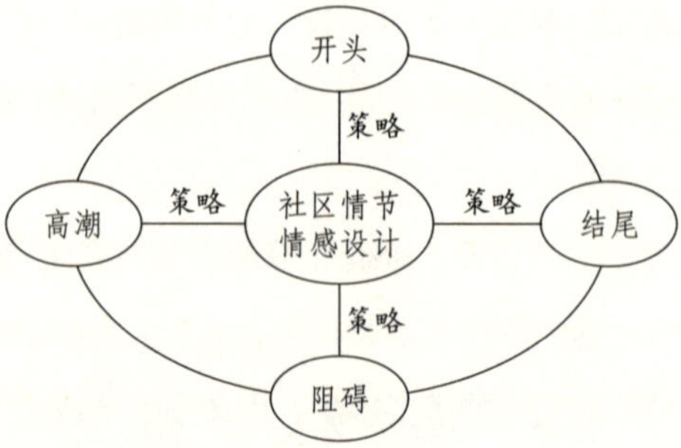

图7-1 虚拟亲子互动游戏化学习社区情节的情感设计策略图

（1）开头的情感设计

根据戴维·弗里曼（David Freeman）的情感工程技术，可以利用开头影片片断技术交代故事背景或者渲染整个基调，例如可以从神秘开始，通过在开头创设神秘的场景、力量或者过程吸引学习者；从情节的悬念开始，即在一开始就推出正在进行的动作，将学习者很快地带入具体情境中；或者是让学习者控制角色进入独特世界，通过独特世界营造很强的吸引力，勾起学习者的好奇心和更深入了解的欲望。总之，通过安排一些有意思的情节，让学习者体验现实世界难以体验的活动，并且尽早让学习者在社区中遇见好玩的事。

（2）情节阻碍的情感设计

所谓情节阻碍指的是游戏进行过程中玩家必须要解决的问题，通常这些阻碍是由人、事、物组成的。[1] 也可以理解成游戏给游戏者布置的任务，他们必须越过这些阻碍是或完成这些任务才能进入下一个环节，或获得某种奖励。

[1] 北京汇众益智科技有限公司，信息产业部软件与集成电路促进中心：《游戏架构设计与策划》，166页，北京：电子工业出版社，2007。

如果学习者在虚拟游戏化学习社区中没有明确的任务，那么他们在社区中采取的一大堆行为就都没有意义了。学习者面对的任务有大有小，有些任务可以单独完成，有些必须通过合力实现，有些任务是某些任务的集合。在大多数情况下，角色任务仅仅针对学习者控制角色，“非玩家控制角色”（英文缩写为“NPC”）也可以有任务，但这个任务一般需要学习者控制角色共同参与才有意义。

任务的设计也是一种感性的表现形式，应该通过一切必要的艺术表现手段让任务使学习者产生兴趣并愿意接受。对任务进行情感设计主要是从任务的内容和完成的方式两方面入手：

其一，任务内容。

游戏化学习社区包含的任务内容通常与知识、技能的掌握以及情感培养有关，将这些知识穿插于游戏任务中时，完全可以加入富有情感色彩的情节，从而调动学习者丰富的情感。例如，将学习目标穿插在让学习者控制角色保护或帮助其他角色的行动中，也可以穿插在要求学习者控制角色对其他角色、某个团体或整个社区负责的任务中。当学习者控制角色达到学习目标时，也同样学会了为其他角色、组织、种族或者所关心的事情承担责任，这就从侧面培养了学习者的同情心、责任感和社区服务意识等；共同目标或共同考验能使学习者控制角色，并与其他角色结合得更紧密，从而增强集体意识感；任务中包含让角色遇见困难的决策，比如面对情感与道德的艰难选择，在做选择的过程中就能加深学习者的情感体验。

其二，完成的方式。

向学习者提供完成任务的多种方式，即学习者可以选择不同的途径或按不同的顺序完成各种任务，会让学习者觉得更主动。

总体来说，将角色遇到的任务一般化，使学习者能够更贴切地体味角色的心理感受，从而增加对角色的认同度，加大情感投入力度。另外，如果是在任务中建立情感与道德决策点时，要注意避免一个选择比另一个选择具有明显的吸引力以及在决策点之处建立保存点等问题，这些都会减弱学习者情感选择的力度。

(3) 高潮的情感设计

虚拟亲子互动游戏化学习社区包含的故事情节如果只是没完没了的平淡，也会让学习者感到不快，失去积极探索和活动的热情。因此为在社区活动的学习者精心安排若干高潮情节也是有必要的，从而延长学习者情感参与的时间。

要想使社区情节能打动学习者的情感，首先必须要有让学习者在乎的人或事。可以先通过一段平稳的低潮作为铺垫让学习者的情感有所积累，等积累到一定程度后，再将该人或物置于紧张和危险的状况，这时便会出现一个或大或小的高潮，从而让学习者释放出之前积累的情感；让其他角色遇到危险或看到自己关心的人处于危险之中而帮不上忙，这也是一种复杂的情感；让学习者在社区活动过程中经历不同的观点，这种思想映射也能使故事的情节加深，从而大大增加虚拟亲子互动游戏化学习社区的情感范围和影响。

(4) 结尾的情感设计

结尾在整个情节情感设计中同样占据重要的地位，它是学习者情感在社区整个活动的终结。结尾既要有足够的转折与意外，又要避免落入俗套，并对辛苦这么久的学习者有所报答，还不能让学习者觉得又要用新道具和新规则重新开始，解决新的问题。结尾一般有完美型和缺憾型两种，考虑到虚拟亲子互动游戏化学习社区主要为学习者带来积极、乐观和愉悦的情感享受，因此一般采用完美型结尾。

除了注重对情节开头、任务、高潮和结尾的情感设计外，为了让整个社区的活动看起来像一个整体，一些聚合策略的运用也是十分必要的。根据戴维·弗里曼（David Freeman）情感工程技术中的聚合技术，可以通过社区活动主题将整个情节串联起来；或者社区一个活动板块使用社区另一板块中学到的能力，社区一个区域的非玩家控制角色提到另一个区域的某个非玩家控制角色等。通过这些方式，会在很大程度上加强学习者的沉浸感和社区意识。

总体来说，在对虚拟亲子互动游戏化学习社区情节进行情感设计时，最重要的是要把握学习者对社区的影响频谱，如果叙述性故事过多，学习者对社区的影响就越局限于细节。因此，要增强学习者在社区中的自主性，提高学习者对故事主线的参与和把握程度，不宜大段地出现叙述性情节，但是精彩的情节片断描述也是必不可少的。

（二）虚拟亲子互动游戏化学习社区场景的情感设计策略

在虚拟亲子互动游戏化学习社区中，学习者是否关注社区场景，关心社区中的人物和发生的事件，将会决定学习者投入情感的多少。

鉴于目前虚拟亲子互动游戏化学习社区包含的游戏以Flash形式居多，类型较单一，通常一个Flash游戏提供一个简单的游戏场景，且场景与学习内容一般不存在必然联系，连贯性也不够，这些因素必然会导致儿童参与的积极性、情感的投入量逐渐降低。因此，在对虚拟亲子互动游戏化学习社区场景进行设计时，要注意学习者情感投入的延续性，使学习者的情感在社区活动过程中得以积累。

1．遵循的原则

(1) 把握整体基调。只有确定了场景的整体基调，才能保证各区域场景以及场景中包含的各项事物相互融合，才能从整体上体现社区所要传递的情感基调，并能让置身其中的学习者自然而然感受到这种情绪。

（2）注重细节设计。细节的设计往往最能打动人心，它能够更好地体现社区的人性化理念和服务意识，拉近学习者与虚拟社区的距离。

（3）加大艺术含量。艺术性元素的加入能够增强社区的文化底蕴并为学习者营造一个更良好的学习氛围，带给学习者愉悦的审美情趣。

2．设计策略

在虚拟亲子互动游戏化学习社区中，场景的情感设计涉及角色所处自然环境、生活环境或历史环境的设计，包括气候、街道、建筑物和非玩家控制角色位置安排等。场景设计主要讲求风格和布局，一个拥有精美画面、良好布局的虚拟亲子互动游戏化学习社区能给学习者带来舒适的视觉享受，营造某种氛围和奠定情感基调，从而与学习者进行最初的情感沟通。

知名游戏制作人王世颖通过对近二十年来最受欢迎的游戏进行分析后得出游戏场景都有共同的特点：游戏画面带有一定卡通成分，色彩饱满以及画面靓丽舒适。[1] 这同样适用于虚拟亲子互动游戏化学习社区场景设计。具体策略如图7–2所示：

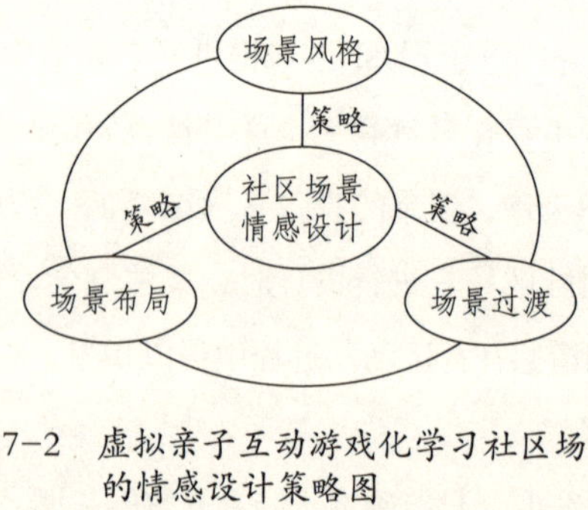

图7–2　虚拟亲子互动游戏化学习社区场景的情感设计策略图

[1] 孙辉：《游戏十年——访知名游戏制作人王世颖》，载《程序员：游戏创造》，2007（2）。

（1）场景风格的情感设计策略

场景风格的情感设计需要把握和控制场景需要烘托的氛围。场景风格包括整体风格和区域风格，保持各场景风格的一致性是视觉审美的最基本需求，并能延长学习者情感沉浸性的持续时间。

针对儿童的社区场景，可以以校园、家庭小区这种贴近生活的写实风格为主，或者采用古代城堡和梦幻岛屿这些富有浪漫气息的风格，抑或卡通的淘气风格；色彩上宜采用较为明快的色彩作为主色调，例如绿色代表生机，粉色代表温馨甜蜜，红色代表热情。这些场景和色彩的运用较易于调动他们参与的积极性，使他们产生愉悦的感情。在对非玩家控制角色的选择上，糖果店里的老奶奶、蛋糕店里的糕点师，城堡门外的卫兵都能够起到烘托场景的效果。就像乌龙学院，在对整体场景和区域场景的设计上都力求精美，在色彩的应用搭配上也很有考究，这些都是值得借鉴的。

此外，由于独特的文化形式可以加深学习者对艺术的理解和感触，因此在对社区场景进行情感设计时，也可以适当加入一些历史背景或元素，从而加深儿童的民族情感。

（2）场景布局的情感设计策略

在奠定了场景风格后，需要对场景中包含的各类事物进行合理布局，从而符合学习者的空间思维习惯，并能有效调动学习者的积极情感因素。

①物理空间布局

物理空间布局是指对由天然和人造的景物构成的可视环境里的不变事物进行合理布局，包括树木、河流、花草和道路等。对于这些不变的事物，更应该注重其外形设计和色彩运用，才能更有效地辅助场景烘托氛围，营造气氛，牵动学习者的情感。

一般而言，宽大的空间布局能使学习者心境开阔，有稳定、博大的感觉，高而直的空间布局会让学习者感到敬仰和神圣，圆形的空间布局给学习者以舒适、圆润之感，而四方形的空间布局则大气、安定。鉴于儿童的情感具有依赖性的特点，因此在建筑物和角色的布局中，应该始终保证学习者的视野范围内出现一些人或建筑物，从而增强学习者的安全感。

②社会空间

社会空间是学习者通过自己的联想，在脑海中主动建构出的另一个完整的空间形象，其最大的特点就是与学习者的记忆相关联。因此，在对虚拟亲子互动游戏化学习社区场景进行情感设计时，使社区中的场景与儿童现存记忆中的情感因素连接起来，这样更易与学习者产生情感共鸣。

(3) 场景过渡方式的情感设计

虚拟亲子互动游戏化学习社区可用的场景过渡方式有切换、互切、匹配互切、淡入和推。学习者在社区活动的过程中，如果从一个场景迅速过渡到另一个毫不相关的场景里，或者场景视域范围和色彩突然发生很大的变化，都会破坏学习者的空间连续感和情感延续性。因此，在设计时要注意场景过渡时的逻辑性和对称性。此外，场景过渡的流畅程度也会影响学习者的情绪，如果从一个场景过渡到另一个场景需要花费或等待较长时间，学习者会逐渐失去耐心进而产生放弃的念头。

总体来说，对虚拟亲子互动游戏化学习社区场景进行情感设计就是讲求情感氛围的营造。场景的主要构成元素可以来源于现实生活，也可以纯虚拟设计，通过多变的、丰富的场景来调动学习者参与的积极性。但是需要注意的是场景用色过多或变换过于频繁，也会让学习者产生抵触情绪，因此最恰当的方式就是以最快和准确呈现信息为基础，在此基础之上丰富场景，并注意在情感的渲染以及情感表达方式上一定要在真实与夸张中找到平衡和统一。

（三）虚拟亲子互动游戏化学习社区角色的情感设计策略

纵观目前大多数虚拟游戏化学习社区，学习者对角色的可选余地较小或者根本没有选择的余地，故事情节的简单化和任务类型的单一也难以吸引学习者投入过多情感；在非玩家控制角色设计方面，一般趣味性和灵活度都比较低，非玩家控制角色也缺乏自身的情感因素，且一般与学习者控制角色缺乏必然的联系和情感互动。

对角色进行情感设计是为了防止社区中的角色过于乏味而致使学习者失去兴趣，同时也是为了增强学习者对社区的认同感，因为他们一旦喜欢上一个角色，就会有更高的情感参与。因此，为了使角色这一能充分体现和传递情感的要素在虚拟亲子互动游戏化学习社区中发挥更实质的价值，有必要注重其情感设计，从而使学习者更好地融入角色，并能与非玩家控制角色进行情感互动，加深情感体验，促进情感发展。

角色的情感设计包括学习者控制角色和非学习者控制角色两方面，对这两类角色进行情感设计时要注意两者的异同点。

1. 遵循的原则

（1）简而不空原则。简约但不失细节的设计不仅能给学习者带来清爽舒适的视觉效果，而且更便于在简约的角色形态中赋予更为丰富的情感内容和审美元素。

（2）多样性原则。在符合社区主题基础上的多样化造型、动作和对话会让角色显得更加饱满和富有生气，从而延长学习者的参与热情和丰富他们的情感体验。

（3）个性化原则。角色设计最忌讳的就是千篇一律的面部特征和动作行为，以及重复简单的语言。社区中的不同角色应通过其独特的背景、造型、动作和语言彰显其个性特征，只有这样才能保持学习者的新鲜感。

（4）可靠性原则。以不同身份出现在社区中的角色，其背景、造型、动作和语言在保持个性的同时应与角色的身份和地位相一致，并不违背社区核心规则和现实伦理道德。

2．设计策略

角色是学习者在游戏化学习社区中的影子，只有注入了生命的角色才更容易得到学习者的认同。角色的造型、面部表情、说话、走和跑的动作以及闲时的姿势（即停止移动时角色进行的动作，使角色不会显得死板和没有生命）等方式都可以表达角色的情感，增加角色的生气和活力。具体情感设计策略如图7–3所示：

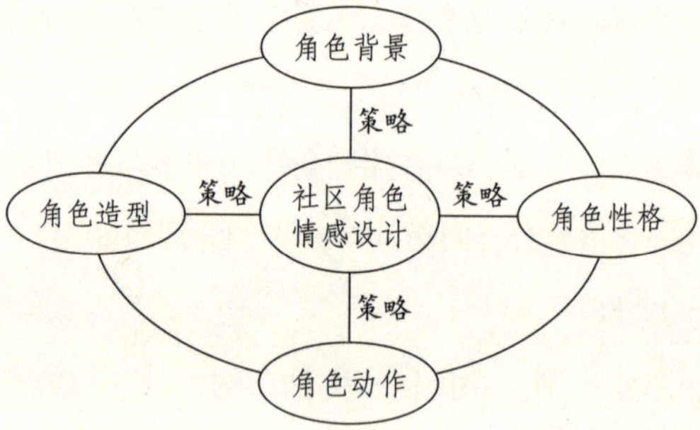

图7–3　虚拟亲子互动游戏化学习社区角色的情感设计策略图

（1）角色背景的情感设计策略

角色背景仅限于学习者控制角色。为角色填写背景信息的目的是为了增强学习者的代入感，将角色赋予学习者的特征和喜好。角色作为学习者在社区中的化身，背景信息的一致性可以增强学习者与角色之间的融合。背景信息包括生日、生肖、星座、喜欢的颜色、喜欢的食物、喜欢的宠物、最喜欢做的事情、最讨厌做的事情等。

（2）角色造型的情感设计策略

在对学习者和非学习者控制的角色的造型进行情感设计时，各有侧重点，基本是从性别、五官、身材和服饰等初始属性入手。如图7–4所示：

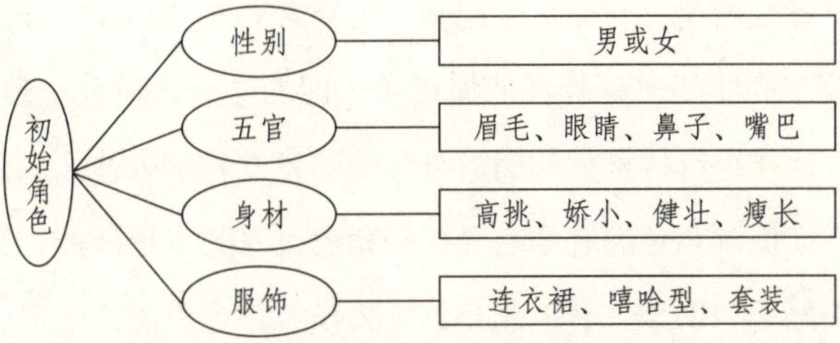

图7–4　角色初始化造型属性分类图

①学习者控制角色

服饰是角色最大亮点之一，它能体现角色在社区中的身份地位和审美取向。能让人着迷的新身份是学习者很愿意承担的角色，如果一个角色拥有受人尊重的地位，或者拥有某项出色的技能和精神力量，抑或能够帮助和影响其他学习者控制角色和NPC，以这样身份出现的角色通常更具吸引力，它能加强学习者的自豪感和成就感。此外，如果学习者可以在遵守伦理道德的基础上，避开一些文化约束，利用升级获得各色新装扮，根据个人喜好对角色的造型进行全新打造，这也会在很大程度上提高其对角色的认同感，从而更好地融入自己的情感。

例如，按照幼儿比例设计出来的拥有大头小身子体形的卡通人物造型，身穿公主裙或绅士服的角色都能博得儿童的好感，或者在刚进入社区时就让角色具有领袖的气质或具备某种超凡的能量，这些造型设计颇受学习者的青睐。

②非玩家控制角色

非玩家控制角色造型的好坏也能在很大程度上影响学习者的情感参与度。根据戴维·弗里曼（David Freeman）情感工程技术中的群体结合技术，如果社区中出现一些需要以群体合作方式完成的学习任务，学习者控制角色与非玩家控制角色的共同外观和技能互补就显得尤为重要。群体的共同外观能促进角色间的结合，通过一致的着装、制服和其他作为群体标识的图形符号能够建立和加强社区成员的结合感；非玩家控制角色拥有学习者控制角色没有的专项技能，且这些技能能够很好地帮助学习者控制角色完成任务，这也能让学习者觉得这个群体是一个有机整体，从而增强学习者的集体意识。

（3）角色性格的情感设计策略

角色的性格特征包括语言、表情等内容，情感设计主要从这两方面入手。

①角色语言的情感设计策略

语言在虚拟亲子互动游戏化学习社区中占据了非常重要的位置。学习者之间可以通过学习者控制角色以实时和非实时方式交流学习经验，探讨游戏攻略以及获取相互间的赞赏和鼓励。在这个过程中，儿童归属感与爱的需求、尊重的需求和自我实现的需求能在一定程度上得到满足，也能找到情感的依附体。非玩家控制角色在社区中的语言不仅能表达信息，从而让学习者采取行动，也能向学习者传达情感。

增加了情感色彩的非玩家控制角色语言能大幅度调动学习者的情感参与，只说“机器话”的角色吸引不了学习者，也缺乏真实感。

学习者控制角色需要通过与多个非玩家控制角色交谈来了解完成任务的必要信息，某个非玩家控制角色不必透露所有的信息，从而增加了学习者的情感色彩空间，也可以让学习者听到非玩家控制角色有关同一主题的不同观点，从而需要学习者投入更多的情感进行判断。学习者通过非玩家控制角色提供的线索完成任务时，一方面会加强学习者对非玩家控制角色的好感，另一方面也会更有安全感和归属感，不会有孤军奋战的感觉。此外，非玩家控制角色的赞赏和鼓励也能提高学习者参与热情和自信心，假设非玩家控制角色通过语言对学习者发自肺腑的赞赏就能获得学习者的好感，从而使学习者想与其建立某种关系，这就建立了情感化学反应。

在对角色的语言进行情感设计时，需注意各主要角色应有各自说话的风格，使不同角色的性格、态度和情感在对话中表现出来，同时，活动任务的主题能尽量在对话中得以体现。角色的语言不能单调的重复，在一场游戏中，一般要有50句左右的常用无意义的对话，他们之间相互结合，才可以让游戏者不觉得对话单调，如果非玩家控制角色的话总是：“你好！”“加油！”，就会让游戏者产生厌烦的情绪，要尽量做到每次对话都不同。[1] 此外，语言也不能过于呆板或老套，用老套的“智慧老人”形象的非玩家控制角色向学习者提供建议已经不合时宜。最后，当社区中需要用对话表达角色的强烈内心情感时，一个原则就是尽量避免“写在鼻子上”的对话，即太直白太露骨的对话。

[1] Darkblue. 游戏剧情设计——启发篇. http: //www. chinadmd. com/file/azxtcutzovvxsxiwwx6xz3pi_1. html.

考虑到儿童的认知水平能力，非玩家控制角色的语言还可以采用音频的方式，用符合非玩家控制角色身份的语调播放出来。就像乌龙学院，当点击某些非玩家控制角色时，会以十分纯正的英语向学习者打招呼或向学习者传授地道的英文谚语。

②角色表情的情感设计策略

角色表情是传达角色内心感受最直观的形式，对其进行较好的情感设计将会加强整个社区的情感渲染力。

在虚拟亲子互动游戏化学习社区中，如果角色缺乏表情，学习者就无法透过它的表情了解其内心感受和情感。利用角色的面部表情动画来替代某些语言，在角色表情反应中增加真实感都可以增加学习者情感沉浸度，加深学习者的情感体验。

在对学习者控制角色进行表情的情感设计时，要注意维持学习者与核心角色的情感联系。假定学习者对一个成就很激动时，学习者控制角色也应该表现得激动；如果学习者对某个角色的行为不满意时，游戏中的角色也应该要露出皱眉头或鄙视的神情。只有这样才能够实现学习者和角色的情感沟通。

表情也能让非玩家控制角色更具情感深度。非玩家控制角色可以通过表情表达的情感有：遇见老友时的兴奋，完成任务后的轻松，在可怕的情境或事件中产生的恐惧等。通过对非玩家控制角色表情的情感刻画，能够减少学习者在虚拟社区中的孤独感。

(4) 角色动作的情感设计策略

角色不仅能够通过一系列动作完成社区中的任务，也能起到表达内心感受、诠释情感的作用。例如，手舞足蹈表示兴奋，抓耳挠腮表示矛盾等。注重对角色动作的情感设计能使角色充满生机和活力。一般角色的动作越丰富，能够体现和传递的情感种类就越丰富，但是同时需注意动作的平滑过渡，通过快速流畅的动作设置情节冲突，营造视觉张力。除非角色需要，否则动作不能表现笨拙。将社区的故事情节和角色的动作联系起来，能更好地提高学习者的情感参与。

此外，为了增加学习者对非玩家控制角色的好感，非玩家控制角色的动作也能在一定程度上调动学习者的情感。例如，非玩家控制角色为学习者控制角色适时提供或补充道具，或非玩家控制角色的勇敢行为都能加深学习者对非玩家控制角色的情感反应。

（四）虚拟亲子互动游戏化学习社区道具和符号的情感设计策略

虚拟亲子互动游戏化学习社区中提供的道具和符号不仅可以帮助学习者顺利完成任务，而且能提高学习者的参与热情和自主性，调动和激发学习者丰富的情感。

目前面向儿童的游戏化学习社区很少关注道具，特别是符号对学习者情感熏陶的积极作用，为了进一步增强学习者在游戏过程中的趣味性，加深学习者的情感意识，在社区中融入带有情感色彩的道具和符号也是十分有必要的。

1．遵循的原则

（1）简单上手原则。从儿童认知发展水平以及对电脑操作的熟知程度考虑，社区中的常规使用道具应易于操纵和控制，并且灵活度高、效用好，这样才能有效帮助学习者完成社区任务，满足学习者使用时的心理需求。

（2）直观性原则。符号的关联性可以通过信息传输建立学习者物质和精神上的现实联系，从而把握学习者的情感，达到社区中符号认知和学习者精神满足的统一。鉴于儿童的情感具有直觉性等特征，因此符号以直观的形式呈现为宜。

（3）多变性原则。随着社区故事情节的发展，时间和空间的变换有可能导致即使是同一具体符号也有可能指代不同的事物，这就是游戏化社区的社会性特征赋予了符号在时空上的多变维度。

2．设计策略

在虚拟亲子互动游戏化学习社区中，道具是指能与学习者互动，并对学习者控制角色的属性有一定影响的物品。[1] 符号是通过一定的媒体手段来代表或指示某一事物的东西，[2] 起着沟通人们与文化、道德情感的作用。注重道具和符号的情感设计，能够提高学习者的参与热情，在帮助学习者更有效地完成学习任务的同时，情感经验得以满足。具体模块设计策略如图 7–5 所示：

（1）道具的情感设计

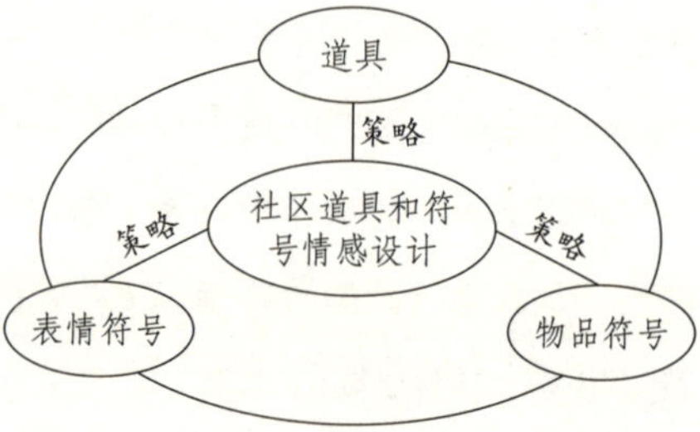

图 7–5　虚拟亲子互动游戏化学习社区道具和符号的情感设计策略图

道具根据使用方式的不同大致分为三类：使用类、装备类和情节类。[3] 在设计道具时需要明确五个内容：道具名称、获得方式、使用效果、物品等级和装备条件。[4] 对道具进行情感设计，主要从道具的外观属性、功能属性和社交属性等三方面入手。道具的外观可以是可爱型、尊贵型或浪漫型，

[1] 恽如伟：《网络游戏策划教程》，263页，北京：机械工业出版社，2009。
[2] 李幼燕：《理论符号学导论》，27页，北京：社会科学文献出版社，2005。
[3] 恽如伟：《网络游戏策划教程》，263页，北京：机械工业出版社，2009。
[4] 北京汇众益智科技有限公司，信息产业部软件与集成电路促进中心：《游戏架构设计与策划》，206页，北京：电子工业出版社，2007。

功能可以有增加生命值、增加法力或经验值，而社交分为无需求、服饰类和情景类等。[1] 一般而言，道具外观越精美，功效越多，越能调动和维持学习者的参与积极性。

在整体设计中，应考虑在一开始就让学习者拥有一些精良道具，而不是在任务快结束时通过升级换来了高端道具，但却毫无用武之地。道具的使用应方便快捷，不会因操作方式的不合常规而让学习者产生懊恼情绪。同时，道具本身可以作为一种激励机制，任务完成得越快越多，学习者获得的道具品种就越多，功能越强大，从而调动学习者的积极情感。

（2）符号的情感设计

在虚拟亲子互动游戏化学习社区中，符号作为一种有形的、有效的载体能够体现和传递预设的情感，从而达到渲染故事情节、场景和角色，烘托意境并与学习者产生情感共鸣的目的。学习者在社区活动中，只要看到这些符号，就能明白其代表的情感含义。符号的情感设计可以从表情符号和物品符号两方面入手：

其一，表情符号的情感设计。

表情符号是一种用来协助角色表达内心活动或对某个事件产生心理活动的方式。在虚拟亲子互动游戏化学习社区中，如果难以实现直接利用角色表情来传递学习者内心情感时，就可以利用简单的图形图像符号将内心的情感呈现给其他学习者，其他学习者接受情感并控制角色采取相应行动。例如，当某个学习者感到兴奋时，其控制角色的头顶上就会出现兴奋的表情；当学习者对某个NPC的行为表示不满时，

[1] 郭欣：《基于玩家需求的网络游戏虚拟道具设计研究》，上海交通大学2008届硕士学位论文。

其控制角色的头顶上就会出现鄙夷的神情。

在对角色进行表情符号情感设计时，应注意角色的符号表情可以夸张和夸大，但是应符合儿童的认知水平和理解能力。

其二，物品符号的情感设计。

某些物品一经情感设计就可以变成有意义的符号。参照戴维·弗里曼（David Freeman）情感工程技术在符号上的运用，加深虚拟亲子互动游戏化学习社区物品符号的情感深度。

含有预兆的符号：这类符号通常在特定时间段或指定情节中出现，预示后面将会发生的某种事情，在心灵上给予学习者某些暗示。

不断增加情感关联的符号：这类符号可以是物体也可以是语言，它可以贯穿于整个社区活动。如果某个符号不断重现，则会在这个符号中不断增加情感，从而使整个符号越来越具有情感关联。

表示角色弧的符号：在虚拟亲子互动游戏化学习社区中加入角色弧符号的目的是为了让学习者更清晰地认识自身控制角色的成长轨迹。学习者在社区活动过程中，只要检查符号的变化情况，就可以了解角色角色弧的情况。在为学习者建立角色弧符号之前，首先要弄清楚哪些因素可以促使学习者改变，更多时候学习者是受到奖惩制度而改变的，因此社区中也同样可以建立这样的奖惩制度。当学习者经历角色弧时，就会逐渐收到更多的奖励，反之也可以在学习者不经历角色弧时采用惩罚，从而帮助其经历角色弧。

在对虚拟亲子互动游戏化学习社区进行情感设计时，除了关注情节、场景、角色以及道具和符号的情感设计外，更应该注重传达社区中的群体如何学习，如何在娱乐的过程中建构知识框架，获得情感熏陶，如何在社区中促进人与人完成游戏任务而不是与机器完成任务，从而促进人与人之间的情感交流。

在整体的设计过程中，要注重社区里任何信息的构建都要符合人们的认知习惯，在注重社区个性化风格构建的同时要注意个性化的张扬离不开现实社会文化体制的制约，要与民族的、地区的风俗和情感相融合，与一定的现实社会环境相整合，这样才能得到学习者的认同感，进而更好地在社区里开展各种活动。

四、虚拟亲子互动游戏化学习社区的活动机制

（一）虚拟社区激励机制设计

激励，在心理学上指的是发动和维持动机达到目标的心理过程。激励就是"提供动机"，激发学习者学习就是为他们提供获得知识的动机。在传统的教学设计实践中，动机常常被认为是教学过程的预备阶段。而学习的内在动机理论关注在整个教学过程中都要激发学习者的动机。尽管传统的教学设计实践没有关注动机和整个教学过程的整合，但是教育的主要目的始终是培养终身学习者，使他们受内在动机驱使，引起好奇心，激发学习兴趣，并且在正规教育结束后继续寻求知识。[1]通过激励，在某种内部和外部刺激的影响下，使人维持在一个兴奋状态之中。一个好的游戏往往能够让玩家专心而又持续地进行游戏，如果将这种激励方式引入到教育之中，必然会对教育的效率与成果产生极大的影响，更好地促进学生的学习成绩。[2]简而言之，激励机制可以称为电脑游戏的精髓或灵魂。

---

［1］Brad Paras, Jim Bizzocchi. Game, motivation, and effective learning: an integrated model for educational game design，Proceedings of DiGRA 2005 Conference: Changing Views—Worlds in Play, 2005

［2］张涛，李兴保:《教育游戏激励体制浅析》，载《中国现代教育装备》，2005（10）。

观察学习者在学习过程中做出的努力，就能帮助确定他们是否受动机驱动，然而要使努力持续发生，必须具备两个先决条件：一、学习者必须认为任务有价值；二、他们必须相信自己能胜任该任务。[1]

同样，一个游戏社区如果没有相关的激励机制，很快就会令游戏者失去兴趣。按照上述理论，本研究所设计的虚拟社区采取以下三种激励方式：

其一，社区货币。将社区货币引入虚拟社区，其目的是为了将整个社区的版块联系起来，使用户在参与竞赛和交易活动之余能够得到一定的奖励，用奖励社区货币的多少来体现学习者收获的大小，使之感受到参与社区竞赛的价值。社区货币是一种虚拟货币，充当社区内的一般等价物，所有用户都必须通过参与社区竞赛赚取，货币赚取后归家庭成员个人所有，可以互相转让，或在社区超市买卖物品。

其二，家庭积分。家庭积分是家庭中各个成员积分的总和，家庭成员在参与社区游戏和一些活动时，通过积分奖励的方式进行排名，所得的积分归个人所有。用积分的方式来激励学习者不断挑战，互相比拼。同时，通过家庭积分增强虚拟家庭的凝聚力，使每一个家庭成员都产生主人翁的感觉。家庭中每个成员在社区内的答题表现、在社区内的消费程度都会以积分的形式累积到家庭中，在参与社区评选优秀家庭时充当一个评分因素。

其三，社区评比。社区评比是进一步通过评比使学习者确信他们在社区中参与的各种活动是有价值的，用各种名目的评比活动激励各个家庭开展竞争，如：优秀家庭、优秀妈妈、优秀爸爸、优秀子女，

[1] Brad Paras，Jim Bizzocchi. Game, motivation, and effective learning: an integrated model for Educational Game Design, Proceedings of DiGRA 2005 Conference: Changing Views—Worlds in Play, 2005

进步最快家庭等。同时与社区货币、家庭积分相结合，以社区货币或家庭积分的多少作为评比衡量的指标之一，使整个社区的激励方式相互呼应，成为一个有机整体。

综上，三种激励方式是基于教育心理学中的动机理论，目的是为了让玩家在社区中产生源源不断的学习兴趣和游戏动力。这种激励不仅仅依赖于社区提供的三种方式，家庭成员之间的互相鼓励、游戏中的互相协作也会对青少年产生潜移默化的激励作用。因此，社区在竞赛模块中还为用户提供了便捷的交流通道。

（二）虚拟社区游戏模式设计

美国教育家杜威认为：真正具有教育意义的兴趣的那种活动，因年龄、个人天赋、以往经验以及社会机会的不同而有无数的差异。要将它们编列出来是难以办到的。不过可以区别出它们某些较为一般的特点，由此也许可使兴趣和教育实践的关系在一定程度上更为具体地显示出来。[1] 虚拟社区中社区竞技场的游戏设置正是从这一理念出发，旨在将中学生的兴趣与相关学科知识相结合，用一种生动有趣的，能够为学生、家长接受的教育游戏形式呈现，使之在游戏的同时达到激发亲子间有效互动的效果。

因此，社区竞技场中的游戏是整个社区的灵魂，也是吸引用户保持学习动力，同时进行亲子互动的重要平台。游戏的可玩性决定了用户能在多大程度上接受虚拟社区所提供的各项服务和活动。游戏可玩性是电脑游戏的组成部分之一，该部分是无法在其它的艺术形式中找到的——交互性。游戏的可玩性是游戏所包含的交互性的程度及特点，

[1]〔美〕杜威著，赵祥麟、王承绪编译：《杜威教育名篇》，66页，北京：教育科学出版社，2006。

也就是说，它所指的就是玩家与游戏世界及游戏世界对玩家的选择所做出的反应的方式。[1]

要想提高设计游戏的可玩性，首先需要知道“人们为什么玩游戏”。与传统的媒体相比较，人们在游戏的过程中不仅仅是一个参观者或者是欣赏者，更多的情况下人们在游戏中扮演者主人公的角色。整个游戏过程中，玩家可以在游戏允许的范围内自由地发挥自我，使得游戏过程按照玩家的意愿进行发展，因此在设计游戏时应该充分地考虑玩家各方面的需要。[2]这与斯宾塞、伽达默尔等人的游戏理论也不谋而合。从上述设计理念出发，虚拟亲子互动游戏化学习社区提供了以下几种主要的游戏模式：

第一，亲子协作模式。根据人本主义学习理论的观点，学习不能脱离儿童的情绪感受而孤立地进行。因此，设计亲子协作的游戏模式能够很好地丰富儿童在游戏中的情感活动。在家庭对战中，以家庭为单位，每个家庭出两人，与其他家庭对战，协同作答，对战结果作为家庭的评分，累计到家庭积分中，积分高的可以成为优秀家庭上榜。这样的游戏模式既培养了亲子间团结协作的融洽氛围，也从情感的角度让青少年在游戏之中充分感受与家长之间的互动。

第二，对战模式。为了丰富亲子间的互动活动，使社区中的互动游戏方式更具吸引力和挑战性，社区竞技场开设了对战游戏模式，使亲子之间、用户之间从各种学科类别的题型中互相选题考对方，不能选择具体题目，题目类型为选择题，具体问题由电脑随机产生。

第三，能力训练模式。为了增强社区竞技场游戏的趣味性、多样性，

[1] 陈炎：《电脑游戏对教学的启示》，载《教学与管理》，2002（5）。
[2] 张涛：《电脑教育游戏激励机制分析》，曲阜师范大学2006届硕士学位论文。

在竞技场中还开设了多种能力训练模式的游戏活动，如：记忆力训练、观察力训练、判断力训练、想象力训练等能力训练游戏。以建构主义理论为指导，对网络中的能力训练Flash游戏收集归类，作为其中的游戏内容，通过后台进行添加。

第四，个人挑战模式。以最近发展区理论为指导，根据题目的难易程度进行分类，以答题积分排行榜作为激励，排行榜中列出得分前十位的玩家，用户通过不断答题挑战，进行积分累计，在连续答对题目累计分数超过排行榜上的玩家后，就可以将自己的社区ID和相应得分，以及相应的时间显示在排行榜上。

第五，多人飞行棋模式。像大富翁一样的游戏形式，玩家在一个虚拟的场景中，从起点向终点进发，脚下的道路对应着一道随机问答，当玩家在行进中停下时，会弹出问题，答对获得相应的步数奖励，打错则受到一定的惩罚，率先到达终点者获胜。如图7–6所示。

图7–6　多人飞行棋模式游戏

（三）虚拟社区亲子互动方式设计

构建亲子互动游戏化学习社区是想通过虚拟社区中的各种活动对青少年的社会化形成一定的正面影响，包括知识技能、行为规范、价值观等的内化，并通过内化帮助处于成长阶段的青少年形成良好的健康的行为方式和个性特征，使他们在适应网络社会的同时发展自身。因此，如何构建亲子互动方式，使青少年和家长在社区中能够开展有效的亲子互动，是亲子互动游戏化学习社区设计的重点。

1. 运用传统的网络互动方式帮助青少年树立自信

在现实中，青少年在面对多元价值观、人生目标及方向的选择时，往往有一段混乱的时期，他们这一时期极易受到挫折，导致自卑、消沉。[1] 虚拟社区则提供了很好的保护功能和重塑自我的机会。

虚拟社区开展亲子互动有助于青少年建立起自信，尤其对那些在现实生活中学习成绩不佳的中学生来说更是如此。因为青少年及其家长是以数字化的身份进入网络空间，在虚拟社区中，真实的身份往往被隐去，没有人会介意外表特征、成绩好坏等因素。青少年可以在互动中通过自己的思想和观点以及网上技能建立起自信，让家长们了解到子女更多的优点、特长和感想。因此，在虚拟社区的我爱我家、社区竞技场、社区超市、社区服务模块中都提供了传统的在线互动方式，如：留言板、站内消息、评论、论坛等。这既可以实现亲子之间的有效互动，也能让各个家庭之间、各社区用户之间在社区内便捷地交流。如图7–7所示：

[1] 马和民，吴瑞君：《网络社会与学校教育》，68页，上海教育出版社，2002。

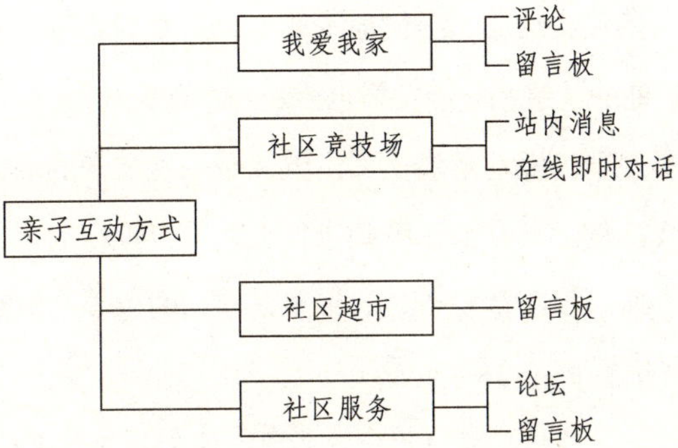

图7–7 亲子互动方式设置

2．运用在线即时对话方式满足青少年心理需要

家庭教育给人的最大感受是家长言行有对子女潜移默化的影响。由于家庭是子女的第二课堂，绝大多数青少年除了上学之外，课外时间都是和家长生活在一起，因此父母常常是子女心目中的榜样和模仿对象。从相关资料查阅及本项目前期调研结果可知，家长的语言习惯、暴躁程度、文化水平等因素都对子女产生直接或间接的影响，而现实生活中很多家长只知道给孩子吃好穿好，却忽视了孩子的心理需要。

长春市中日联谊医院儿科教授莫秀芬认为，孩子成长过程中主要有四大心理需要：[1]

一是需要被爱与价值感。孩子需要父母的爱，被爱使孩子有安全感与价值感。父母对子女示爱时，除了使孩子体验到被爱的满足之外，也使孩子知道因何事而被爱，从而学到是非观念。

二是需要安全感。一个没有安全感的人是无法信任别人的，对他人不信任则无法和人建立友谊，可能会使其成为刚愎自用的人。孩子

[1]《孩子心理有四大需要》[EB/OL]， http: //learning. sohu. com/20070104/n247418711. shtml，访问时间：2007-9-1。

如果缺乏安全感和自信心，会使他不敢自由自在地探索周围环境，学习新的事物，他的情绪和智能发展也会受到不良影响。

三是需要规则。规则对孩子来说就像是一栋房子的墙壁，它给生活一个界限及广度。只有当孩子知道什么是可以期待的事，他才会觉得舒适自在。所以规则是安全感的来源，规则的建立可以给孩子提供自由成长的舒适感。

四是新的学习经验。现代儿童发展理论认为儿童是成长中的个体，其心智能力的发展是其生理学方面的成熟加上后天学习经验而形成的。从出生起，儿童必须有切合其能力的学习机会以学习新的经验，才能发展出正常的智能、语言、人际关系技巧、情绪感受、表达能力和人格。莫秀芬认为，儿童成长过程中还需要鼓励和责任。在儿童的教养过程中，鼓励的重要性大过其他方面。每一个小孩子都需要持续给予鼓励，就如同种子需要水一样。父母不但要多跟子女接近，而且要注意言传身教的影响，使自己的言行对子女产生正向认同的作用。父母还必须尊重孩子和他的权利。尊重孩子就是让孩子和大人平等做决策，这可以使孩子了解到每一个人在家庭中都有自己所扮演的不同角色，而每一个不同角色有不同的权利。

根据青少年在成长过程中的心理需要，一方面引导家长采用正确的方式与孩子交流，另一方面，让青少年在虚拟社区交流中充分体会到来自家庭的安全感、被爱与价值感，旨在虚拟社区的网上家庭中营造出一种和谐融洽、充满关爱的家庭氛围。因此，在虚拟社区中还应提供在线即时对话功能，作为亲子间实时交流的通道。父母与子女之间可以在参与社区竞技活动的同时互相鼓励，这样可以使得青少年在参与活动的时候感觉到是受人关注的，同时家长也可以在实时对话中传递一些知识和经验，增强子女的安全感。在即时对话框中还预置了一些带有鼓励性、表扬性、关爱性，有助于促进亲子间融洽沟通的话语，如图7–8所示。如在社区竞技场的对话中："你真棒！""太厉害了，这么难的题也能答对！""没关系，还有机会！""有点可惜，不过下次你肯定不会错了！"……

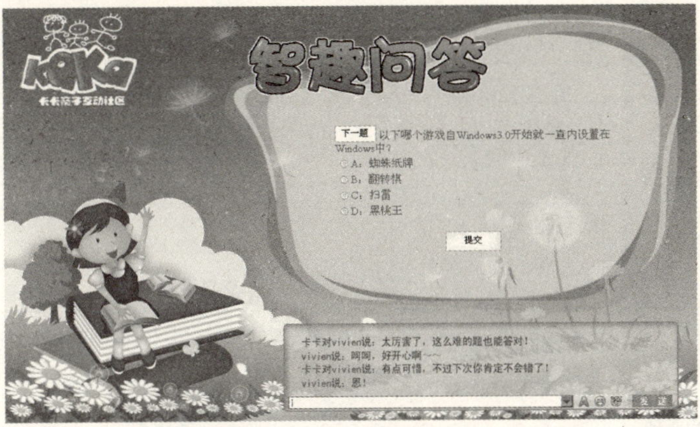

图7–8　在线即时对话方式

（四）虚拟社区主要活动流程设计

虽然中学生的智力、个性、自我意识等都有了一定程度的发展，但是他们仍未完全脱离儿童好动爱玩的特性，喜欢跟别人比较和竞争，喜欢在群体中表现自己，对未知的事情有着强烈的好奇心，对于枯燥不感兴趣的东西没有主动探究的愿望。[1] 因此，在设计本研究中的虚拟社区时，对中学生采用的教学方法、游戏方式都充分考虑到其年龄特点。虚拟亲子互动游戏化学习社区集知识性、趣味性、竞争性、合

[1] 苗红意：《教育游戏在学科教学中的应用研究——以初中信息技术学科为例》，浙江师范大学2006届硕士学位论文。

作性于一体，它在信息技术学科教学中的应用必须符合中学生的心理特点。

根据网站功能设置和相应的模块结构，用户在社区内的活动主要包括：家庭活动、竞赛活动、交易活动、评比活动。用户在社区内主要活动的流程如图7-9所示：

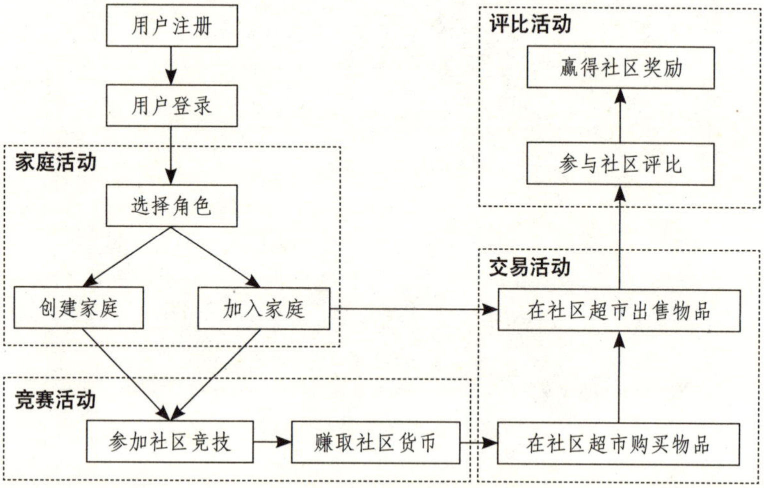

图7-9　社区内主要活动流程图

从图中可以看出，社区中的各项活动是互相联系、互相作用的一个有机体。社区中的用户必须创建或加入一个家庭后，才能开展各项活动。这样，用户可以代表自己的虚拟家庭，通过参与竞赛活动，赢得社区货币，然后去社区超市中完成交易活动，交易来的物品可以更好地妆点自己的虚拟家庭，使用户可以更好地参与家庭活动。同时，用户在竞赛活动、交易活动、家庭活动中的表现都可以作为评选活动的内容，使用户在各项活动中都能感受到竞争和激励。

第四节　虚拟亲子互动游戏化学习社区中的角色行为

游戏是儿童最喜爱的活动，也是最主要的活动方式，在人们对青少年的游戏活动给予足够关注的同时，对家庭亲子游戏的研究也逐渐成为国内外关注的热点。20世纪60年代以后，国外的一些心理学家和教育家，如辛格（C SingerJ.L.）、斯特恩（Stern, D.）、蒙台梭利（Maria Montessori）等等，对亲子游戏进行了实证性的研究，探讨了亲子游戏的价值、种类、影响因素等问题，并取得了一定的成果。我国早在20世纪初就有关于亲子游戏的研究，如教育家恽代英、陈鹤琴的书籍中均有这方面的论述，进入90年代，亲子游戏的研究得到进一步的探讨，但这些研究大多为理论性的论述，而缺乏实证性的研究。1998年，中国学前教育研究会儿童游戏与玩具专业委员会拟出98项课题指南，其中包含亲子互动模式与亲子游戏特点的研究。2001年，中国学前教育研究会“十五”研究课题又将亲子游戏的现状、问题与指导的研究作为课题之一，充分肯定了亲子游戏研究的重要价值。

近几年，随着网络虚拟社区的兴起和成熟，越来越多的青少年家长加入虚拟社区的论坛和亲子互动活动，这些家长主要来自大中城市和经济发达的城镇。他们具备一定的经济基础，懂得一定的电脑知识，更重要的是他们非常关心子女的成长，希望通过网络渠道获取育儿知识，及时更新育儿观念，通过与孩子一起参加各类有意义的亲子活动锻炼孩子的相关能力，使孩子更加健康地成长。

一、虚拟亲子游戏中子女对家长角色期望调查

良好的亲子关系和家庭环境是孩子健康成长的基本条件。虚拟亲

子游戏为网络时代构建和谐亲子关系提供了新的重要渠道。理想的亲子关系不在于“大人”与“孩子”谁为中心，它应当是一种和谐健康的、让亲子双方产生幸福感的、有利于孩子持续发展的关系。与此相关,理想的教养方式也是不简单地表现为某种具体教养方式。其要旨是，这种教养方式要符合家教原理和教育精神，事实上调动了亲子双方尤其是孩子的主体性。虚拟亲子游戏要做的就是，通过不断调适，努力修正完善，帮助家长找到自己在游戏活动中合适的定位，使其能正确引导子女的网络行为，让亲子之间建立尊重互信，进而使现实的亲子关系及其教养方式趋于理想。

为了更好地掌握第一手数据，更加直观地了解虚拟亲子游戏中子女对家长的态度，课题组设计了一份调查问卷，抽取浙江省金华某高中高一、高二、高三各年级段学生进行大规模调研。问卷共发放450份，回收449份，回收率达到99.8%。在收回的问卷中将从头到尾都选择同一选项、部分题目没有回答、部分回答不符合要求的视为无效问卷剔除，余下有效问卷415份，有效率为92.4%。

此次问卷调查主要从子女对家长参与游戏的态度、子女对彼此游戏状况干涉程度的期望、子女对家长虚拟角色的期望三个角度来着手设计。对回收的有效问卷用SPSS13.0工具软件进行统计分析。

（一）子女对家长参与游戏的态度

本项调查旨在考查子女是否接受家长参与游戏，对接受程度的不同设置了五道由浅到深程度等级的题目，并提供“是”与“否”选项供被试选择。最后统计结果如表7–1所示，42.9%的孩子在现实中与父母有过网络游戏方面的交流，68.2%的孩子希望父母了解网络与网络游戏，67.5%的孩子不介意在玩游戏时父母在场，62.9%的孩子愿意与家长一起玩游戏，75.4%的孩子愿意邀请父母参与游戏。从这些数据我们发现，大多数孩子对家长和自己共同参与游戏持支持态度，他们希望父母多了解自己一些，能理解并支持自己的网络活动，这就为子女和父母一起参加虚拟亲子游戏活动打下了一个良好的基础。

表7-1　　子女对家长参与游戏的接受程度比例

程度	有过交流	希望了解	允许观看	愿意合作	邀请参与
比例	42.9%	68.2%	67.5%	62.9%	75.4%

（二）子女对家长干涉游戏程度的期望

此项调查对家长干涉游戏设置了从严厉到宽容不同程度等级的四个选项。统计结果显示，在亲子协作游戏过程中，当子女出现自己失误的状况时，对家长干涉的期望值选项比例从严厉到宽容依次递增，选择“鼓励”的远远高于“批评”、“沉默”和“提醒”，如表7-2所示。美国著名人本主义心理学家罗杰斯认为，在儿童寻求积极的经验中，有一种是受他人的关怀而产生的体验，还有一种是受到他人尊重而产生的体验。罗杰斯把这两种体验称为“正向关怀需求”。“正向关怀需求”的满足完全取决于他人，而他人（包括父母）是根据儿童的行为是否符合其价值标准、行为标准来决定是否给予关怀和尊重，所以说他人的关怀与尊重是有条件的。这些条件体现着父母和社会的价值观，罗杰斯称这种条件为“价值条件”。儿童不断通过自己的行为体验到这些价值条件，会不自觉地将这些本属于父母或他人的价值观念内化，变成自我结构的一部分。结合调查结果说明，子女更希望父母采用温和、积极的方式对其游戏行为进行干涉。尤其在子女犯错时，父母温和的鼓励是子女们更愿意接受的，父母的鼓励与肯定让子女体会到尊重，满足了他们的“正向关怀需求”，引导他们树立起和父母同样积极的价值观念，这也将更有助于亲子间的交流互动。

表7-2　　子女对家长干涉游戏程度的期望值比例

游戏状况	干涉程度			
	批评	沉默	提醒	鼓励
自己失误	7.5%	14.0%	33.3%	45.3%
父母失误	5.3%	15.2%	18.3%	61.2%

（三）子女对家长虚拟角色的期望

此项调查是根据亲子游戏中角色扮演的情况，将家长的虚拟角色分为七种不同类型，如图7-10所示。调查发现，被试选择“并肩作战的朋友”这一选项的比重最大，占53.50%；其次19.30%的孩子表示希望家长在游戏中扮演“参谋、智囊团”，朋友属于虚拟学伴，参谋的角色可定义为虚拟老师，其他类型的角色如“领袖3.10%”、“敌人、竞争对手6.30%”等被选率都低于10%。这表明大多数子女愿意家长以学伴或老师的方式与自己共同参与游戏，渴求在游戏中与父母保持平等的地位并得到他们的帮助，即“无条件的积极关注”。另有10.40%的被试在游戏过程中排斥家长在场，这表明，为数不多的子女在游戏中显现出亲子关系的不融洽。

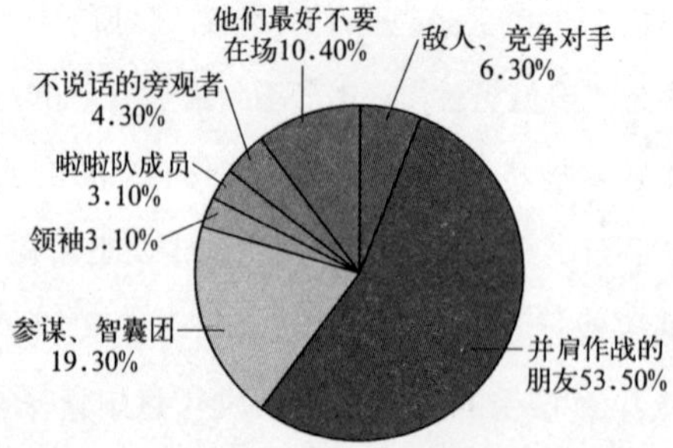

图7-10　子女对家长虚拟角色的期望值分布

综上，绝大多数子女愿意并期望和家长一起参与游戏活动。家长在亲子游戏中的角色定位主要是受家庭这一特定的环境和家长个人自身的意识等因素的影响。为保证经验与自我的一致即健康人格的形成，家长和社会就应该通过“无条件的积极关注”，使儿童得到“无条件的满足”。例如，母亲通过给予儿童以慈爱，使他们逐渐学会像母亲爱自己一样爱别人，把这种“无条件的积极关注”作为自己内在的需要和价值行动的准则。也就是父母或其他成人在给予儿童爱时较少注意儿童行为的方式，在这种条件下成长起来的儿童，不会显示出价值行为的条件，自我与经验之间也就不会有不一致，儿童就能发展成为“充分发挥作用的人”。

二、虚拟亲子游戏中家长角色定位

通过对调研结果的统计分析，可以把家长在虚拟亲子游戏中的角色概括为以下五种类型：虚拟观众、虚拟对手、虚拟学伴、虚拟老师、虚拟指挥。

（一）虚拟观众

虚拟观众型的家长角色主要是指子女进行虚拟游戏时的旁观者，在孩子自由的游戏中，担任一旁的看护或者在孩子身后跟随的角色，或者是远距离的监控，没有孩子的主动要求，无意参与子女的游戏，只是被动地坐在一旁观察、守候，主要目的是给孩子独自游戏的空间，在需要协助或遇到特殊状况的时候能适时地给予回应和照顾。

（二）虚拟对手

虚拟对手型是指在虚拟亲子游戏活动中，家长和子女处于平等的地位,共同游戏,互为玩伴,父母就像大小孩一样,是孩子平等的参与者，在游戏中通过竞争、比赛等行为和孩子互为对手，共同编制游戏内容，共同完成游戏，并与子女平等地争夺游戏成果。在这种角色中，家长全身心地投入游戏，往往孩子无意，家长有心，巧妙地引导着游戏的开展，丰富着游戏的内容。

（三）虚拟学伴

虚拟学伴型的家长角色是指在虚拟亲子游戏中，家长以协助者的角色参与游戏，整个游戏的过程中孩子为主角，家长为配角，听从孩子的指挥，给孩子提供支持和帮助，适当地给予鼓励和赞赏。参与协助的方式多是应子女的要求被动参与，目的是协助其顺利地完成游戏任务，进而寻得游戏的乐趣和完成工作的成就感。虚拟学伴型的家长角色一般是被动地介入游戏，在游戏过程中，游戏的主题以及游戏内容的开展、进行都是以子女为主导进行。

（四）虚拟老师

虚拟老师型是指在虚拟亲子游戏互动行为中，家长和子女处于平等的交流地位，家长在游戏中为子女出谋划策，提供建议，这些方法和对策子女可以采纳，也可以不采纳，父母是孩子平等的合作者，在游戏中通过提示、商量、建议、解释、合作、积极评价等行为和孩子一答一唱。在这种角色中，家长可以观察子女的游戏方式，根据子女的能力、态度、情绪等因素做出相应的策略，引导着游戏的开展。

（五）虚拟指挥

虚拟指挥型的家长角色是指在虚拟亲子游戏互动行为中，家长拥有绝对的话语主导权，以指导者的角色参与游戏，整个游戏的过程中以家长为主导，孩子为服从，是绝对的仲裁者，通过示范、命令、评论、直接灌输、纠正、指派角色等行为与孩子互动，或向子女说明游戏的规则，或指导子女如何开展游戏，或纠正孩子的游戏行为，或按自己的想法安排游戏内容，体验游戏过程。在这种角色中，家长是知识的权威，正确观念的代表，游戏的开展以自己的想法安排进行。

综上所述，虚拟亲子游戏是一个复杂的活动，其内容和组织形式是多种多样的，这些就决定了家长在其中的角色也是丰富多样的。文中所总结的五种类型的家长角色，只是从家长的单向度视角出发进行分析的，在每一对亲子的游戏互动过程中，都有可能出现这几种家长角色类型的任何一种，或者同时出现多种。游戏中的家长角色并不是单一的、平面的，而是立体的、多重的，如图7-11所示：

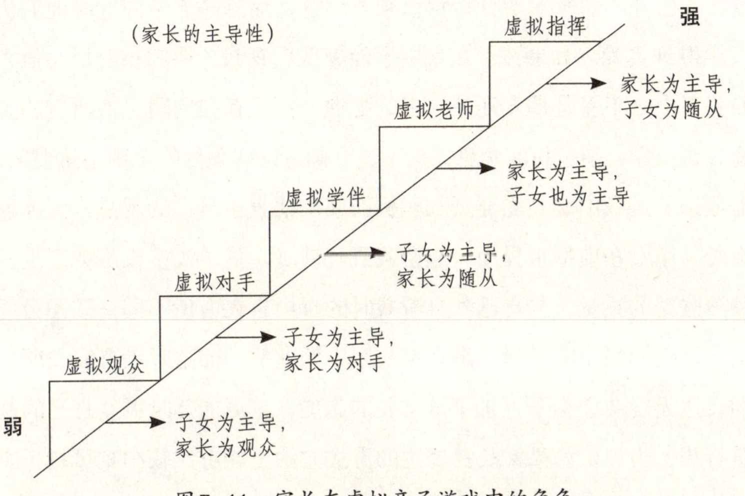

图7-11 家长在虚拟亲子游戏中的角色

三、家长怎样与子女在虚拟亲子游戏中互动

那么，家长如何在虚拟亲子游戏中与子女开展及时有效的互动呢？我们认为主要通过以下几个方面体现：

第一，开放的心态，尤其是指在家庭中袒露情感的能力。不仅孩子应该告诉父母自己的内心感觉，而且父母也应该让孩子分享内心的情感。家庭中，父母作为强势的一方，往往掌握着话语权的主动性，家长在交流中体现出的开放态度，对子女敞开心扉、主动交流有着积极的心理暗示作用。而网络世界中交流的一个重要特点是平等性，家长在虚拟亲子游戏中与子女互动，无形中被屏蔽了说话时的语气、表情、音调等众多反映情绪的因素，这更加有利于家长以一种开放平等的姿态与子女互动交流，同时网络语言中丰富的表情、幽默的流行语等也会为亲子互动营造一个充满趣味和快乐的环境。

第二，明确地表达主张。家庭成员在家庭范围内应该能够表现出真我，但并不意味着对什么都必须要同意，而意味着不同意时他们仍然能得到真爱。如果孩子在家中不能表现出真我，他们在发展与他人的关系上，不管是朋友还是未来的配偶，都会存在问题。像所有的家庭成员一样，孩子扮演角色，但不过分确定这些角色的范围是重要的。虚拟亲子游戏中家长需要更加积极而明确地表达自己的观点，因为当家长与子女在虚拟世界中一起游戏或互动时，孩子或多或少会产生一种被监督的感觉。与自己独自游戏时的自由自在有所不同，孩子会看重自己在网络中的一举一动在家长眼中的评价，而这时来自家长明确的表达无疑会让孩子更加了解家长的态度，也更能及时调整自己的网络行为。当然，如果家长在表达的方式方法上能够比较幽默风趣，充满智慧，则对孩子的引导效果更好。

第三，主动倾听。通过主动倾听，父母可以获得关于孩子的很多信息，并能了解孩子的想法和感受，知道他为什么要上网，在网上可以得到哪些信息，网上聊天的趣味是什么，网络游戏的魅力在哪里，从而为下一步帮助孩子提供铺垫。此外，父母在与孩子进行交流时，要表现出对孩子话语的兴趣，让孩子能把自己的话讲完，不要轻易地给出任何判断和批评，觉察非言语信息以及话语背后的潜台词。尽量以说话者的立场去理解他所要说的话，并及时反馈感受：一方面可以确认听到的信息是否正确，使孩子有机会澄清误解；另一方面，可以使孩子感到被了解、被尊重。倾听的场所和机会可以选择在家里、学校或其他合适的场所，要找出对双方都认为可以接受的机会，例如共同运动时、一块上网时、心情高兴时。

第四，适当接纳。孩子和父母之间的沟通需要与具体情况相适应。当家庭中的某些问题影响到孩子们时，也应该征求他们的意见。没有彼此的信在，沟通也就失去了其根本的意义。亲子沟通中，如果孩子对父母失去信任，就意味着父母失去了教育的权威，因而也就丧失掉了家庭教育的基础。因此适当接纳孩子的观点和想法，是培养亲子间信任感的重要基础。当孩子们在虚拟世界的互动中向家长坦露自己的想法和愿望时，是希望得到家长的肯定与鼓励的，其中必然包含一些在家长看来幼稚或过分的观点。在这个沟通过程中，家长必要的接纳和顺应孩子的情绪感受，让孩子感觉到自己被认同和理解，才能更愿意表达出自己内心的想法，反之当家长提出建议时，孩子也会更容易接纳家长的观点。适当接纳孩子的想法，让孩子愿意说，是成功的亲子沟通的最基本标志。

总之，许多孩子在上网初期都有各种各样的动机，而家长要针对不同的动机进行针对性的交流和沟通，切实帮助孩子解决在发展过程中面临的问题。很多家长面对子女网络成瘾往往先是苦口婆心的劝说、哭诉、打骂，最终束手无策，这其实是一种消极的方式。正确的做法应该是冷静地面对，真诚平等地与孩子沟通和交流，了解他们的思想和心理需求。粗暴对待或冷淡处理，只能造成青少年越发远离家庭和社会，而在网络游戏的世界越陷越深。

第八章

虚拟亲子互动游戏案例及玩家行为特征分析

第一节　虚拟亲子互动游戏案例《孤岛求生》设计与实现

通过前期对亲子关系与儿童网瘾的相关性调研以及亲子关系对儿童网瘾影响因子的分析，我们提出以亲子关系为向导的儿童网瘾治疗方案，通过虚拟亲子互动游戏来改善亲子关系，从而减轻网瘾。纵观现有国内互联网中相关的虚拟亲子社区，多以培养子女、交流育儿经验为主旨，以家长社区、亲子社区、家庭社区、成长社区、家长论坛、亲子论坛和家长网等形式存在，很少有提供家长和子女进行在线虚拟亲子游戏活动和亲职教育活动，存在的个别小游戏均针对少年儿童，缺少与父母共同协作体验的亲子游戏，部分亲职教育的内容也都是以文字的形式表述，家长和孩子均没有置入感，无法体验自己在家庭角色中的感知和应对模式，以及这种互动模式下的积极和消极的影响。另外，众多面向少年儿童的虚拟游戏化学习社区同样存在角色单一、缺少亲子互动的问题。为此我们设计开发了基于亲子互动游戏化学习的网络游戏，并以此为案例进行了相关的实验测试和数据分析。

一、游戏案例设计

《孤岛求生》为其中的一款网络亲子游戏。游戏包括儿童和父母两种角色，支持同台或两台双人合作模式，采用网络游戏形式实现三大体验板块，亲子分别在亲职教育体验板块和儿童体验板块中独立完成子线任务进行自身成长历练，父母直接体验自己在家庭角色中的感知和应对模式，以及这种互动模式下的积极和消极的影响，学习亲子有效沟通技能，儿童以形象代入感让其了解社会期望，学会自我控制，培养责任心，学习创造技能；亲子以合作通关模式在这个神秘无人孤岛上进行冒险体验，操控两个角色并肩携手配合完成主线任务，也可与其他家庭组队投身这场竞赛，针对每个任务设有社区亲子协作排行榜，激励亲子配合越来越默契，优化亲子关系。该板块同样支持单人模式，但不能像亲子协作模式可以获得翻倍奖励和亲子勋章，以及解锁更多的特殊合作模式关卡。家庭互访板块，发展青少年同伴关系，分享父母之间的交流育儿经验。此款游戏通过亲子同屏游戏，彼此平等独立，亲子视野共享，以双人合作通关模式完成关卡任务，增进亲子亲密度，培养创新创造能力，让亲子玩家找回亲子关系和谐的欢乐。游戏框架如图8-1所示：

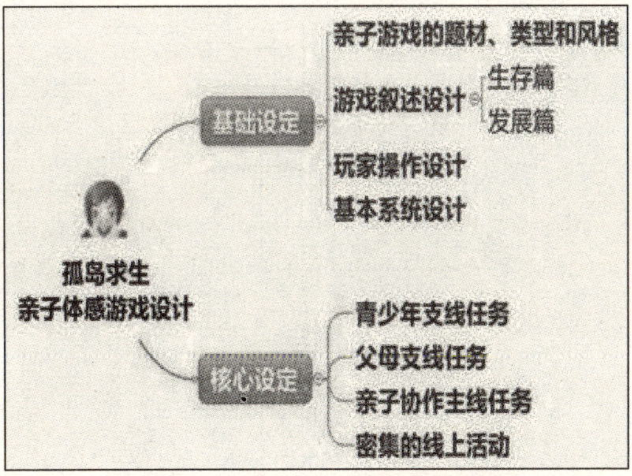

图8-1　孤岛求生亲子游戏框架图

（一）儿童体验板块

通过儿童Avatar（替身）进入游戏，以形象代入感让其体验日常生活中碰到的模棱两可的复杂或两难问题，引导儿童反省自我行为，了解社会家长期望，帮助儿童应付困惑和迷惘。由于儿童只注意当下的经验和短程目标，他们很难理解行为的远程因果关系，所以该体验板块设计了一些让儿童发现远程因果关系的案例。如有关滥用药物、吸毒、吸烟、酗酒、迷恋网络等议题，指引儿童什么是适当行为、什么是不适当行为，从而学会自我约束，自我控制，培养自身责任心。根据认知发展理论儿童已处于形式运思阶段，能够抽象思考领会父母、同侪及其他人的经验、痛苦和处境。游戏中设计了一系列儿童对父母、他人以及社会理解的支线任务。如图8–2所示：

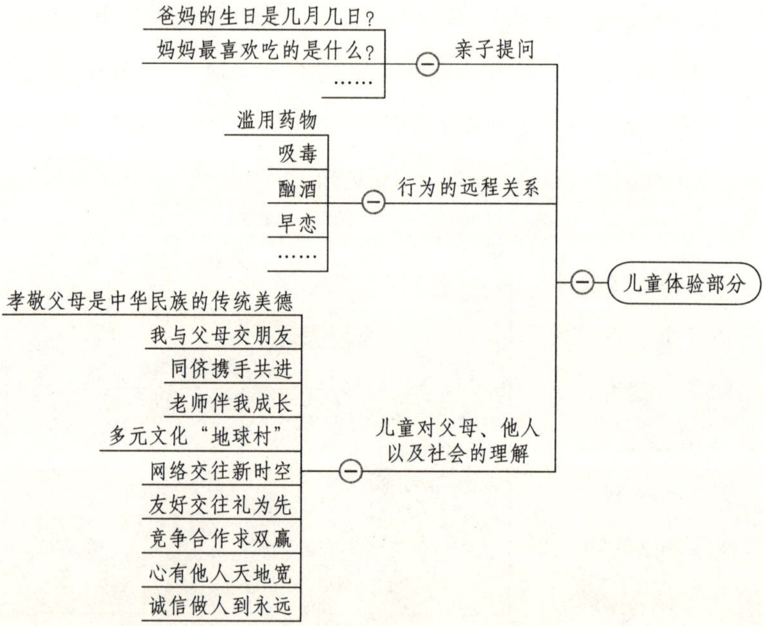

图8–2　儿童体验部分

（二）父母亲职教育体验板块

基于阿德勒理论，借鉴Dynkmeyer、McKay和Dreikurs工作发展起来的一套范围广泛、有组织、有连续性的亲职训练方案，为父母角色设计了10个亲职教育游戏支线任务：即认识自身期望、了解孩子的行为目的、父母的自我改变、学会积极“倾听”和“同理心”、问题所有权和表达自我信息、民主教育的原则与挑战、自然与合理的行为结果、鼓励有方、民主的教养态度、家庭会议10个支线任务以生动的情景再现模式，与NPC分支式对话系统，让父母直观体验在对应情境中如何处理与儿童间的冲突，从而掌握亲子有效沟通技能和情绪管理方法，拓展家庭教育知识，成为高效能父母。如图8-3所示：

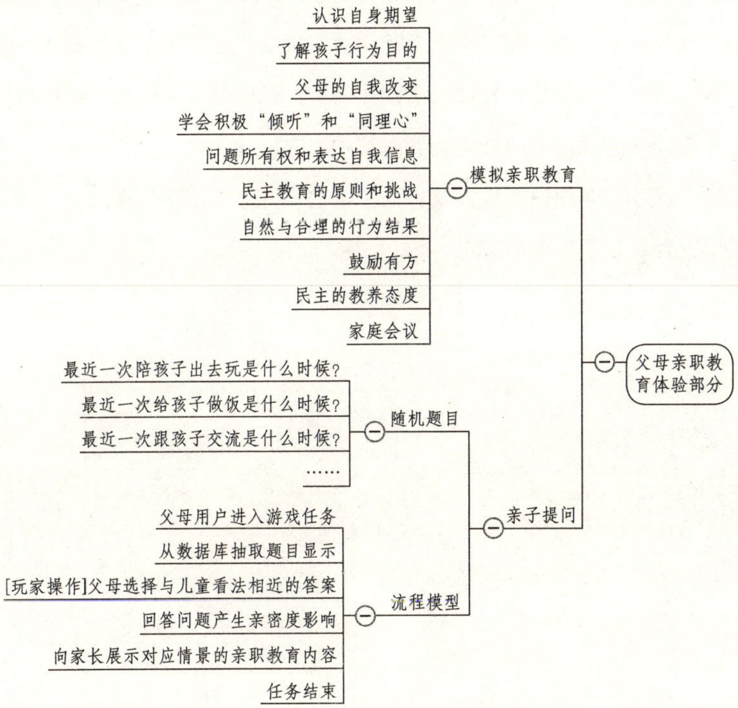

图8-3 父母亲职教育体验部分

（三）亲子协作体验板块

支持同台或两台双人合作模式，儿童与父母可操控两个角色并肩携手共同开发神秘孤岛，配合完成主线任务，亲子在每次完成游戏任务时会拿到一个计时记录和亲密度点数，可以重复接受主线任务刷新亲子协作时间记录和亲密度。还可与其他家庭投身这场竞赛，针对每个任务有个社区亲子协作排行榜，激励亲子配合越来越默契，优化亲子关系。亲子协作板块同样支持单人模式，只是完成任务后会根据不同的设置获得不同的奖励。亲子协作模式完成主线任务不仅可以获得高额的金币，还可以获得亲子勋章，亲子勋章累计到一定数量后，可以来解锁更多的特殊合作模式关卡，而单人模式就没有高额金币报酬和亲子勋章。系统设有“每日主题活动”和“周末主题活动”玩法，每个活动奖励翻倍，进一步增进亲子默契度，发展儿童同伴关系，强化游戏可玩性。该板块通过亲子同屏游戏，对游戏规则的理解和遵守，彼此平等独立，亲子视野共享，以双人合作通关模式增进亲子亲密度，培养创新创造能力，让亲子玩家找回亲子关系和谐的欢乐。如图8–4所示：

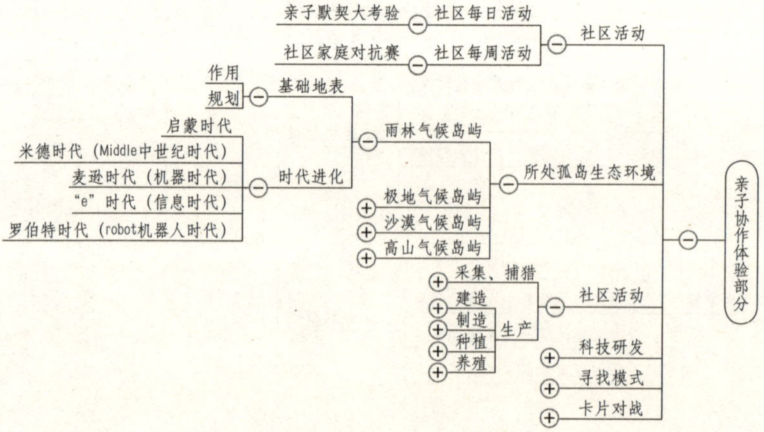

图8–4　亲子协作体验部分

二、游戏案例实现

本游戏案例体系如图8-5所示，客户端采用面向对象式脚本语言ActionScript3.0和表现层语言MXML，集成开发环境是FlashBuild4。FlashBuild4是基于Eclipse的可视化插件，可以更快地设计出游戏。服务端采用的是Java2语言和高性能的开源框架Mina2，集成开发环境是Eclipse。数据库采用MySQL5.1，并初始化建立图中的库。后台管理使用Flex，但仍需服务器提供特殊服务来管理游戏。

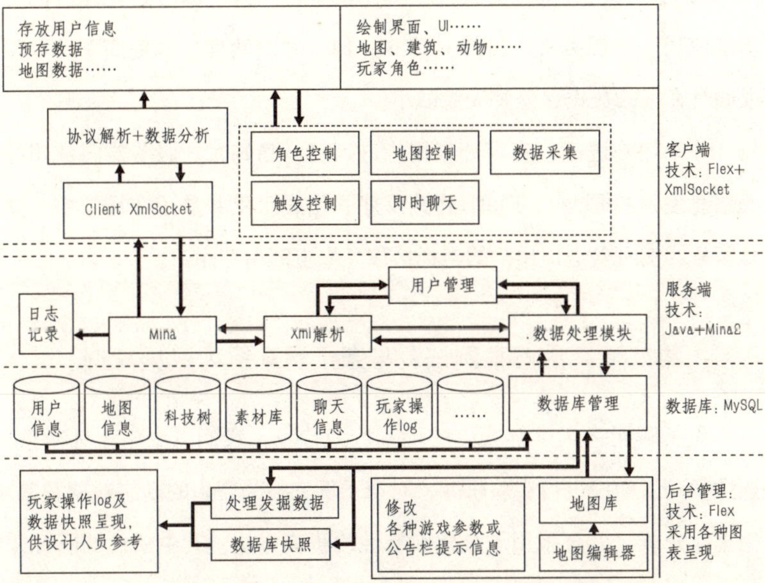

图8-5　游戏案例体系结构图

本游戏案例在开发实现过程中的关键技术：

素材数据：包括地图、角色、建筑、非玩家控制角色和各种对象单位的素材。由一个从服务器得到的xml文件来说明，Flex根据这个xml文件从远程下载资源。Flex提供的Loader类可以从远程下载资源，把下载的数据都存储在Flash Player内存里，场景管理类通过xml和素材绘制出当前场景。

用户资料：包括基础信息和扩展信息，扩展信息就是各种附加属性，根据这些属性来绘制出独特的人物外观。用户资料也是一个从服务器下载到的xml文件，Flash将xml反序列化成一个角色对象，并添加控制到这个角色对象上。

分屏技术：分屏技术主要是为了解决双人（家长和孩子）同机登录的情况，将主界面平分为左右两个部分，两人可以各自操作。内部仍是使用一个服务点，虽然对Flash Player的处理要求提高了，但两人同时在线的数据误差将大大减小。

外来用户进出：当有外来用户进入自己岛屿时，服务器将该用户的信息发送给Flash，Flash将其反序列化成对象并显示在场景中，并且服务器实时发送该用户的坐标给该岛屿上的所有用户。

第二节　游戏案例试测与亲子玩家行为数据挖掘

为了解网络亲子游戏中的玩家行为特征，我们以中学生为对象，选择了一所学校进行实验研究，对亲子玩家行为产生的动态数据积累、挖掘、分析，混合采用了量化和质性的研究方法。其中质性的研究采用了"个案研究方法"（Case Study Method）[1]，该个案研究希望重点了解在游戏中亲子玩家行为，进而归纳出典型的亲子关系家庭类型，以对促进亲子关系改善的游戏设计带来启示。

---

[1] Yin, R. K. *Case study research: design and methods*(3rd. ed.). Thousand Oaks, Calif.: Sage Publications, 2003.

一、试测实验设计

（一）研究问题

本研究的主要研究问题可以归纳为如下三点：(1) 网络亲子游戏里亲子玩家出现了哪些行为？(2) 根据呈现的玩家行为特征可以归纳为哪几种亲子关系家庭？(3) 选择各类亲子关系家庭个案，运用家庭亲密度与适应性量表第二版中文（FACESII-CV）进行测试，检验亲子关系家庭类型是否一致？

（二）研究方法

本研究之所以采取个案研究方法，主要考虑网络亲子游戏环境中玩家行为的复杂性，而网络亲子游戏研究刚起步，还缺乏大量的权威理论作参考，因此研究者对于研究中可能出现的情况和结果均没有充分的把握。鉴于此研究的复杂性，符合个案研究注重深入理解和厚实描述的特性[1]，而且也符合个案研究适合于对过程进行探究[2]、重在发现而不是验证的特点[3]。

（三）研究样本

在实验中，选取的实验对象是实验学校某初中两个班级，共计60对亲子，让他们进行为期8周的亲子游戏体验。通过对亲子玩家行为产生动态数据的积累、挖掘和分析，“逐步聚焦”到4对亲子玩家(2名男同学，2名女同学)，选取这4个典型家庭作为研究个案。

---

[1] Merriam, S. B. *Qualitaivative research and case study applications in education*(2nd. ed.). San Francisco, CA: Jossey-BassPublishers, 1998.

[2] Stake, R. E. *The art of case study research*. Thousand Oaks/London/NewDelhi: Sage Publications, 1995.

[3] 陈向明：《质化研究方法与社会科学研究》，12页，北京：教育科学出版社，2000。

（四）研究过程

在实验开始之前，先由信息技术课教师利用课堂时间对参与本次实验的两个班级学生进行游戏介绍，并公布网络亲子游戏访问地址，发放了亲子玩家新手指南。再由亲子在开放式游戏环境中自由体验，为期8周，约56天，周一到周五规定游戏时间不超过45分钟，周六与周日规定游戏时间不超过120分钟。研究结束后，对4名个案进行了家庭亲密度与适应性量表中文(FACESII−CV)测试和每个家庭30—60分钟左右的单独访谈。

（五）数据收集与分析

网络游戏就像是玩家心理和玩家行为的聚合品，从60对亲子样本错综复杂的行为世界中总结出规律和对比出其通行的途径就是积累有价值的动态数据。玩家动态数据分为数据库中存储更新的和游戏运行中在服务器内存里短暂存放的两类数据。对数据库中存储的数据进行快照式的备份，在固定的时间点把相应的库进行备份，留一份快照。在8周后把这些快照聚焦起来，进行有意义的统计和绘制图表。对服务器内存中暂留的稍纵即逝的数据，如家庭之间的临时组队数据等，我们采用消息驱动的被动型积累和规则驱动的主动型积累。我们采用了Nvivo软件作为辅助分析工具，主要是利用了质化研究方法中的情境分析方法[1]；至于量化资料部分，采用UCINET软件作了社会网络分析法分析和利用SPSS软件分析个案与全体样本的差异。

二、亲子玩家行为数据挖掘

通过数据库快照分析方法，从服务器端玩家账户数据库调出60对

---

[1] 陈向明:《质化研究方法与社会科学研究》，48页，北京: 教育科学出版社, 2000。

亲子玩家的每条记录。选择角色ID、亲密等级、亲密指数、家庭头衔、亲子在线时长、亲子协作时长以及亲子通过协作完成主线任务所进入时代七项数据，建立数表。如表8-1所示：

表8-1　　　　玩家亲子协作行为数据统计表

角色ID	亲密等级	亲密度	家庭头衔	亲子在线时长	亲子协作时长	所处时代
Luhaiyang Luhaiyang_p	25	2120	和谐示范标兵家庭	52小时 52小时	33.2小时	罗伯特时代
Wuhaitao Wuhaitao_p	24	1734	和谐示范家庭	52小时 51.6小时	34.7小时	罗伯特时代
Jinhao Jinhao_p	24	1167	示范家庭	51.8小时 51.1小时	33.5小时	罗伯特时代
……	……	……	……	……	……	……
Zhanglei Zhanglei_p	19	1059	文明家庭	53.2小时 59.4小时	25.9小时	“e”时代
……	……	……	……	……	……	……
Tonghan Tonghan_p	15	566	学习型家庭	56.7小时 67.3小时	22.8小时	麦逊时代
……	……	……	……	……	……	……
Yijinlang Yijinlang_p	10	873	建设型家庭	52.2小时 61.4小时	16.4小时	米德时代
……	……	……	……	……	……	……
Zhenyun Zhenyun_p	4	134	菜鸟型家庭	36.7小时 14.6小时	2.3小时	启蒙时代
Fanglei Fanglei_p	3	322	菜鸟型家庭	37.7小时 34.2小时	1.1小时	启蒙时代

注：0级　1001级　200以此类推　每一级加100亲密指数

从上表中可以发现角色ID为Luhaiyang家庭属于表现最佳家庭，

亲子亲密度比较高，亲密度等级达到25级，获得5颗亲子勋章，亲子配合非常默契，通过亲子协作完成主线任务已进入到游戏最先进的罗伯特（Robot）时代；角色ID为Tonghang家庭属于表现一般家庭，亲子的活跃度达到最高，亲密度等级为15级，获得3颗亲子勋章，亲子在线时长达到所有家庭之最，但亲子协作投入时间只有22.8小时，完成主线任务只进入到游戏麦逊(Machine)时代；角色ID为Zhenun和Fanglei的两个家庭属于活跃度极低的家庭，亲密等级为最低，没有获得亲子勋章，亲子协作投入时间分别为2.3小时和1.1小时，完成主线任务都还停留在游戏的最初阶段启蒙时代。

通过积累亲子玩家行为如家庭之间的组队合作、对抗以及在论坛上对其他家庭建议、求助、讨论热点关注等产生的动态数据，利用UCINET软件绘制成社会网络分析图，如下图8-6所示。该图表明了《孤岛求生》网络亲子游戏里60个家庭之间的社会关系。图中的每个节点表示一个家庭，连线表示家庭之间曾经共同组队、对抗或协作，线的粗细表示频率。

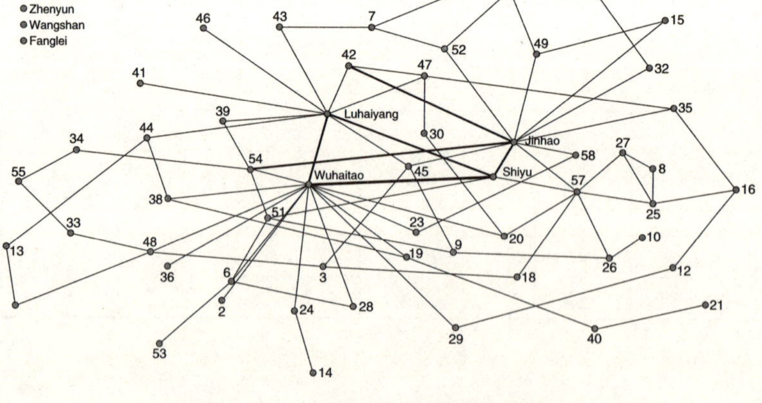

图8-6　60对亲子社会网络分析图

从上图可以看出，有三到四个家庭处于核心的位置，和很多家庭都组队合作、对抗或帮助过；其他大部分家庭处于普通的位置，只是偶尔和其他家庭组过一两次队；有三个家庭处于图的边缘位置，与其他家庭都没组队交互过。上图中反映了Luhaiyang、Wuhaitao、Jinhao、Shiyu家庭为核心家庭，Zhenyun、Fanglei、Wuhaitao家庭为边缘家庭。

结合分析以上玩家亲子协作行为数据统计表和亲子社会网络分析图，以及Log机制如实地记录亲子玩家在亲子协作中的每个行为，个案选取Luhaiyang、Tonghan、Zhenyun、Fanglei四个家庭。

三、亲子玩家行为特征分析

（一）亲子玩家时间花费报告分析

通过对玩家各种行为产生的动态数据积累，绘制出亲子在游戏中时间花费报告。如图8-7所示，清楚呈现出四个家庭亲子玩家行为的一个完美模型，图中的y轴代表总时间，而x轴代表亲子玩家行为。

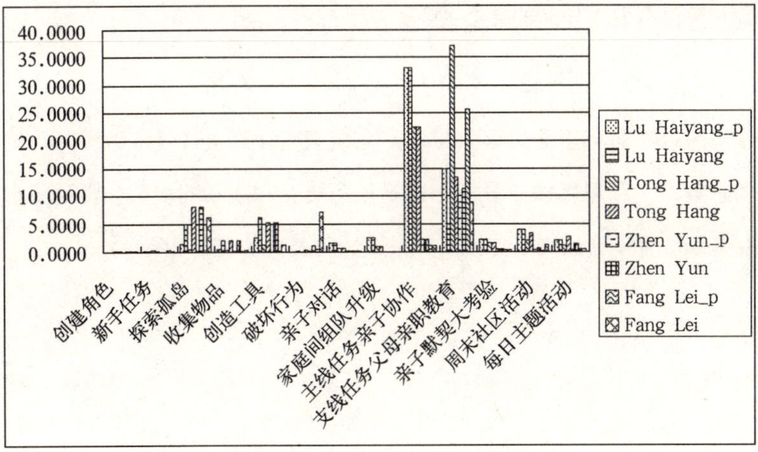

图8-7　亲子在游戏中时间花费图

从上图8-7的四个家庭亲子玩家时间花费对比中发现：Luhaiyang家庭亲子协作完成主线任务投入时间最长达总在线时间的1/2，亲子对话花费时间也处于四个家庭之首，积极与其他多个家庭组队合作完成任务，创造更多的工具，参与社区组织的各类活动。Tonghan家庭亲子在线时长达所有家庭之最，但主线任务亲子协作投入时间不到总在线时长的1/3，虽然儿童角色在主线任务中投入了更多时间，但由于在没有父母的协作下儿童要同时控制两个角色配合完成任务，难度比较高，不但要花费更长的时间，而且成功率低下，导致亲密度几乎没有增长，从而影响游戏的进入时代。父母把大部分时间都花在了完成亲职教育体验板块中支线任务上。Zhenyun家庭父母在线时间不长，但亲子协作时间几乎占了在线时间的1/2，亲子沟通积极相应。儿童把大部分时间花在了创造工具和完成儿童体验板块支线上。Fanglei家庭亲子沟通时间几乎为零，父母在线时间和亲子协作时间为所有家庭最低，儿童把大部分时间都花在了破坏行为和经验升级上，该家庭与其他家庭几乎没有发生任何的社会关系。

（二）父母角色亲职教育支线任务成功率分析

通过在服务器端采集父母玩家完成亲职教育支线任务各种行为的动态数据，利用累加变量机制积累任务接受和成功的次数，得到父母在亲职教育体验板块中支线任务完成情况表，如表8-2所示：

表8-2 父母角色在亲职教育体验板块中支线任务完成报告

对象	父母角色支线任务	任务1认识自身期望	任务2了解孩子的行为目的	任务3父母的自我改变	任务4学会积极“倾听”和“同理心”	任务5问题所有权和表达自我信息	任务6民主教育的原则与挑战	任务7自然与合理的行为结果	任务8鼓励有方	任务9民主的教养态度	任务10家庭会议
60对亲子样本	成功次数	60	60	60	59	58	59	59	59	58	59
	接受次数	133	152	149	179	173	153	133	101	162	97
	成功率	45.11%	39.47%	40.27%	32.96%	33.53%	38.56%	44.36%	58.42%	35.8%	60.82%
	放弃率	0%	0%	0%	0%	1.67%	1.67%	1.67%	1.67%	3.33%	1.67%
Luhaiyang家庭	成功率	100%	50%	100%	50%	50%	50%	100%	100%	50%	100%
Tonghan家庭	成功率	33.33%	25%	50%	25%	16.67%	25%	33.3%	50%	33.3%	50%
Zhenyun家庭	成功率	50%	33.3%	50%	25%						
Fanglei家庭	成功率	16.67%	14.29%	12.5%	0%	0%	12.5%	14.29%	25%		12.5%

从表格反映可知，支线任务即便设立了丰厚奖励，仍属可做可不做的范畴，但绝大部分父母都尽力完成此任务。支线任务放弃率几乎为0%，说明家长对亲职教育的兴趣和动力；但父母在此支线任务的

成功率普遍偏低，说明生活在传统权威环境下的父母，学习和承袭的教育是上一代盛行的“管教模式”，在面对成长下一代，缺乏应对的教育理念和方法。尤其是“学会积极倾听和同理心”“问题所有权和表达自我信息”以及“民主教养态度”这些任务完成成功率极低，说明这些父母平时比较缺乏上述有效沟通技巧。四个家庭完成亲职教育支线任务表现各不相同：Luhaiyang家庭父母完成任务成功率均高于平均水平，表明这个家庭拥有高效能父母，能有效处理与孩子间的冲突，掌握亲子沟通技能和情绪管理方法，具备一定的家庭教育知识。Tonghan家庭父母虽然完成任务的成功率在平均水平上下浮动，但他们投入大量的时间积极主动学习亲子沟通技巧和家庭教育知识，有意成为高效能父母，培养有责任感的孩子。Zhenyun家庭父母前期的完成任务成功率普遍高于平均水平，但后来都选择了放弃，从后台数据库里调出该用户的信息发现家长已经好久没登录游戏（我们进行了电话访谈，发现该家长由于出差，在外地忙于工作，很少异地登录来访问游戏）。Fanglei家庭父母完成亲职教育支线任务成功率极低，甚至出现了成功率为0%的现象，有一项支线任务还选择了放弃。后期对这4个个案家庭的父母访谈发现，普遍反映没有任何途径教他们如何为人父母，因此在自身角色转换之际、孩子“心里断乳期”、新旧价值观交替之际时感到茫然和焦虑。该游戏中的父母亲职教育体验板块，可以帮助家长直观地体验到自己在家庭角色中的感知和应对模式，以及这种互动模式下的积极和消极影响，从而使他们学会亲子有效沟通技能和情绪管理方法，进而在日常生活中灵活运用，逐渐达到“知行合一”境地。

（三）四个个案家庭特征描述

1．Luhaiyang家庭：在网络亲子游戏中属于核心家庭，与其他家庭有过多次组队合作经历，积极主动参与社区活动，对其他家庭提供建议和帮助。亲子关系和谐，亲子沟通融洽，亲子配合默契，父母了解儿童期处于过渡转型阶段，独立的过程中还要父母适当引导，才能更好地有利于儿童的身心发展、独立人格的形成、学业成绩提高以及同伴关系发展。儿童在亲密情感和有效沟通的家庭氛围里健康成长。

2．Tonghan家庭：在网络亲子游戏中属于大众家庭，与其他家庭有过几次组队合作经历，亲子彼此间信任、尊重，但亲子沟通中时而会发生摩擦，亲子协作过程中父母对儿童的交流及时做出反应的频次低下，导致亲子配合不畅。父母知道儿童期是极易发生亲子关系疏远最令人困扰阶段，但缺乏对儿童自尊、自信、责任感等积极健康的人格品质培养的知识，缺乏应对儿童遇到困难与挫折的教育及相应的社会实践。

3．Zhenrun家庭：在网络亲子游戏中属于特殊家庭，由于父母忙于工作，没时间陪伴儿童，随着亲子之间沟通频率的降低，久而久之亲子关系也会出现危机。

4．Fanglei家庭：在网络亲子游戏中属于边缘家庭，与其他家庭几乎没有组队合作经历，亲子协作不默契，亲子亲密度疏远，亲子关系危机，亲子沟通不畅，父母与儿童的沟通变成了饭桌会议，父母经常采用命令式的管教方式，缺乏“学会积极倾听和同理心”、“问题所有权和表达自我信息”以及“民主教养态度”等亲职教育知识和有效沟通技巧。儿童反社会行为如酗酒、违法行为、破坏发泄行为突出。儿童对父母的单向权威日益敏感，力争双向平等和更多的自主性。

（四）讨论与结论

针对以上选择出的四个个案家庭，进行了家庭亲密度与适应性量表第二版中文（FACESII–CV）测试。该量表由Olson等人（1982年）编制，中文版由费立鹏等人（1991年）修订[1]，有较好的信度和效度。该量表为自评量表，包括两个分量表，共有30个项目，主要评价两方面的家庭功能：(1) 亲密度，即家庭成员之间的感情联系；(2) 适应性，即家庭体系随家庭环境和家庭不同发展阶段出现的问题而相应改变的能力。该量表由被试从"不是"到"总是"在5个等级上进行评定。量表要求被试回答两次：一次是对自己家庭现状的实际感受；另一次是自己所希望的理想家庭状况。根据家庭亲密度和适应性的程度可以将家庭划分为16种类型[2]：4种平衡型、4种极端型和8种中间型。四个受试家庭测试结果为：Luhaiyang家庭为平衡型家庭，Tonghan家庭和Zhenyun家庭为中间型家庭，Fanglei家庭为极端型家庭。在合适的条件下，经过家庭成员的调节和彼此适应，能促使中间型家庭向平衡型家庭过渡，实现家庭功能的优化。四对亲子在游戏中行为特征反映的亲子关系家庭类型与测试结果一致。

根据亲子玩家在亲子游戏中的主要行为特征可以将家庭大体上划分为如下几种类型：

1．亲子关系"和谐型"家庭

平衡型家庭，代表家庭是Luhaiyang家庭。在亲密度上，家庭成员间保持良好的情感联系，但又不过分依赖他人，他们可以共同决策、

[1] 汪向东：《心理卫生评定量表手册》，中国心理卫生杂志社，1999。

[2] Olson, D. H., McCubbin, H. I., Barnes, H., Larsen, A., Muxen, M., Wilson, M. *Families: what makes them work*(2nd. ed). SAGE Publishing, Los Angeles, 1989.

共同活动，但又有自己家庭之外的联系和活动。在适应性维度上，成员共享家庭角色且角色分配比较稳定，决策通常是民主的，很少有强制性的家规，这样能保证家庭合作解决各种问题和困难。

2．亲子关系“建设型”家庭

中间型的家庭，代表家庭是Tonghan家庭。在合适的条件下，经过家庭成员的调节和彼此适应，能促使建设型家庭向和谐型家庭过渡，实现家庭功能的优化。父母要加强对于现代社会的制度与文化的理解、适应与自我更新；儿童要尽关心父母的责任与义务，在相互关怀中共同和谐发展。

3．亲子关系“危机型”家庭

极端型家庭，代表家庭是Fanglei家庭。在亲密度上，家庭成员情感关系过于疏远、淡漠，每个人各行其事，通常不会向其它家庭成员寻求支持和帮助，很少有家庭之外的朋友和兴趣。在适应性上，对问题的处理和应对方式比较僵化，某个家庭成员有绝对的控制权，很少协商解决问题，家庭规则、角色分配比较混乱，决策冲动并得不到贯彻。总之，危机型家庭亲子亲密度过低，亲子矛盾突出，不利于儿童健康成长。

四、案例对儿童网瘾治疗方案的启示

综上对于网络亲子游戏玩家行为特征呈现亲子关系家庭类型的划分尽管尚需完善，但对于网络亲子游戏的设计却有着非常重要的意义。

对于亲子关系“和谐型”家庭，该类家庭往往与其他家庭有着频繁联系和活动，在虚拟社区社会关系中处于核心的位置，系统可以设有丰厚的奖励机制，激励核心家庭与大众家庭、边缘家庭主动积极组队参加亲子默契大考验等系列活动，通过核心家庭在该虚拟游戏环境里的身份与影响力，影响其他亲子玩家行为能力，促使其他类型家庭增进亲子亲密度，改善亲子关系，提高亲子沟通技能。同时这些核心家庭可以获得可观的经济效益、稀缺资源和各类特殊道具。系统还可以让这些核心家庭担任亲子游戏社区管理人员的角色，充当意见领袖，为其他家庭提供建议和帮助等，积极组织游戏内以及真实世界里的亲子活动，打造成一个线上线下联通的亲子平台。亲子游戏中可以设有封锁（Blockade）系统[1]，随着亲子协作配合默契度提升获得奖励累计到一定数量后，利用解锁来获得更多的特殊合作模式关卡，推动亲子玩家并提供有粘着力的体验，进一步优化亲子关系，提高父母亲职教育知识，拥有深层次的家庭情感和交往模式。

对于亲子关系“建设型”家庭，该类家庭往往只是偶尔和其他家庭有过一两次组队经历。在虚拟社区社会关系中处于普通的位置，该类家庭在核心家庭的拉动和帮助下可以获得翻倍的奖励，促使此类家庭积极投身到社区家庭对抗赛等活动，有助于儿童发展同伴关系，增进父母之间的育儿经验的分享，借鉴核心家庭亲子之间的良好沟通方式和沟通风格，从而提高此类家庭的亲子沟通能力和沟通技巧，使亲子之间沟通地位呈现出明显的平等化。系统可以对此类家庭进行干扰，设有进度机制，即将一项大任务分割成若干小任务而不断积累成果、达成目标，以此提高亲子角色之间凝聚力。系统可以动态调整任务难度，建立渐进性游戏进程[2]，让亲子玩家逐步成长起来，亲代要加强对于现代社会的制度与文化的理解、适应与自我更新，子代要尽关心亲

---

[1] [2] Dunniway, T., Novak, J. *Game development essentials: gameplay mechanics*. Delmar Cengage Learning Publisher, NewYork, 2008. pp. 233-35.

代的责任与义务，在相互关怀中共同和谐发展。在合适的条件下，经过亲子之间的调节和彼此适应，促使“建设型”家庭向“和谐型”家庭过渡，实现亲子关系和谐。

对于亲子关系“危机型”家庭，该类家庭与其他家庭几乎没有联系和活动。在虚拟社区社会关系中处于边缘的位置，亲子之间亲密度水平疏远，沟通出现困难和问题，亲子协作不融洽。针对该类家庭，系统要加大干预程度，游戏可以设置丰厚的奖励机制、社区机制以及任务重复性和多样性机制，在很大程度上保证游戏的角色具有凝聚力。针对每个任务设有社区亲子协作排行榜，激励该类家庭重复尝试同个任务不断刷新记录，促使亲子配合越来越默契，改善亲子关系。针对此类家庭亲职教育体验板块可以设计更多的支线任务，采用分支式角色交互机制对话系统，父母与NPC建立模拟亲子关系，通过形象的置入使之成为有效能父母，使这类父母获得同子女成长、适应与发展有关的知识，增强父母教养子女的技巧与能力，建立亲密的亲子关系。

在下一阶段研究中，我们将尝试进入更多的学校，使亲子游戏玩家形成一个较大规模的群体，通过对大量存在的样本产生的动态数据的积累、挖掘与分析，从错综复杂的玩家心理和玩家行为中寻找规律和分析结论，从而对游戏的知识构建、情感策略、活动机制、角色行为等进行修正和完善，为真正改善亲子关系，治疗儿童网瘾起到积极作用。

第九章

儿童网络成瘾的其他家庭防范

第一节　网络行为的记录与监控

据2005年统计，我国青少年网络成瘾者达250万，并有加速增加的趋势，成瘾者占比约13.2%；非网瘾者中也约有13%有网瘾倾向。很多孩子关在房间长时间无节制上网，家长不知道孩子在上网做什么，因而疏导和教育也就无从入手。而获知孩子“上网成瘾”的真实原因至关重要，找对原因才能对症下药。采用网络记录和监控手段可以轻松地帮家长获知孩子的思想动向和上网内容，从而有针对性地进行疏导和教育，预防网瘾的发生。采用软件监控方式简单、隐蔽、易操作，效果明显，进行“网瘾监控”可帮助父母了解孩子“沉迷网络”的真正原因，并获得解决问题的专家参考意见。

一、家长使用技术手段预防网瘾的误区

就预防网瘾而言，家长还有一些误区，我们大体归纳为五种类型：

（一）盲目无知型

“孩子这么小游戏玩得这么好，聪明，将来有出息，得网瘾都是大

孩子，没必要预防。”这类家长属于严重的无知型，对孩子健康成长，极其不负责任。网瘾不是一天形成的，就像我们抽烟，一开始是好奇，偶尔抽一支，随着频繁度的增加，慢慢就成瘾了，想戒除都很难。

（二）过度自信型

“我的孩子小，上网问题我能管得了，孩子很听话，将来没问题。”对于这类家长的过度自信，并犯了一个致命的错误。专家指出，孩子不是用来管的，而是需要正确引导教育的。对于从小严管的孩子将来会走向两种极端:第一，极端逆反。孩子小的时候，无能力与家长对抗，随着他慢慢成长变得强大起来，大约到11–15岁时就会爆发，极端逆反，在网瘾的案例中，这样的情况不占少数。第二，极端无能。孩子从小在一种压力下成长，就会变得听话、顺从、自主能力缺失。什么都由大人安排，试问家长你是培养一个人才呢，还是在培养一个窝囊废?

（三）极端武断型

“网络太坏了，不让孩子碰就等于预防，宁愿剥夺孩子网络受益权。”这类家长既武断又自私，自己没能力引导孩子，一刀切地去剥夺孩子享受网络有益知识和技能的权利。众所周知，现在世界已经进入网络时代，你可以不让孩子接触，但你无法改变孩子的好奇天性，一旦孩子离开你的视野，他的好奇心就会更加肆无忌惮地释放。

（四）逃避责任型

“孩子交给学校，网瘾教育都是学校的事，我忙顾不上。”这类家长就不配做家长，孩子是你亲生的，你都不负责任，何况别人呢?家长早期的言传身教胜过孩子其他所有的教育，孩子教育首先是家庭教育，其次是学校教育，再次是社会教育。无论你如何逃避，都不会逃出对孩子的影响。

（五）消极被动型

“我对网络不懂，也学不会，不知道怎么预防。”这类家长最起码知道自己的不足，还是比较有希望的。不懂可以学，如果您的孩子对待学习也像你一样，那不是更糟糕了。家长是孩子的第一榜样，从小给孩子树立一个爱学习、不畏困难的形象，潜移默化中会让您的孩子也具备了这种习惯。

任何东西都有他的两面性，软件工具监控也是一把双刃剑，要靠使用他的人正确对待它的功能，事先要告诉孩子这个软件是用来保护他，培养他良好习惯的工具，而不是监管他的工具。沟通的目的就是认同，充分尊重孩子的自尊，获取孩子真心的配合，才会发挥它真正的效用。

二、预防及矫正儿童网瘾的思路

信息素养教育，对于接触计算机的中小学生来说，相当于“电脑驾照”。它不仅是口头上的教育，而且应该是一种“意识—知识—技术—道德”的综合、可操作性的教育。例如，参加汽车拉力赛的赛车手，必是有驾照，且经过严格的训练，并熟知赛场规则和赛车路线的人。而儿童的网瘾，其实质是一种“无证驾驶”，所造成的“网络车祸”也就不奇怪了，即许多电脑痴迷者根本不懂得网络规则，势必会闯大祸，甚至丧失健康和生命。

从培养信息素养的角度来矫正网瘾，应遵循下列思路：

（一）家庭心理治疗

网瘾儿童和他的父母家人都应该提高信息素养水平，有条件购置电脑的家庭，应尽量让孩子在家里上网，才好管理。

第一，不是禁止使用电脑和上网，而是明确电脑这一高科技产品是做什么用的，可以做哪些有意义的、创造性的工作；

第二，每个人认真检讨自己以往的认识和作为，进行真正的亲子沟通，分析网瘾的原因；

第三，儿童当然需要明确自己这个年龄应该做什么，不应该做什么，要将自己的学习兴趣和学习习惯重新建立，不能荒废学业；

第四，父母要制定上网的规则，并监督孩子认真去做，引导他科学健康地使用电脑，戒除网瘾。

这个过程是全家人积极的互动过程。

（二）志愿服务治疗

有一定心理咨询知识技能，并对电脑操作熟练的社会志愿者，可以介入网瘾者的心理治疗。

最好是“一帮一”，也可以进行“小组治疗”。在治疗初期，志愿者与他们做朋友，陪伴他们度过艰难的“戒断反应期”。

给予他们具体的学习辅导，帮助他们重新适应学校生活；帮助协调亲子关系和同伴关系，建立良好的沟通。

引导他们学会选择健康的网站，学会写博客、设计自己的网页等等。这是一个漫长的过程，不能急于求成。

（三）回归学校治疗

学校应以宽厚温暖的胸怀接纳网瘾儿童，尤其初中、高中阶段是关键。

一是帮助他们“收心”，通过心理老师的帮助，使他们对自己重新树立自信心；

二是学习上尽量给他们宽松的环境，教师应给以个性化方式辅导和答疑，而不要因为成绩较差而将他们打入另册；

三是班主任应教育同学不应歧视和嘲讽他们，而要帮助他们与周围同学建立良好的沟通，重建朋友圈；

四是计算机课程的教师应对他们开展信息素养教育，并进行个体化的操作辅导，帮助他们学会抗拒诱惑，放弃网瘾，选择正确方式使用电脑。

（四）信息素养教育应纳入学校健康教育

信息素养教育，其实质是学校健康教育，也是一种心理行为的健康教育。对于广大儿童来说，应是一种循序渐进的教育，从未接触计算机之前，到学习计算机的同时都应不断地进行这种教育。在学校健康教育中，与培养信息素养有关的内容至少有如下六个方面：

其一，懂得健康使用计算机的身体姿势和时间控制，共同制定使用计算机的具体规则；

其二，了解网瘾对身心健康的危害，学生和家长都应掌握预防网瘾的措施；

其三，同学之间经常交流使用计算机的经验和体会，将预防网瘾内化为自觉的行动；

其四，如果有同学出现网瘾倾向，全班同学可共同讨论解决办法，以及时矫正；

其五，发展学生广泛的兴趣爱好，尤其是通过开展艺术和体育运动等活动，预防网瘾；

其六，整合资源，向各门课程渗透，使学生通过实际操作，了解计算机的广泛用途。

三、预防网络沉迷技术详解

北京盛世光明预防网瘾技术研究中心，结合十几位教育、心理、网络专家的意见和建议，历经三年多的时间研发出一项技术成果，它是一种净化网络环境、保护孩子上网、培养良好上网习惯、预防网络沉迷的软件工具，并且给它起了一个非常好听的名字——“网路神警家庭上网小卫士”，以下简称“小卫士”。

“小卫士”软件安装操作非常简单，家长可以根据使用说明把软件安装在学生用的电脑上，安装后根据孩子年龄段、爱好、自觉程度等特点，自助设置，设置好以后，基本上就不用管了，一劳永逸。下面是对该技术详细的功能介绍。

（一）不良信息过滤、游戏管理、聊天工具管理、上网时间管理四大主要功能

1．过滤不良信息功能

能全方位净化上网环境，避免孩子被黄赌毒等不良信息和网站侵蚀。

(1) 关键词过滤功能。在过滤关键词列表内，程序已经纳入“色情”“***”等不良关键词，如果家长发现新的不良关键词，也可以自己灵活添加。只要网页内含有这些关键词，软件就会智能识别，网页打不开，并会自动跳转到家长指定的健康网站。

(2) 网址黑名单功能。软件自带几百万条的不良网址库，并不断

更新提供升级，家长发现新的不良网站，一方面可以直接在软件内举报到中心服务器，由专人审核后，放到不良网址库，供全国的用户升级；一方面家长也可以把不良网址或者不想让孩子访问的网址添加到黑名单，就可以禁止访问该网址，并跳转到家长指定的健康网址，对孩子进行全方位的保护。

（3）网址白名单功能。对于年龄小的孩子，家长可以把允许孩子打开的网址输入到白名单，白名单以外的其他网站一律禁止访问，并跳转到家长指定的健康网址。这样就能保障孩子不会接触到家长指定网址以外的网站。

使用前家长要告诉孩子这个功能是为了保护他，消除了家长的担心，家长就不用坐在旁边看着了，孩子也能自由自在地上网了，这样一般都会得到孩子的认同和欢迎。

2．游戏管理功能

多种规则灵活管理游戏，避免孩子游戏成瘾。

（1）游戏的禁止和开放管理功能。软件游戏管理列表内纳入社会上流行的几十种常见游戏，家长如果发现电脑内有新的游戏，也可以自己添加到列表，操作非常简单。家长鼠标一点就可以自由选择禁止和开放，把一些不想让孩子玩的游戏禁止掉，保留一些有益的游戏让孩子适当地玩。

（2）游戏开放时间的管理功能。为了防止孩子长时间地玩游戏，可自由设置游戏开放时间，避免孩子游戏成瘾。按照小时为单位，比如20点到21点允许玩一个小时，家长只需要用鼠标点几下就可以做到，时间快到21点的时候，会有倒计时提醒，孩子可以及时地保存一下，到21点游戏就会自动停止。

家长也可以把开放时间长短作为一种奖励，比如考试成绩上去了，或者在有礼貌、爱劳动、尊敬老人等方面表现良好，就适当增加游戏开放时间，如果表现不好就减少游戏时间，作为有效的激励手段，变被动为主动。

游戏成瘾大都是长时间地不间断地反复刺激大脑兴奋，从而让孩子产生依赖，逐渐沉迷。利用时间管理，让孩子懂得任何好玩的东西都要有一个度，从而培养孩子良好的上网习惯。另外也会避免孩子因为过度沉迷游戏而影响身心健康。

使用这个功能的时候，要告诉孩子电脑不仅仅是一个游戏机，不仅仅是用来玩的，还有很多有意义的用途，过度地沉迷游戏，会让他玩物丧志。并且告诉他，游戏无非是一些设计师和程序员开发出来一种程序而已，就是为了浪费玩家的大量时间和金钱，让玩家无止境地玩下去，那么孩子就不会对游戏那么好奇和依赖了。

3．聊天工具管理功能

多规则管理聊天工具，避免孩子聊天成瘾。

(1) 聊天工具禁止和开放功能基本和游戏管理方法相同。

(2) 聊天工具开放时间的管理功能也基本和游戏管理方法相同。

利用聊天时间管理可以有效地让孩子学会合理地安排网上交际时间，家长要引导孩子结交一些良师益友，告诉孩子在虚拟的世界里形形色色的骗子和坏人，要学会保护自己，不要轻信陌生人。

4．上网时间的管理功能

设置方便灵活，合理安排孩子上网时间。

上网时间管理以每小时为单位，按周、日、小时划分，可自由设置关闭和开放上网时间。家长可根据孩子的特点，根据孩子的作息时间，合理安排孩子每周的上网计划。以小时为单位，比如每天晚上20点到21点允许孩子上网，只需要家长提前设置好，用鼠标一点，就可以实现，到21点的时候网络就自动掉线，而无需每天设置，非常方便。那么相应的网络游戏、聊天等依赖网络的程序也无法使用。

有了上网时间管理，可以有效地安排孩子的上网时间，让孩子从小养成一个良好的作息习惯，让孩子明白任何东西都需要有节制地、科学地、合理地使用，长时间过度使用，就会逐渐沉迷，会影响他其他方面的正常发展。

（二）其他辅助功能

1．电脑定时提醒功能

这项功能可保护孩子视力。

孩子上网以及使用电脑是很难自控的，往往没有时间概念。家长可自由设置休息提醒时间长短，到时间机器就会强制锁屏、锁键盘鼠标1分钟，屏幕变成绿屏，并有文字提示休息，迫使孩子离开电脑，让孩子放松一下，从而达到保护视力、保护健康的效果。

对于年龄小的孩子，可以设置每隔30分钟提醒一次。大一点的孩子也最好在1小时内提醒他休息一次。因为网瘾的形成是长时间地、连续地、不间断地从事某项行为，久而久之就会产生依赖，最后难以自控成瘾。软件能每隔几十分钟打断一下，转移一下孩子的注意力，转移一下视线，既起到保护视力的作用，又可以起到防止成瘾的辅助作用。

2．上网日志纪录功能

这项功能可让家长及时了解孩子的电脑活动。

（1）可以把孩子登陆过的网站记录下来。软件具备把孩子访问过的所有网址和链接地址记录下来备查的功能，对于禁止的或非法的网址和链接都会用红色显示，便于家长及时了解孩子的上网访问情况。对于一些不良的网址，家长还可以自行添加到黑名单，也可以举报到开发商服务中心，经厂家专人审核纳入升级库供所有家长升级。

有了这个记录，家长可以分析孩子的兴趣和爱好，或者及时发现孩子的动向，了解孩子的内心成长变化，及时给予孩子一些正确引导。

（2）可以定时截屏记录备查。软件启用截屏功能后，可以把电脑屏幕当前的界面抓拍下来保存在家长指定的位置，抓拍的时间间隔最短可以设到2分钟。这样几乎能把孩子使用电脑的情况全方位地展现出来，家长能及时了解孩子在电脑上的所有活动。

（3）聊天内容的纪录。可完整记录QQ聊天内容，保存到家长指定的文件夹里，备家长及时检查，发现问题，可以避免孩子被一些不良网友欺骗、敲诈、威胁、利诱，避免孩子网恋、网赌等。

“小卫士”通过以上记录功能可详细记录孩子上网和电脑使用的全部活动，全面记录是为了更好地引导孩子科学健康上网，通过了解可采取相应的措施：如果发现浏览了一些不健康的网站，可以及时采取屏蔽措施；如果发现看了一些不健康的电影或玩了一些不健康的游戏，可以及时删除或限制；如果发现了一些不良的聊天记录，可以针对性地进行引导；如果发现孩子交了一些不良的网友，可以及时进行劝导及制止，以免上当受骗；防止小孩掉进网络中奖、网络诈骗等陷阱；防止小孩参加网络传销等非法活动。

家长要慎用聊天内容记录功能，因为这涉及孩子隐私和自尊。如果孩子平时表现很好，就没有必要开启这个功能，以免破坏家长与孩子之间的信任关系。家长在使用这项功能的时候要注意一些方式方法，学会尊重孩子的行为，避免引起孩子的反感。孩子在成长的过程中，错误是难免的，我们做家长的要学会随着孩子的不断成长变化而不断更新自己的教育方法，以尊重孩子的人格、引导教育为主，切忌对孩子粗暴武断的训斥打骂。

家长之所以不能正确引导孩子，原因大都是不了解孩子。家长可以借助这三项功能及时了解孩子的好恶，以及孩子安全情况，及时给予正确引导。家长要避免对孩子盲目猜疑，产生误解，给孩子带来不必要的伤害，同时也避免网络不良分子对孩子的安全造成威胁。

3．远程监控功能

这项功能可以让家长身在异地，也能看到孩子在电脑上的活动。

家长出差或者在办公室，只要能上网，当孩子在使用电脑时，就能远程和孩子的电脑屏幕同步，看到孩子在电脑上做什么，可以往孩子电脑屏幕上发提醒信息，也可以远程强制关机。这项功能目前是本产品更强大的一个功能，是对经常在外的家长的一种辅助工具，更具有人性化。

4．自动升级功能

可以定期更新不良网址库和功能，省去家长的很多后顾之忧。

厂家专人收集和整理全国各地的家长举报的非法不良信息和网址，添加到升级库，自动给用户升级。

5．电脑防盗追踪

可以帮助家长找回失物。

家长电脑如果被盗，请马上报案，并通知厂家，只要偷盗者用它上网，我们就可以运用技术手段协助公安部门及时定位失物所在位置，协助及时破案。

6．隐藏功能和防卸载功能

这项功能保证了新技术手段免遭破坏，正常运行。

产品增加了隐藏功能，从表面看不出这个软件的任何运行痕迹。开机自动运行，进入界面有热键和密码双层保险，只有知道加密热键和密码的人，才可以调出操作界面，进行操作。

卸载本产品也需要进入界面，用密码才能正常卸载。这样即使孩子有一定的电脑技巧，也无法破解进入，修改、卸载、删除。

防卸载功能，即使孩子发现了这个软件，没有密码也做不到卸载和删除。除非把硬盘格式化。格式化后家长也会及时发现，只需要重新安装一下就可以了。

防时间篡改功能，产品有远程自动对时功能，即使孩子修改系统时间想绕过时间管理也是徒劳的。

以上这些功能保证了产品的安全性和稳定性，无懈可击。

7. 绿色网站导航

这项功能可让家长自由选择。

当孩子访问含有不良内容的网站，或者黑名单内的网站时，网页就会自动跳转到家长设定的健康网站。

8. 家长孩子模式切换

这项功能可让家长不被监控和限制，更加人性化。

大部分家庭孩子和家长共用一台电脑，家长不想被限制怎么办？程序设有切换按钮，家长上网的时候，可以切换到家长模式，这个时候，软件就不起作用了，方便家长自己上网。

上述功能，全方位地将家庭电脑和网络进行科学管理，并且不影响孩子的兴趣，做到既能保护孩子，也能正确引导孩子，杜绝了孩子过度使用网络、电脑的因素，从而达到了预防的作用。

另外，对于有了网瘾的孩子，可以通过逐步缩短游戏、聊天开放时间的方式，再加上思想教育、兴趣转移、爱心关怀，家长在家也能帮孩子戒除网瘾。如果经过了专业机构的治疗，也可以用这个软件防止孩子复发。

第二节　家长干预的恰当方法

在这个网络时代，我们对孩子的教育通常有几种态度：一种是放任自流，孩子想怎么上网用电脑就怎么用。他们懂的新东西比父母的还多，他们会知道如何调节处理的。这样的父母，往往对自己和孩子太自信，殊不知将来吃亏的正是自己与孩子。另一种是围追堵截，视网络为洪水猛兽，这个不行，那个不可以，认为孩子最安全的地方就是父母的视线所能触及的四面墙壁的房间。这样的父母不是在培养面对信息网络时代的孩子，而是在努力建造一个囚室将孩子与电脑、网络隔绝开。还有一种办法是合理疏导，电脑可以用，这样用会比较好，那样用比较没有益处；网络可以上，这种方式比较健康，那种方式较有危险，合理地引导孩子，而不是简单地戒除加禁止。也正是基于这种大禹治水式的疏导方法，我们对不同年龄段的孩子如何健康、安全地使用电脑和网络提出了不同的建议。

一、0-6岁的孩子

使用频率：对这一年龄段的孩子，我们基本上不建议他们使用电脑和网络。虽然有的调查显示，一些专门为6岁以下孩子制作的软件或网站游戏可以帮助孩子提高眼手的协调能力、视觉注意力等。但是我们认为0-6岁正是孩子身心成长最重要最迅速的一个阶段。孩子在这个时期更需要的是与父母在一起的亲子时间、与自然界的接触、语言能力的发展等。学会在真实的世界中与亲人、大自然、小伙伴们相处是他们更为重要和紧急的任务，所以对0-2岁的孩子，是不赞成他们那么早进行“人际接触”的。对3-6岁的孩子，如果他们的父母非常希望让孩子尽早接触电脑，那每周的使用应限制在一次为宜，每次使用时间不超过25分钟。

使用方式：父母一方陪同进行，最好搂着孩子，与他一起坐在电脑前。

使用范围：着重使用开发孩子多元智能的软件、多媒体，如学画画、唱歌等，包含有亲子游戏的网站。因为孩子的注意力持续时间较短，还有长时间盯着电脑屏幕对孩子的视力发育、保护不利，所以父母应坚持每次的使用时间不超过25分钟。如果家中使用的网络和电脑速度较慢，建议父母先下载好网站上的亲子游戏，以此减少孩子对着电脑屏幕的时间。

二、7-12岁的孩子

使用频率：每周二至三次，每次30-45分钟。

使用方式：父母、老师引导。当孩子在使用电脑和网络时，应有一位懂得电脑基本知识的成年人与孩子同处一室，这样可以随时关注、引导孩子。在北美，人们称这种方式为“透过肩膀的监督（Supervise over the shoulder）”，意思是父母或老师虽然不需要和孩子一同坐在电脑前，但应随时知道孩子在做什么、看什么。

使用范围：适宜的软件、多媒体学习资料、趣味学习网站、办公类软件（Word、Excel、PowerPoint等）的使用、电脑自带或多媒体百科全书、学校信息及学习相关资料的查询。

注意事项：电脑放在客厅等公共区域，设置不同的用户名、密码来屏蔽一些功能，如下载软件或游戏。告诉孩子上网前要征得所在房间内的成年人同意。告诉孩子在网络上不要将自己的名字、电话、家庭住址等给陌生人，如果有一些网站需要用名字和电子邮件地址等注册后才能使用，孩子应该先征得父母或老师的同意。虽然我们不建议这一年龄段的孩子使用网上聊天功能，但是对已经有过网上聊天经验的孩子，父母应告诉他，不要与在网络上聊天的人见面。对这一年龄段的孩子,我们也不建议他们使用电子邮件。但对已经开始使用的孩子，请不要随便回陌生人发来的邮件。应请孩子先告诉父母或老师，然后在长辈的指导下处理这封邮件。

对比较缺乏自律性的孩子，可以考虑在电脑上安装过滤软件。除非经过父母或老师事先同意，孩子只能在家中或学校里使用电脑和网络。如有必要,告诉孩子网吧里不良环境的危害,如空气污浊易生病等。

三、13-18岁的孩子

使用频率：每周三至四次，每次使用时间不超过一小时。

使用方式：父母、老师引导。当孩子在使用电脑和网络时，应有一位懂得电脑基本知识的成年人在家中或在学校电脑房里。虽然不需要对孩子进行紧密式的“透过肩膀的监督”，但有一位肯定对孩子负责任的成年人的同在，会在无形中对孩子的电脑使用和上网起到一定程度的监督。

使用范围：适宜的软件和多媒体学习材料、学习网站、办公类软件（Word、Excel、PowerPoint等）的使用、多媒体百科全书、学校信息以及学习相关资料的查询，电子邮件，简单的网页制作。

注意事项：对这一年龄段的孩子，沟通和信任是非常重要的。其实有些孩子在这一阶段沉迷于网络聊天、电脑游戏等，往往是受到身边同学朋友的影响。如果孩子在一开始接触电脑和网络时，父母愿意花时间和孩子进行沟通、引导，以朋友之间探讨、建议的方式，而不是高高在上的命令方式，孩子往往更愿意朝着积极的方向去做。在与孩子的探讨中，父母越对电脑网络熟悉，越对目前的新生流行事物有大概的了解，父母对孩子影响、引导的效果通常越好。这就需要父母有愿意不断学习、进步的心态和行动。

四、特别沉迷于电脑和网络的孩子

对这一类型的孩子，每一位父母通常都需要花加倍的精力和时间，来重新引导，调整孩子正确、健康地使用电脑和网络。

首先，父母应该花时间与孩子沟通，并且自己多观察、思考：孩子为什么那么沉迷于电脑与网络？是因为在现实生活中孩子缺乏信心和成就感吗？是孩子从小喜欢热闹，而传统的家庭和学校环境不能满足他的社交、领导才能吗？是孩子爱钻研，学校的电脑课无法满足他的需要吗？还是孩子缺少真心的朋友、开明的父母倾听他的烦恼？不同的孩子多半有迷恋电脑和网络的不同原因。找出这后面的真正原因，往往更能事半功倍，成效显著。

其次，针对孩子沉迷电脑、网络的不同原因，父母应采取不同的方式来引导、疏通。有的孩子迷恋电脑，可能有两三种不同的原因。此外，这个孩子的情况可能和另一个孩子的原因不同。下面列出四种常见的类型，希望可以对孩子和父母有一定的帮助。

（一）在现实生活中缺乏信心和成就感的孩子

这一类型的孩子，往往在网络上可以找到意想不到的“成功”。无论是网络游戏玩的精通，电脑小窍门惹人赞叹，还是在聊天室里妙语连珠，电脑和网络往往增添了他们原来不起眼的信心和成就感。我们绝大多数成年人和孩子，在现实生活中都是普普通通的。要想在同事和老师面前得到一句赞扬，通常都不容易。可是，信心和成就感又都是每个人都渴望的。那么，如何引导这一类型的孩子呢？

其一，通过沟通，了解孩子在虚拟世界中取得的成功。不要简单地对他已经建立的“成就”予以否定，而应看到他在这一过程中所付出的努力和坚持。

其二，在孩子日常生活、学习中，父母应该敏锐地发现他的进步。哪怕是一个小小的成绩，都应给予他充分的鼓励和赞美。比如孩子在家从来不叠被子，这次叠了，妈妈就应及时对孩子讲出感谢和鼓励的言语。又例如孩子被选为班里的小队长，父母对孩子应表现出肯定和鼓励，而不是问他为什么没有当上中队长。父母与孩子的沟通中，多使用鼓励肯定的言语，比如“你真棒”“你做得很好”“妈妈相信你”“我们会支持你的”等等，而尽量避免否定和伤害的言语，如“你这孩子怎么这样”“我早就说过了”“你怎么这么笨”“你一点都不体谅父母”等。智慧和有爱的语言塑造人，愚妄和尖刻的话语往往带给孩子长时间的伤痛。

其三，在引导孩子慢慢减少使用电脑和网络的同时，鼓励孩子参与一些他曾经喜爱和擅长的活动，陪伴孩子一同经历他的进步。

其四，在与孩子多次沟通的过程中，告诉孩子真正的信心不是建立在别人的赞美上，而是建立在对自己的认识上。既不要把自己看得过高，也不要把自己看得过低。每一个人都是独一无二的，孩子也是。此外，我们的成就也不是来自于别人的认同、羡慕，而是知道什么是有长远意义和正确的事，并且坚持努力去做了，这就是一个不小的成就。

（二）喜欢热闹，现实生活中暂时满足不了他社交、领导愿望的孩子

这一类型的孩子往往在同伴中具有或渴望具有较强的影响和号召力。他们通常在网络游戏、聊天室、论坛或博客上如鱼得水。因为那些地方同时上线的人多，玩游戏或讲话的影响力较大。这些孩子也许在平时生活中毫不起眼，但在网络世界中却可能是“江湖高手”，“名声大振”。此外，他们在虚拟的网络世界中取得一定的社交、领导成就后，往往会影响、带动一些现实生活中的玩伴、朋友上网探险。那么，如何引导这样的孩子呢？

其一，通过沟通，了解孩子在网络世界中打拼出来的天地。不要简单地对他取得的“成功”给予否定，而应肯定他在这个过程中所付出的努力以及所展露的交友、领导才能。

其二，请孩子自己比较、总结网络中与现实世界中的热闹、友谊有什么不同。如果孩子比较后认为网络中的东西较虚幻、难以持久、缺乏真实可信的一面，那父母接下来的引导就比较容易了。如果孩子坚持认为网络中的交友不看重个人的背景，而是“友善者有人缘”等，那父母应该考虑：在平时生活中，孩子是否看到的是长辈的虚假、伪善？在学校里，孩子是否经历到的是被孤立嘲笑、被轻看、不能给予平等发展才能的空间呢？如果有的话，父母应先从自己做起，调整自己的观念和言行，同时与学校老师及时沟通，努力为孩子创造一个友善平等的发展与展示才能的空间。

其三，在与孩子增进沟通了解的过程中，父母应婉转表达出对孩子的关心和担心。告诉孩子即使在面对面的真实世界中，人们都可能彼此误解、伤害，更何况是不完全清楚对方的网络世界呢？有调查显示，人与人之间的沟通，55%取决于肢体语言等，38%取决于讲话者的语调

语气，只有7%取决于讲话的措词本身。仅借着网络去承载人与人之间100%的沟通，这中间会有多少有意无意的隐藏、欺骗、误导和伤害啊。

其四，在引导孩子逐渐减少使用电脑及网络的同时，鼓励孩子参与一些学校的兴趣小组、学生会活动，以及社区的公益活动，比如每周到孤儿院去探望小朋友，陪他们玩。这样一方面使孩子有一个积极健康的空间发挥他的社交领导才能，同时也能借助帮助别人体会到自己生活的幸福、生命的价值等。

其五，鼓励孩子勇敢面对现实生活中的一些交往，而不是简单的逃避。因为我们最终是需要生活在实实在在的现实世界中的。这种情况下，父母的鼓励、沟通和陪伴尤为重要。与孩子一起经历他成长过程中的一些障碍和进步，远比其他事情更重要。

（三）好奇心强、喜欢钻研的孩子

这一类型的孩子通常具有较强的自学和钻研能力。当他们觉得学校里教授的电脑知识太简单、陈旧时，往往会尝试着用自己的一些方法来探索未知的领域。这样的孩子，应特别以疏导为主，而不是单纯的筑堤防范。

其一，通过沟通，了解孩子喜爱电脑和网络的程度。孩子是觉得软件方面还是硬件方面更吸引他？鼓励孩子讲出他自己心目中的电脑、网络世界，以及十年后电脑网络的变化及对社会可能的影响等。孩子今天的梦想常常能成为他将来脚踏实地去钻研、创新的动力。

其二，根据孩子的兴趣，如果家长也有能力负担，请专门的家教教导孩子电脑和网络方面的系统及最新知识。在家教的选择上，最好考虑心智比较成熟的、幽默且负责任的计算机专业人士，而不是还在学校里的大学生。因为调查显示，为数不少的在校大学生都在不同程度上喜欢花时间在网络和电脑游戏、聊天室及BBS上面。父母应尽量保证这位家教对孩子的正面影响能够最大化。

其三，与学校老师沟通，鼓励孩子在学校的电脑课上做小助教。孩子可以在课堂上讲授部分的电脑及网络知识，也可以在上机操作时，亲自辅导班上的同学。美国的一份报告显示，当老师致力于使电脑及网络教学更生动活泼、有趣、有启发性时，孩子们很大程度上会减少滥用电脑的机会。

其四，对喜爱软件方面的孩子，鼓励他负责班级或年级网页的维护、制作。另外，可以请孩子为家中编写实用的小程序，或使用电脑软件计划、管理家中的琐事，例如将家里的数码照片分类整理，用Photoshop等软件制作成精美的家庭相册。孩子的好奇、钻研往往伴随着挑战成功后带来的满足感。激励孩子将他的精力、智慧、能力付诸对家人、学校、朋友有益、有贡献的事情上，是一件双赢的美事。

（四）在现实生活中缺少朋友沟通的孩子

这一类型的孩子在平时生活中常常给人安静、话语不多，甚至有些孤僻的印象，但实际上他们的内心是渴望与人沟通的。这样的沟通不仅是一些寒暄性的言语，更重要的是对方愿意倾听他内心的感受、成长的烦恼、与同学父母相处的迷惑等。这些朋友不仅可以是和他同龄的孩子，也可以是他的父母，甚至是比他大很多的忘年交等。不过可惜的是，很多孩子周围缺少这样肯付出时间、肯借出耳朵和爱心的朋友及父母。他们不得不压制住内心的渴望与失落，转而去网上聊天室、MSN、QQ等“即时通”天地里寻找被重视、被关心的需要。那么，如何引导这样的孩子呢？

其一，和孩子沟通，了解孩子内心的需要。如果在过去的几个月甚至几年里，你确实疏忽了孩子内心的感受，没有听孩子痛痛快快地讲完过他的烦恼、他的疑惑、他的快乐，那准备好向你的孩子认个错吧。

这对中国的父母通常有些难，但真诚的歉意往往是有效沟通的敲门砖。更何况，父母也应该是孩子的知心朋友，朋友之间有了亏欠都会说声“对不起”呢。父母如果觉得当面对孩子表示歉意说不出口，也可以选择写张小卡片放在孩子的房间里。

其二，在平时生活中，多关心孩子所经历所想的。鼓励他在吃晚饭时或其他时间段，将他在学校里发生的事情、趣闻、轶事、烦恼等统统讲出来。父母不要试图做“评论员”或“解决方案的提供者”。相反，努力做个倾听者、观察者和思考者，有时孩子讲的是一件事情，但在背后真正困扰他的是另一件事情。

其三，在鼓励孩子减少使用电脑和网络的同时，多创造机会与他一起度过一些“精心时刻”，比如：打羽毛球、游泳、去公园玩、到郊外踏青等。美国畅销书作者盖瑞·查普曼博士在讲到孩子和父母的关系时，曾经提到：“很多成年人在回顾他们的童年时，不太记得父母说过的话，可是仍记得父母做过的事。一个成年人说：‘我记得我的父亲从没错过我高中的球赛。我知道，他对我做的事很感兴趣。’”当孩子知道你重视他、你爱他、你尊重他时，他通常会更乐意敞开心扉与你相处，而不是一个人面对着冷冰冰的电脑。

五、给家长在亲子游戏中的建议

（一）正确认识家长在亲子游戏中的价值

马克思主义哲学认为：“观念的东西不外乎是移入人头脑并在人头脑中改造的物质的东西而已。”这表明观念是人对客观世界的一种认知结果，是客观存在的主观映像，观念的形成与表现必然经历一个从模糊到清晰、从不稳定到稳定的过程，并且还会受到其他各种相关观念的影响。显然，家长在亲子游戏中的角色受到这些观念因素的影响。

家长应正确认识游戏在幼儿发展过程中的作用，20世纪以来，人们逐渐相信“幼年期是重要的，”幼年期的经验和教育是成年生活成功的保证。由于“学前期”早就被定义为“游戏期”，游戏已经被看作幸福童年的象征和儿童应有的权利。因而，如何让幼儿拥有“童年”的同时也能够拥有“教育”就成为现代社会人们关注和思考的问题，今天的人们对于利用游戏来影响富于可塑期的幼年期表现出了前所未有的强烈兴趣，游戏被称为早期干预的重要手段，被看作能够为幼儿提供丰富的早期经验的主要理想途径。游戏在幼儿那里就是学习，并且是一种重要的学习，这种学习给了幼儿幸福和喜悦，这是教育的起点也是教育的终极目的。任何把游戏和学习分开甚至对立的做法，都会妨碍人们正确认识游戏对于幼儿的价值，从而导致实践上的偏差，游戏应该是注重幼儿主体性体验、不带任何附加学习目的的游戏。脱离了主体性体验的游戏，都不是真正的游戏，顶多只是徒具游戏的外形或者游戏的强力模仿而已。幼儿在体验的过程中，处于一种自由、完整、和谐的状态。在这种审美体验中，知识经验和自身的情感与精神建立了最为直接的联系，从而获得意义，具有生命力，体验也因为知识经验的丰富而不断提升他的深度和广度。

所以，作为家长，不应该只是从自己功利的想法出发，来判定某种游戏活动对于幼儿是否有价值。有价值的游戏应该是以幼儿主体性体验为基础又能促进其经验不断提升、发展的游戏，家长也应该注重在平常的非游戏生活中，积极创造体验的条件和氛围，带领孩子多进行各种体验，丰富幼儿的体验。同时，家长应注重体验的完整性，那种以牺牲幼儿当下来追求未来的做法，更是不可取的做法，因为“生长是不断地通向未来。……所以应该把全副精力一心用于使现在的经验尽量丰富，尽量有意义，这是绝对重要的。于是，随着现在与不知不觉中进入未来，未来就被照顾到了”。亲子游戏始终是孩子喜欢的一种活动形式，家长的陪伴和支持会使孩子游戏时心情更轻松、更投入，获得更多的快乐。家长要意识到自身参与幼儿游戏的重要性，以游戏性的精神状态与幼儿在游戏中产生积极的互动，这对于建立良好的亲子关系、提升幼儿游戏的品质等方面都具有重要的作用。

（二）家长应提供给孩子自由的游戏空间

游戏是幼儿的基本活动，是儿童产生高级心理现象的重要源泉，是儿童社会化的最重要途径。因此，对于3–6岁的儿童来说游戏应该成为他们的主导活动，目前城市幼儿家庭住房宽敞，而很多孩子却没有自己独立的游戏空间，因此幼儿家庭可以根据空间条件为儿童创设专门的游戏区域。它对提高家长的游戏教育观念、丰富幼儿的家庭游戏活动、有效促进幼儿发展有着积极作用。

首先，家长可依据幼儿的兴趣和需要提供给孩子自由活动室，体现尊重，凸现自主。创设专门的游戏区域，目的是让幼儿有一个固定的自我成长空间，能让他再次进行情境游戏，模拟成人的社会活动与人际关系，从而达到认识周围世界、健康发展的目的。自由活动室的主人是幼儿，因此家长在布置活动室时，不应求豪华，而要求室内布置儿童化，橱柜设计考虑幼儿的年龄特点，物品摆放便于幼儿自己收拾整理，空间布置利于幼儿的操作和活动。应把握以下几点要求：一是突出孩子的个性，让孩子的兴趣与需要得到满足。如有的小朋友特别喜欢毛绒小动物玩具，家长满足孩子的需要，在游戏室中给孩子布置一个“动物角”；二是让幼儿参与活动室的设计与布置，尊重幼儿的想法，采纳幼儿的建议。成人的想法和幼儿的思考总有一些差异，往往是成人想给孩子的却是孩子不想要的。我们只有俯下身子聆听孩子的心声，才能为孩子布置他们最需要的、最适合的环境；三是玩具、物品摆放的高度要以方便幼儿取放、收拾为宜。总之，一切应从孩子出发，让他们真正感受到自己是游戏活动室的小主人，这样他们才会喜欢在其中活动。

其次，家长需要为孩子提供丰富的、能促进孩子发展需要的游戏材料。一般家长为孩子选购玩具时较多考虑玩具的新奇和价值，但许多价格昂贵、款式新颖的玩具并不能促进孩子的发展。除了一些如图书、纸、笔等学习用品之外，家长可以根据孩子的兴趣多提供一些可操作的游戏材料。如可供幼儿做手工游戏的手工材料，供幼儿玩结构游戏的建构材料，供幼儿玩体育游戏的体育器材等。我们更赞赏家长为孩子收集一些废旧物品作为孩子的游戏材料。例如，一些废纸盒、饮料罐、挂历纸、旧毛线等等。这些材料为孩子开展各种自主游戏提供了必要的材料支撑，同时也是幼儿进行创造性制作活动的原材料，孩子们可以通过剪剪贴贴等活动制作成各种各样的玩具，这些玩具更适合于孩子的游戏，在制作过程中又可以有效地促进幼儿各种技能的发展。

最后，家长应允许孩子在自己的游戏空间内独立操作，让孩子有操作、转换、组合材料等活动的机会，允许孩子自由地选择自己操作的材料和活动。孩子的游戏一般都是孩子自己情感、思维的一种表现，需要一定的独立空间，所以，允许孩子在自己的游戏空间内独立操作很重要，让孩子自己安排自己的活动，自由选择所需要的有关材料并大胆地操作。如，孩子可以在游戏房内选择搭积木、玩拼图、做手工、玩卡通，最重要的是家长不要怕孩子把房间弄乱，有时候孩子在游戏过程中会像大闹天宫一样把房间里翻得乱七八糟，而这可能也是孩子游戏情绪最高涨的时候。在这个过程中，帮助孩子养成自己整理物品、有序摆放的习惯很重要。开始的时候孩子可能需要成人的帮助，然后逐渐学会自己整理，当然也需要适时的提醒。

孩子的生活质量和发展情况往往牵动着每一个家庭，虽说爱孩子是天下父母的共性，但是真正会爱孩子、会教育孩子的家长为数不多。给孩子提供自由的游戏空间，为很多深爱着孩子却不知道如何去爱的家长架起了一座桥梁。在这里，家长们与孩子共同嬉戏，增进了亲子交流，促进了孩子的发展。在这里，家庭也展示了它作为重要教育环境的深刻内涵。

（三）建立民主、平等的亲子关系，创设和谐、融洽的亲子游戏氛围

现代家庭家长与孩子之间的关系，既不是孩子置于中心位置，其他家庭成员围着孩子转，孩子的事高于一切，孩子的话就是圣旨，也不是像封建家庭那样，家长说一不二，不尊重孩子的兴趣爱好，把自己的意见强加于孩子，家庭成员之间应形成一种和谐民主的关系。民主教育要求父母放下“父道尊严”，给予孩子发表意见的机会。家庭民主气氛是培养孩子民主意识的最好课堂，只有让孩子从小明白自己的权利与责任，民主之花才能真正开放。要建立家庭民主环境，家长应反省自己，应该学会做错了事向孩子道歉。教育是两代人之间的一种相互影响，使两代人共同成长。这种家庭中，家长注重与子女平等交流，互相商讨，不武断，不强迫，充分尊重子女的人格尊严，既不溺爱孩子也不“棍棒教育”。在这样一种互相教育、影响，互相学习、启发，互相取长补短的家庭人际关系中，亲子关系和谐融洽，子女有选择学习内容和方法的权利，因而他们的学习态度更为积极主动，思维更富于创造性，学习成绩也自然出色。同时，在这样平等民主的家庭学习气氛下，家长虚怀若谷，更有利于树立良好形象和威信，从而能更好

地发挥家长对孩子教育的主导作用。

民主、平等的亲子关系，有助于家庭成员的平等交流与对话，有助于共学与互学。父母能放下架子与孩子平等对话，子女对长辈能尊重体谅，建立畅通无阻的沟通渠道，营造家庭温馨、民主的学习气氛。和谐平等的亲子关系有助于孩子接受父母的教育，同时，父母也乐于向孩子学习。这种互动式的学习有助于创设和谐、融洽的游戏氛围。创设和谐的亲子氛围，就是把家庭生活活动变成家庭成员共同享受天伦之乐、体验人生幸福的过程。家庭学习的目的不在乎家庭成员的学历提升，不在乎专业知识和能力水平的提高，追求的是家庭成员的互相沟通、互相学习、共同体验学习的快乐，追求的是家庭的和谐和幸福。父母应从观念到行动上切实尊重幼儿，尊重幼儿学习的主动性、创造性。应该让幼儿有游戏的自主权，让幼儿有游戏体验，在民主、平等的亲子关系基础上指导游戏，针对孩子个性，从孩子的个性特征出发，创设优化的家庭教育环境和条件，让每个孩子都能找到自己个性才能发展的独创领域和生长点。要善于发现孩子的闪光点，发掘孩子的爱好与才能所长，因材施教，扬长避短，发挥孩子的长处，给孩子充分发展的自由空间，让儿童在游戏中真正体验到生活、学习的快乐和幸福。

（四）发挥环境系统支持作用，加强家园联系与合作

教育生态学认为，各种社会机构乃至整个社会是一个相互联系、相互制约的生态系统，教育与其周围生态环境（包括自然的、社会的、规范的、生理心理的）之间相互作用，建立平衡的教育生态系统，有益于提高教育效益。以生态学的观点来看待幼儿教育，意味着将幼儿放入到不同的社会环境中（包括幼儿园、家庭、社区等），对幼儿自身发展、幼

儿与周围环境的关系及其作用对于幼儿发展的影响进行研究，我们会发现，这些生态环境之间的相互作用直接影响着幼儿的身心发展，它们之间作用的一致性是幼儿良好发展的保证。因此，从这一角度来说，加强家园合作，充分发挥幼儿园和家庭的教育功能，可以有效地促进亲子游戏的开展。

游戏在幼儿园中普遍受到关注，是幼儿园一日活动的基本活动。家庭亲子游戏的内容、形式、开展的方式方法也影响着幼儿在幼儿园游戏中的表现。加强家园联系与合作，对于有效地促进家庭游戏的开展有着积极的作用。家园之间可以通过家长会、家长园地、开放日和家庭教育专题讲座等形式，让家长了解科学的游戏理论知识，提高家长的教育能力，与家长共同探讨游戏的价值、内容和指导策略问题，通过创建“家庭游戏房”等形式来给予家长具体可行的指导。通过家园之间的合作与联系，可以使家园之间在孩子发展问题上能够及时沟通，达成共识，形成教育上的合力。

第三节　虚拟学习社区和教育游戏推介

在这个网络时代，想让孩子完全不和计算机、网络进行接触是不实际的。既然孩子多少都会受到网络时代的影响，那作为父母或教育工作者，我们可以做的是尽自己的努力，让孩子尽可能受到这个时代的正面影响，而非负面影响。经过一年多的筛选和研究分析，我们从名目繁多的网站中，精心挑选出38个和孩子的学习成长紧密相关的网站，希望能对家长和孩子有所帮助。

一、适合家长和子女的网站推介

这些网站涵盖英语、语文、数学、电脑学习和其他方面。适宜的用户对象从四五岁的幼儿到读大学的青少年。网站以中国内地网站为主，也包含几个特别好的台湾、香港网站及国外教育网站呈献给读者参考。

序号	网站名称	网站地址	适用对象	科目	网站类别
1	洪恩在线	http: //www. hongen. com	各年龄段用户	综合	学习社区
2	学生王国	http: //www. xswg. com	四年级以上学生以及教师家长	综合	学习社区
3	中学语文网中网	http: //www. laomu. cn	高中学生及教师	语文	学习社区
4	奥数网	http: //www. aoshu. cn	中小学生，特别是对奥数感兴趣的学生	数学	学习社区
5	中数网	http: //www. cnmaths. com	高中学生和教师	数学	学习社区
6	太平洋网络学院	http: //www. pconline. com. cn/pcedu/teach	各层次的电脑学习者	电脑	学习社区
7	月光软件教程	http: //www. moon-soft. com/book	各层次的电脑学习者	电脑	学习社区
8	学乐中国	http: //www. xuelecn. com	小学生	综合	学习社区
9	清大学习吧	http: //www. eee114. com/	中小学生	综合	学习社区
10	希望谷	http: //www. xwg. cc/	中小学生	综合	学习社区
11	futurelab	http: //www. futurelab. org. uk/about-us	各年龄段用户	综合	学习社区
12	华夏地理	http: //ngmchina. com. cn/game/	各年龄段用户	综合	学习社区
13	中少在线	http: //www. zgsnb. com. cn/a/ccppg/index. htm	中小学生	综合	学习社区
14	空中英语教室	http: //www. studioclassroom. com	初中以上英语爱好者	英语	学习社区
15	PBSKIDS	http: //www. pbskids. org	幼儿园到12岁的儿童	英语	学习社区

续表

序号	网站名称	网站地址	适用对象	科目	网站类别
16	英语通	http: //www. in2english. com. cn	各年龄段用户	英语	学习社区
17	英文写作网	http: //www.4ewriting. com	初中水平以上的用户	英语	学习社区
18	乌龙学院	http: //www. wulongonline. com/	各层次的学习者	综合	学习社区
19	WaWaYaYa	http: //www. wawayaya. com	学龄前儿童、小学生及家长	综合	游戏化学习社区
20	Enchanted Learning	www. enchantedlearning. com	幼儿园到12岁的儿童	英语	游戏化学习社区
21	学乐吧	http: //www. xuele8. com	小学师生	综合	游戏化学习社区
22	游戏学堂	http: //www. uc520. com. tw	小学生	综合	游戏化学习社区
23	Learning villages	http: //www. learningvillages. com/big5/index. php	中小学生	综合	游戏化学习社区
24	魔力学堂	http: //mc. lezi. com/	中小学生	综合	游戏化学习社区
25	一起学习网	http: //www.17xuexi. com/new_web/index. html	中小学生	综合	游戏化学习社区
26	奥比岛	http: //www. aobi. com/	中小学生、家长	综合	游戏化学习社区
27	盒子世界	http: //www. hezi. com/	中小学生	综合	游戏化学习社区
28	悟空识字	http: //www. gongfubb. com/home/wksz. php	中小学生	语文	游戏化学习社区
29	alice	http: //www. alice. org/	各年龄段用户	综合	游戏化学习社区
30	EnterZon	http: //www. enterzon. com/	汉语学习者	综合	游戏化学习社区
31	ReadyKids	http: //www. ready. gov/kids/	中小学生	综合	游戏化学习社区

续表

序号	网站名称	网站地址	适用对象	科目	网站类别
32	Arcademic SkillBuilders	http: //www. arcademicskillbuilders. com/	学龄前儿童，小学低年级学生	综合	游戏化学习社区
33	国立台湾科学教育馆	http: //activity. ntsec. gov. tw/lifeworld/index1. html	中小学生	综合	游戏化学习社区
34	快乐学堂	http: //www.91118. com	中小学师生、家长	综合	游戏化学习社区
35	卡卡乐园	http: //www. mykaka. cn	学龄前儿童、小学低年级学生和家长	综合	亲子社区
36	精灵学院	http: //elf. yaolan. com	中小学生	综合	亲子社区
37	童趣网	http: //www.0-12. com	学龄前儿童，小学低年级学生及家长	综合	亲子社区
38	小红星成长网	http: //www. xiaohongxing. com/xhx/index. asp	学龄前儿童，小学低年级学生及家长	综合	亲子社区
39	S520 欢乐学堂	http: //www. S520.cc	6-12 学儿童及家长	综合	亲子社区

二、网站详细介绍

（一）学习社区

学习社区是指一群有着相同兴趣的人聚集在一起集中研究某个主题，在这里人们可以共同学习并交流已有知识，相互分工以共同解决问题。将社会学中社区的概念应用于学习，可以称之为学习社区。在虚拟学习社区中，占有的一定区域是计算机虚拟的网络学习场景，特定的人群包括教师和学习者们，人们面临共同的学习问题，具有共同的学习需要，并且能够结合起来进行学习，进行互动，共同建构知识。下面详细介绍四个虚拟学习社区：

1．洪恩在线

网站	洪恩在线
网址	http: //www. hongen. com
用户/科目	各年龄段用户/综合
特点	1. 内容分门别类，详尽齐全，覆盖了英语、电脑、成年人继续教育等等。其中最值得推荐的是轻松英语、电脑乐园和动感校园三个部分。 2. 轻松英语有适合各年龄段的学习资源。如为小朋友、上班族等设计的Flash情景对话，为各年级学生设置的英语网校，在职用户所需的商务英语等等。其中英语网校是付费服务，但是有免费演示可以让用户试用。还提供了免费的在线考场，如托福、大学英语，学生可以在此测试自己的英语基础。 3. 电脑乐园涵盖了电脑入门、操作系统、常用软件、网页制作和程序设计等方面。教程分析详尽，且配有插图。有些软件的教程用文字和Flash两种方式结合，无需打开该软件用户就可以通过Flash教程的提示亲自动手了。
评价等级	★★★★☆
是否需要付费	部分服务需要，如英语网校、洪恩笔友会
网站截图	

2．奥数网

网站	奥数网
网址	http: //www. aoshu. cn
用户/科目	中小学生，特别是对奥数感兴趣的学生/数学
特点	1. 提供丰富的学习资料，详尽的课程讲义。 2. 专门为儿童开辟的趣味数学讲述了一个个有趣的故事，每一个故事都与数学知识点滴相关。在这里，学习与游戏是一体的，而且有在线测试和相关软件的免费下载。 3. 网站为用户提供了交流平台，用户可以在奥数聊天室里通过交流学习心得，解决疑难。
评价等级	★★★★☆
是否需要付费	否
网站截图	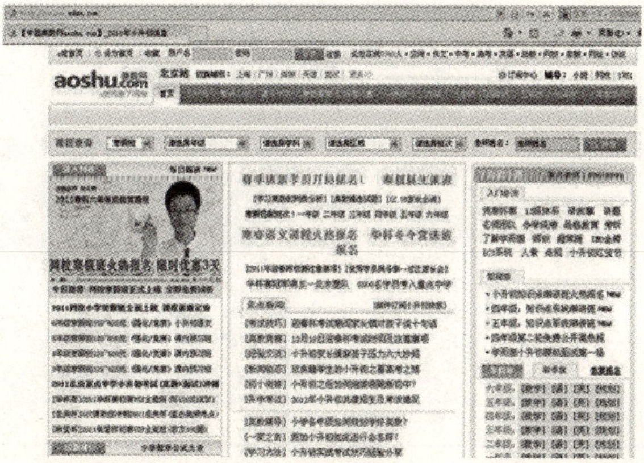

3. 学乐中国

网站	学乐中国
网址	http: //www. xuelecn. com
用户/科目	小学生/综合
特点	1. 网站内容丰富，包括同步课堂、课外知识、奥数、绘画等板块，学习者可以学到各种各样的知识，而且还可以认识很多同龄的小朋友。 2. 在个人中心里，每天都有任务提供给学习者，通过去完成任务，学习者可以学习到课外知识，既可以增加学习者的兴趣，又可以提高学习效率。
评价等级	★★★☆☆
是否需要付费	需要付费
网站截图	

4．乌龙学院

网站	乌龙学院
网址	http: //www. wulongonline. com/
用户/科目	各层次的学习者/英语
特点	1. 本网站是以学习英语为目的，借助游戏的形式进行学习的工具，学员在娱乐的过程中，会不断地提升自己的英语水平。 2. 英语练习内容很全面，包括听力、口语、阅读，以后还会逐渐加强“写”的练习。想提高任何一方面的学习者，都可以在这里找到适合自己的学习内容。 3. 突破口语障碍，玩家带上耳机后，很自然地做大量的口语任务，从而轻易地突破了开口说英语的障碍。
评价等级	★★★★☆
是否需要付费	需要付费
网站截图	

（二）游戏化学习社区

游戏化学习是指学习者在游戏化的学习环境中，利用游戏化学习资源，以游戏化方式进行学习的过程。虚拟游戏化学习社区，则是在一个虚拟的游戏场景中，通过游戏的方式，让学习者们在轻松和愉快的探索过程、互动过程中学习知识，建构知识[1]。下面详细介绍四个虚拟游戏化学习社区：

1．快乐学堂

网站	快乐学堂
网址	http: //www.91118. com
用户/科目	中小学师生、家长/综合
特点	1. 网站内容丰富，既包括了学生上课所学的语文、数学、外语，还有很多的课外知识，例如奥数、美术等知识。 2. 在竞技场中，学习者可以将自己在游戏中的分数传到网上，让他们之间形成竞争，可以引起学习者的兴趣。
评价等级	★★★★★
是否需要付费	需要付费
网站截图	

[1] 司治国：《游戏化学习社区的开发与应用研究》，首都师范大学2005届硕士学位论文。

2．奥比岛

网站	奥比岛
网址	http: //www. aobi. com/
用户/科目	中小学生、家长/综合
特点	1. 社区模拟现实世界，能促进儿童熟悉社会的规则、社会的生活方式，培养社会荣誉感。在参与活动的过程中，可以培养孩子勤劳、有爱心、互帮互助等优良品质。 2. 鼓励与好友一起玩耍，有利于发展孩子的社交技巧，增加沟通交往能力，培养他们珍重友谊的精神，让他们学会自信、快乐。 3. 提供多种角色扮演，能够帮助孩子发展抽象思维，生动的游戏画面更符合学习者的兴趣。
评价等级	★★★★☆
是否需要付费	部分服务需要
网站截图	

3. 盒子世界

网站	盒子世界
网址	http: //www. hezi. com/
用户/科目	中小学生/综合
特点	1. 生动的卡通形象，以及有趣、有益、富于探索的游戏主题吸引儿童，让他们在娱乐中学习。 2. 盒子世界是帮助培养发散性思维习惯的工具。在盒子世界中，盒子是一个创造性生物，奇幻的空间等着小盒子探索发现，有趣的游戏任务等待小盒子参与融入。 3. 盒子世界重视亲子互动，提倡父母带着孩子，一起探索网络，去儿童虚拟社区一起玩。为了方便父母的参与，盒子世界采用了一次注册生成两个用户的方法。经过一段时间高质量的亲子互动，爸爸妈妈和孩子将越来越好沟通，这对孩子的社交能力与创造力，也有着积极促进的作用。
评价等级	★★★★★
是否需要付费	部分服务需要
网站截图	

4. 学乐吧

网站	学乐吧
网址	http: //www. xuele8. com
用户/科目	小学师生/综合
特点	1. 在学习者的课程中，为学习者提供了不同的学习方式，这样可以让学习者找到适合自己的学习方式，从而提高效率。在我的检测中，可以随时将测试所学的知识，尽快地反馈给学习者。 2. 在虚拟世界中，学习者可以通过角色扮演在社区中与同年龄的学生进行学习、娱乐。这样可以提高学习者对学习的兴趣，也可以在虚拟社区中学到一些课外常识。社区中的界面比较符合学生的特征，游戏中随时可以查看帮助，降低了游戏的难度。
评价等级	★★★★☆
是否需要付费	需要付费
网站截图	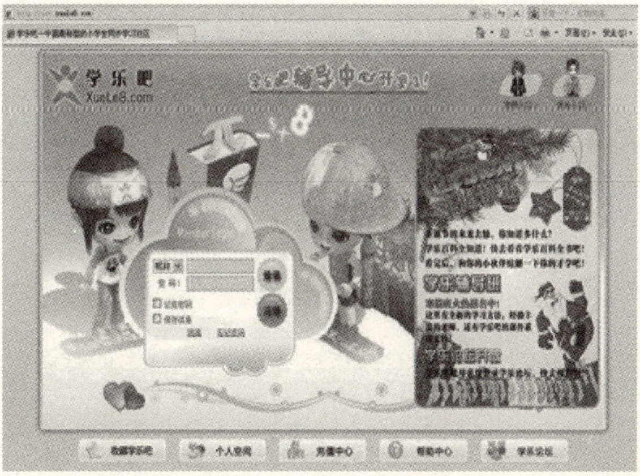

(三) 亲子社区

亲子社区是以儿童的空间感受为主体，以互动双向的亲子关系为支撑，以鲜明的规划设计为张力，以实体地域空间为主、虚体心理空间为辅的可持续发展的社区。

亲子社区包括以下因素：

其一，有一定领域感和鲜明的地域；

其二，有模糊无界限的心理社区的区域，并处于与一定地域重合的趋势；

其三，以亲子关系的角度实现的空间感；

其四，给予孩子和父母双向的满足感；

其五，能够自我维持和自我更新；

其六，能够容纳新事物；

其七，能够适用于孩子成长的全部过程。

下面详细介绍四个虚拟亲子社区：

1．S520欢乐学堂

网站	S520欢乐学堂
网址	http: //www.S520.cc
用户/科目	6–12岁的儿童及家长/综合
特点	1. 内容全面，根据小学教材，主要涵盖了语文、数学和英语三门基础课程，也涉及到艺术、电脑学习和生活常识等方面。学习资源更新较快，并且各种资源都注明了适用的年级，方便用户选择。 2.“欢乐课堂”根据1至12册的语文、数学和英语教材设计了练习，包括从预习到复习整个过程。其中“s520字典”包含课本上生字的读音、笔顺、结构、用法、辨析。内容多采取Flash动画的形式，学习内容与游戏相结合，生动有趣。 3.“能量殿堂”提供课外的学习资料，综合并外延小学阶段的知识，有助于拓展孩子的知识面。 4.“智能题库”提供了在线测试功能，用户可以选择下载试卷。网站同时对测评的结果分析总结，提供改善学习效果的建议，并具备有记录存档功能，让孩子们感受进步的喜悦。 5. 提供免费体验区，让未注册用户使用部分资源。 6. 当孩子使用网站资源时间过长时，网站还有保护眼睛的温馨提示。
评价等级	★★★★★
是否需要付费	需要付费
网站截图	

2．精灵学院

网站	精灵学院
网址	http: //elf. yaolan. com
用户/科目	中小学生/综合
特点	1. 摇篮网的资料全部来自于斯坦福大学、哈佛大学、联合国妇女儿童基金会专家资料库以及国内外著名的妇女、婴幼儿健康和教育出版社及专业母婴杂志。这些资料都比较权威。 2. 网站聘请中华医学会、北京儿童医院、北京妇产医院、北京医科大学等医疗保健单位及育儿机构的数十位权威专家，组成摇篮网一流的专家队伍，为浏览者即时解答问题。
评价等级	★★★☆☆
是否需要付费	无需付费
网站截图	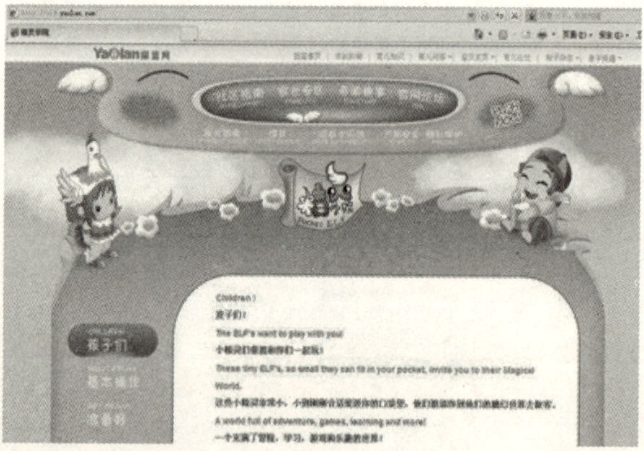

3．童趣网

网站	童趣网
网址	http: //www.0-12. com
用户/科目	学龄前儿童，小学低年级学生及家长/综合
特点	1. 网站结构简约，内容分类清晰，使用方便。多以Flash游戏为主，并且把所有游戏按照三个年龄段分组，方便让孩子们找到难易适中的游戏。 2.“游戏中学习”为孩子提供了不少益智游戏，在游戏中学习科学、环保、数学、打字等知识。“头脑训练营”的游戏同时训练孩子的动脑和动手能力。而“问不倒博士”则给好奇的孩子提供了天文、地理、生物等各方面的常识。 3.“童趣小电台”每日播放孩子喜欢的儿歌和故事。 4.“我的作品秀”让孩子可以把自己的作品上传与其他小朋友分享。 5. 针对家长，网站在“童趣育儿苑”探讨了在孩子不同年龄段遇到的教育问题，值得家长关注。而“妈妈俱乐部”给家长提供了一个交流的平台。
评价等级	★★★★☆
是否需要付费	否
网站截图	

4．小红星成长网

网站	小红星成长网
网址	http: //www. xiaohongxing. com/xhx/index. asp
用户/科目	学龄前儿童，小学低年级学生及家长/综合
特点	1. 亲子类社区为家长和孩子的沟通提供很好的平台，这样可以增进家长和孩子的感情。 2. 有比较详细的教育方案：亲子沟通类、行为习惯类、消费理财类、公众表达类、自我管理类。每一种方案都有比较强的针对性，可以让学习者增强某一方面的技能。
评价等级	★★★☆☆
是否需要付费	部分服务需要
网站截图	

参考文献

[1] 陶然等:《网络成瘾探析与干预》，上海人民出版社，2007。

[2] 汪向东等:《心理卫生评定量表手册增订版》，北京：中国心理卫生杂志社，1999。

[3] 陈向明:《质的研究方法与社会科学研究》，北京：教育科学出版社，2008。

[4] 北京汇众益智科技有限公司，信息产业部软件与集成电路促进中心:《游戏架构设计与策划》，北京：电子工业出版社，2007。

[5] 恽如伟:《网络游戏策划教程》，北京：机械工业出版社，2009。

[6] 李幼燕:《理论符号学导论》，北京：社会科学文献出版社，2005。

[7]〔美〕杜威著，赵祥麟、王承绪（编译）:《杜威教育名篇》，北京：教育科学出版社，2006。

[8] 马和民，吴瑞君:《网络社会与学校教育》，上海教育出版社，2002。

[9] 党静萍：《如何应对网络时代？——网络文化下的青少年主体性建构的研究》，北京：法律出版社，2007。

[10] 方建移，何伟强：《家庭教育与儿童社会性发展》，杭州：浙江教育出版社，2005。

[11] 方建移，胡芸，程昉：《社会教育与儿童社会性发展》，杭州：浙江教育出版社，2005。

[12] 李萍，沈浩，涂雄悦：《网络与孩子教育——献给中国所有的父母与孩子》，上海教育出版社，2006。

[13] 郑希付，沈家宏等：《网络成瘾的心理学研究：认知和情绪加工》，广州：暨南大学出版社，2009。

[14] K.S.扬，毛英明，毛巧明：《网虫综合症——网瘾的症状与康复策略》，上海译文出版社，2000。

[15] 张文新：《儿童社会性发展》，北京师范大学出版社，1999。

[16] 金盛华，杨志芳，赵凯：《沟通人生——心理交往学》，济南：山东教育出版社，1992。

[17] 孟育群：《少年亲子关系研究》，北京：教育科学出版社，1998。

[18] 孙云晓，郑新蓉：《21世纪教师与父母必读》，北京出版社，1999。

[19] 张先翱：《教子有方》，贵州人民出版社，1999。

[20] 田国秀：《握手在心桥》，北京：北京师范大学出版社，1998。

[21]〔英〕约翰 · 洛克：《家庭学校》，北京：京华出版社，2001。

[22] 高爽：《信息技术对学前教育的影响》，华东师范大学2006届硕士学位论文。

[23] 商宇：《关于中学生网络游戏成瘾问题的分析及对策研究》，河北师范大学2006届硕士学位论文。

[24] 杨丛：《高职大学生网络成瘾及态度干预研究》，内蒙古师范大学2009届硕士学位论文。

[25] 曹小燕：《网络游戏成瘾及防沉迷系统与心理干预对策研究》，华东师范大学2007届硕士学位论文。

[26] 石之昌：《青少年网瘾成因分析及对策研究》，西北师范大学2007届硕士学位论文。

[27] 徐光芳：《网络时代的文化互喻特征与亲子互动方式的转变》，山东师范大学2003届硕士学位论文。

[28] 安伯欣：《父母教养方式、亲子沟通与青少年社会适应的关系研究》，陕西师范大学2004届硕士学位论文。

[29] 李阿芳：《亲子游戏中家长角色个案研究》，西南大学2008届硕士学位论文。

[30] 司治国：《游戏化学习社区的开发与应用研究》，首都师范大学2005届硕士学位论文。

[31] 郭欣：《基于玩家需求的网络游戏虚拟道具设计研究》，上海交通大学2008届硕士学位论文。

[32] 张涛：《电脑教育游戏激励机制分析》，曲阜师范大学2006届硕士学位论文。

[33] 苗红意：《教育游戏在学科教学中的应用研究——以初中信息技术学科为例》，浙江师范大学2006届硕士学位论文。

[34] 刘小先：《父母教养观念、亲子关系与儿童青少年自我意识的相关研究》，华东师范大学2009届硕士学位论文。

[35] 刘海鹰：《改善青少年亲子关系的干预研究》，山东师范大学2007届硕士学位论文。

[36] 杜鹏飞：《青少年网络成瘾与亲子关系互动性研究》，华东师范大学2009届硕士学位论文。

[37] 齐晓栋：《心理素质教育软件开发与实验研究》，西南师范大学2005届硕士学位论文。

[38] 张向阳等：《职业中专学生上网调查研究报告》，载《中国教育技术装备》，2010 (20)。

[39] 王芳：《人际适应障碍心理咨询案例报告》，载《科技信息》，2010 (28)。

[40] 李宁等：《青少年网络成瘾的认知基础初探》，载《赣南师范学院学报》，2006 (2)。

[41] 惠明：《戒除学生网瘾的策略》，载《考试周刊》，2009 (42)。

[42] 任庆兰：《暴力戒网瘾：拯救还是摧残》，载《人人健康》，2009 (17)。

[43] 罗东山：《高中生亲子关系及其调试》，载《科技信息》，2006 (05)。

[44] 王美萍等：《青少年期亲子关系研究的回顾与启示》，载《山东师范大学学报（人文社会科学版)》，2002。

[45] 马德峰：《亲子互动的现状及问题》，载《社会》，2003 (7)。

[46] 雷雳，杨洋：《青少年病理性互联网使用量表的编制与验证》，载《心理学报》，2007，39 (4)。

[47] 张肇丰:《叙事研究与案例研究的性质和应用》，载《课程·教材·教法》，2010 (2)。

[48] 余胜泉，林君芬:《2002年教育信息化应用回顾与展望》，载《中国电化教育》，2003 (2)。

[49] 尚俊杰,李芳乐等:《“轻游戏”教育游戏的希望和未来》,载《电化教育研究》，2005 (1)。

[50] 孙辉:《游戏十年——访知名游戏制作人王世颖》,载《程序员：游戏创造》，2007(2)。

[51] 张涛，李兴保:《教育游戏激励体制浅析》，载《中国现代教育装备》，2005 (10)。

[52] 陈炎:《电脑游戏对教学的启示》,载《教学与管理》,2002 (5)。

[53] 郑福明:《亲子沟通障碍与有效亲子沟通方法探析》，载《教育导刊》，2010 (1)。

[54] 雷雳，李宏利:《病理性使用互联网的界定与测量》，载《心理科学进展》，2003，11 (1)。

[55] 毛丽丽:《青少年犯罪的“十五六岁现象”背后的家庭影响因素分析》，载《青少年研究》，2002 (3)。

[56] 肖文娥，邢玉凤，梁金辉:《初中学生品德发展状况与父母教养方式的相关研究》，载《教育研究》，2002 (10)。

[57] 郭玉芝:《更年期的母亲与青春期的女儿》，载《少年儿童研究》，2003 (4)。

[58] 王美萍等:《青少年期亲子关系研究的回顾与启示》，载《山东师范大学学报（人文社会科学版）》，2002 (2)。

[59] 章苏静，金科:《亲子关系与青少年网络游戏行为的相关性调查》，载《远程教育杂志》，2009 (1)。

[60] 叶一舵，白丽英：《国内外关于亲子关系及其对儿童心理发展影响的研究》，载《福建师范大学学报（哲学社会科学版）》，2002 (2)。

[61] 卜卫：《与孩子一同成长》，载《父母必读》，1999 (1)。

[62] 中国青少年网络协会：《中国青少年网瘾调查报告(2009)》，北京：中国青少年网络协会，中国传媒大学调查统计研究所，2010。

[63] 高园园，孔维民：《网络成瘾研究进展述评》，方卫平、刘宣文《2007中国儿童文化研究年度报告》，杭州：浙江少年儿童出版社，2007。

[64] 中国互联网络信息中心：《第27次中国互联网络发展状况统计报告》，北京：中国互联网络信息中心，2011。

[65] 赵海兰，祝智庭：《关于教育游戏的定义与分类的探析》，见《第十届全球华人计算机教育应用会议（GCCCE2006）论文集》，北京：清华大学出版社，2006。

[66] 中国人权发展基金会：《中国第一个亲子交流现状调查报告(2010)》，北京：中国人权发展基金会，中国人权发展基金会和谐家庭基金，2010。

[67] 周步成：《亲子关系诊断测验（PCRT）手册》，华东师范大学心理科学通讯服务部。

[68]《青少年健康人格工程2010年调研报告》，北京：中国人口宣传教育中心，2010。

[69] 孩子心理有四大需要[EB/OL]. [2007-09-01]. http://learning. sohu.com/20070104/n247418711.shtml

[70] Darkblue. 游戏剧情设计——启发篇. [EB/OL]. (2010-02-11) [2009-03-15]. http://www.chinaoo.net/html/50/n-550.html

[71] Alex S.Hall, Jeffrey Parsons. Internet Addiction：College Student Case Study Using Best Practicesin Cognitive Behavior Therapy. *Journal of Mental Health Counseling*, 2001(4)：312–327

[72] BradParas，JimBizzocchi, Game, Motivation, and Effective Learning：An Integrated Model for Educational Game Design [A], Proceedings of DiGRA 2005 Conference：Changing Views–Worldsin Play，2005

[73] Buckingham Scanlon. E–Learning Edutainment [EB/OL]. [2007–6]. http://wiki.media–culture.org.au/index.php/E–Learning_–_Edutainment

[74] Chien Chou, Linda Condron, and John C. Belland. A Review of the Research on Internet Addiction. *Educational Psychology Review*, 2005(4)：363–388

[75] Chien–Hsin Lin, Shong–Lin Lin, and Chin–Pi Wu. The Effects of Parental Monitoring and Leisure Boredom on Adolescents' Internet Addiction. *ProQuest Education Journals*, 2009(44)：993–1004

[76] Chou C., Hsiao M.C.Internet addiction, usage, gratification, and pleasure experience：The Taiwan collage student's case. *Computers and Education*, 2000, 35(1)：pp.65–80.

[77] Computer Glossary. What is Edutainment? [EB/OL]. [2007–6]. http://www.iwebtool.com/what_is_edutainment.html

[78] Daniel T.L.Shek, Vera M.Y.Tang, and C.Y.Lo. Evaluation of an Internet Addiction Treatment Program for

Chinese Adolescents in HongKong. *ProQuest Education Journals*, 2009(44)：359–37

[79] Elements of Change. Edutainment [EB/OL]. [2007–6]. http://www.eocedutainment.com/edutainment–is.html

[80] Erickson, E.H.*Identity:Youth and Crisis*. NewYork：Norton, 1986.

[81] Hollingworth, L.S.(1928). *The Psychology of the Adolescent*. New York：D.Appelton and Company.

[82] KeithJ. Anderson, Ph.D.Internet use among college students：An exploratory study. *J.Am Coll Health*, 2001 Jul.50(1).

[83] Kimberly Young. Internet Addiction：Diagnosis and Treatment Considerations. *Contemp Psychother*, 2009(39)：241–246

[84] Merriam, S.B.*Qualitaivative Research and Case Study Applications in Education*(2nd ed.). San Francisco, CA：Jossey–Bass Publishers, 1998.

[85] Olson DH.McCubbin H I. Barnes A. Muxen M, Wilson M. *Families*：*What Makes Them Work*(2nd ed)1989

[86] Stake, R.E.*The Art of Case Study Research*. Thous and Oaks/London/New Delhi：Sage Publications, 1995.

[87] Troy Dunniway, Jeannie Novak. *Game Development Essentials*：*Gameplay Mechanics*

[88] Yin, R.K.*Case Study Research*：*Design and Methods*(3rd ed.). Thous and Oaks, Calif.：Sage Publications, 2003.

后 记

互联网广泛普及的今天，网络成瘾成为很多教师和家长最头疼的问题，关注网瘾少年儿童，如何采用有效的方法帮助其预防和戒除网瘾，是一个值得关注和研究的课题。围绕这一敏感问题，我和我的课题组经过几年的艰苦探究，通过分析调研大量的案例，试图找出亲子关系对儿童网瘾形成影响的内在联系，提出运用网络亲子互动游戏戒除儿童网瘾，尝试以网络社区为平台，以家庭为主导，将知识学习、技能训练与学习者的情感培养相结合，作为矫正儿童网瘾的手段。希望本书提出的防治策略能为广大的家长和教师提供帮助，希望我们的研究数据和结论能给相关研究人员提供参考。由于时间、精力、人员等方面的限制，不少问题还有待于进一步深入理论研究和实证研究，希望得到学界同仁的批评与指教。

本书凝聚了课题组团队的汗水和智慧，全书由杭州师范大学教育学院章苏静设计和统稿完善，其中第一部分和第二部分由章苏静和钱莉负责撰写以及数据分析，这两部分内容从网瘾现状入手，梳理网瘾相关概念及现有的网瘾诊断方法，分析网络时代的亲子关系及其对儿童网络行为的影响。第三部分由浙江师范大学人文学院金科、章苏静负责撰写，李凤、朱彦参与数据分析，本部分内容提出用虚拟亲子互动游戏和虚拟学习社区作为预防网瘾、引导儿童正确使用网络的重要工具，同时这也是帮助家长认识网络、了解子女网络行为的主要途径之一。一部书稿的完成要感谢的人实在太多，感谢我的研究生钱莉、李凤、朱彦为之付出的辛劳，感谢我的其他研究生对书稿的资料收集与问卷调研给予的大力支持。

更要感谢的是，浙江师范大学儿童文化研究院设立的儿童发展研究重大招标课题，为我们提供了一个很好的学术平台。

同时要说明的是，在本书的撰写过程中引用了国内外大量资料，其中主要的来源已在脚注和参考文献中列出，如有个别遗漏，恳请作者谅解并及时和我们联系。

章苏静

2014年3月

图书在版编目（CIP）数据

亲子关系与儿童网瘾防治策略 / 章苏静，金科著. —济南：山东教育出版社，2014

（儿童发展研究丛书 / 方卫平主编）

ISBN 978-7-5328-8412-4

Ⅰ.①亲… Ⅱ.①章… ②金… Ⅲ.①互联网络—影响—儿童—研究 ②儿童教育—家庭教育 Ⅳ.①G913.5 ②G78

中国版本图书馆CIP数据核字（2014）第075979号

本书受浙江师范大学儿童文化研究院儿童发展研究重大课题（项目批准号：ET20080204）资助。

儿童发展研究丛书

方卫平　主编

亲子关系与儿童网瘾防治策略

章苏静　金　科　著

主　管：山东出版传媒股份有限公司

出版者：山东教育出版社

（济南市纬一路321号　邮编：250001）

电　话：（0531）82092664　传　真：（0531）82092625

网　址：http://www.sjs.com.cn

发行者：山东教育出版社

印　刷：山东德州新华印务有限责任公司

版　次：2014年10月第1版　2014年10月第1次印刷

规　格：710mm × 1000mm　16开本

印　张：19.5印张

字　数：217千字

书　号：ISBN 978-7-5328-8412-4

定　价：45.00元

（如印装质量有问题，请与印刷厂联系调换）

印厂电话：0534-2671218